전쟁과 기억

마을 공동체의 생애사

김경학·박정석·염미경·윤정란·표인주 지음

한울
아카데미

이 도서의 국립중앙도서관 출판시도서목록(CIP)은 e-CIP홈페이지(http://www.nl.go.kr/ecip)에서 이용하실 수 있습니다. (CIP제어번호: CIP2005001953)

책을 내면서

　한국전쟁은 기존의 정치·사회구조를 상당 부분 뒤흔들어놓았으며 한반도에서 살아가는 사람들과 지역사회구조에 커다란 영향을 미쳤다. 전쟁으로 인한 변화는 새로운 구조의 등장만을 의미하지 않았고, 결과적으로 전쟁은 일제 식민지의 유산을 존속시키고 과거 청산을 미완의 과제로 남기는 결과도 초래하였다.
　다행스럽게 최근 들어 과거 청산 문제가 전국적인 의제 및 국민 통합의 핵심 과제로 부상하는 것과 맞물려 한국전쟁 연구도 거대담론 수준을 넘어서 민간인 학살 문제와 더불어 지방민의 직접적인 전쟁경험의 다양성 수준으로 확대되고 있다. 이러한 상황에서 한국전쟁을 현재에 어떻게 기억하고, 무엇을 기억할 것인가를 끊임없이 기억하고 내면화함으로써 새로운 정체성으로 통합시켜내는 과거 극복의 노력이 필요하며, 이 책은 이러한 노력 가운데 하나이다.
　한국전쟁에 대한 연구에서는 전쟁의 기원과 관련된 정치사적 규명 작업, 한국전쟁의 현실 규명을 통한 전쟁의 실상에 대한 총체적 연구, 한국전쟁을 경험하는 방식의 차이에 대한 연구 등이 다양한 정체성 집단들에 의해 수행되었다. 이들 연구들이 순차적으로 일정하게 조명을 받아 왔음에도 불구하고, 한국전쟁에서 고통 받았던 민초들의 삶과 애환에 관한 이야기들을 담아내지 못했다는 점에서 일정한 한계가 있는 것으로 평가된다.

　이 책은 바로 이 점에 착안하여 한국전쟁을 직접 혹은 간접적으로 경험한 지역민들의 전쟁경험, 기억, 영향을 지역 수준과 개인과 가족 수준에서 살펴봄으로써 아래로부터의 지방사 쓰기를 시도하였다. 한국전쟁과 그 역사적 경험이 지역민들의 생활세계에 어떠한 영향을 미쳤는지를 종적, 횡적 시간에 따라 기술하고 해석하고자 하였다. 그리고 이에 접근하기 위한 연구방법론으로 구술사적 접근을 시도하였다.

　지역사회구조나 지방사 연구의 궁극적인 목적이 사람들의 삶의 모습을 담아내는 것이라고 볼 때, 구술사적 접근으로 한국전쟁을 체험했거나 한국전쟁의 영향을 받은 사람들의 생애이야기를 수집하여 생략된 과거를 복원하고 생생한 역사 자료를 발굴하는 과정은 지방사의 재구성이라는 의의를 지닌다. 또한 이것은 한국전쟁이 개인들의 삶과 일상생활에 어떠한 영향을 미쳤는지를 밝히고 이들의 가치관과 정체성 변화를 파악하는 데 도움을 줄 수 있으며, 나아가서 한국전쟁이라는 큰 틀에 묻혀버린 개인, 마을, 지역과 같은 작은 세계를 탐험하게 함으로써 구조 속 개인들의 생생한 삶을 복원할 수 있게 한다.

　이 책은 크게 세 부분으로 나누어져있고, 총 아홉 편의 글로 구성되어 있다. 제1부는 전남 영광군의 마을들을 중심으로 지역민들이 한국전쟁기에 발생한 집단학살과 폭력을 어떻게 기억하고 있는가를 살펴보고자 하였고, 제2부는 한국전쟁기에 주변인들이 인식한 전쟁에 대한 기억을 분석한 것이다. 제3부는 한국전쟁에서 살아남은 자와 죽은 자라는 대당을 설정하여 전쟁에 대한 기억을 분석하였다.

　제1부의 첫 번째 글은 한국전쟁기에 전남 영광군의 인접한 두 마을에서 발생한 집단학살의 경험을 어떻게 기억하고 있는가를 살펴본 것으로, 집단학살 경험의 유무에 대한 기억과 해석이 단순한 이념적 차원의 문

제가 아니라 인심의 상실 여부, 집안 간 경쟁과 가족주의, 난세의 처세술 등 비이념적 차원에서 고려할 때 보다 분명하게 당시를 이해할 수 있음을 보여주고 있다. 두 번째 글은 한국전쟁 당시 수복이 늦어지면서 지리적으로 고립된 상태에서 좌익의 영향하에 있었던 영광군 백수읍의 한 마을을 통해, 전쟁 이전의 주민들 간 갈등과 이해구조가 전쟁기에 어떻게 발현되었는가를 분석하였다. 전쟁기에 형성된 폭력과 폭력의 대리자들, 폭력에 동조하거나 침묵했던 마을 사람들, 폭력과 학살의 희생자들이 한마을에서 생활하면서 어떻게 전쟁에 대한 기억과 망각을 시도하고 있는지 고찰함으로써, 한국전쟁의 후유증을 심각하게 앓은 마을의 정체성이 어떻게 형성되었는지를 보여준다. 세 번째 글은 영광군 염산면에서 발생한 기독교인 학살을 사례로 하여, 이들의 죽음이 반공투사로 자리 매김하는 과정을 분석하고 한국전쟁기에 전혀 일어나지 않은 사실들이 과장되어 기록되었던 이유를 밝힘으로써 기억이란 현재에 의해 끊임없이 재구성되고 지배받고 있는 것임을 밝히고자 하였으며, 한국전쟁기에 종교라는 문화적 정체성이 죽음과 연결되어있는 양상과 일반적으로 지역민들이 믿고 있는 것과 실제의 과정과 배경 및 이유가 다르다는 것을 제시하였다.

　제2부의 첫 번째 글은 주민들이 살고 있던 마을이 전쟁이 발발하면서 반란군과 진압군 간의 전투가 벌어졌던 전장의 공간이 됨에 따라, 이데올로기가 아니라 살기 위해서 이쪽과 저쪽을 피해 피난을 다닐 수밖에 없었던 '주변인'으로서의 전쟁체험이 공식적 기억과 고립된 기억을 통하여 드러난, 개인과 집단 그리고 지역의 정체성을 현재의 시점에서 분석하였다. 지역 또는 마을 수준에서 마을의 역사 또는 전쟁경험을 '공식적' 입장에서 구술하는 몇몇 사람들의 정형화된 진술에만 의존하는 것이 아니라, 전쟁의 와중에서 '주변인'으로서 경험했던 기억들이 여러 사람들의 '고립된' 기억 속에서 어떻게 회상되고 있는가에 초점을 맞추었

다. 두 번째 글은 여성이 역사의 주체에서 배제되어왔기 때문에 이들의 전쟁경험은 침묵되어졌다는 인식하에, 전남 강진의 한 좌익 마을 여성들의 구술생애사 자료를 통해 여성의 전쟁경험과 기억을 드러내고자 하였다. 특히, 좌익 마을의 평범한 아내들의 구술생애사를 통해 여성의 정체성이 지역, 계층, 교육, 젠더 이데올로기, 개인의 성격 차이, 다양한 삶의 경험에 의해 형성되는 것을 보여주고자 하였다. 세 번째 글은 '여순사건'에서 한국전쟁으로 이어지는 와중에서 전쟁폭력을 직접 경험한 사람들과 여순사건 유가족들의 사회적 고통을 개인적 차원에서 분석한 글이다. 여순사건 발발 당시의 상황과 그들의 경험 그리고 해방 이후 여순사건을 거쳐 한국전쟁으로 이어지는 소용돌이 속에서, 이데올로기에 관계없이 개인들 혹은 집단 간의 갈등과 다툼으로 인하여 자신들의 의지와는 상관없이 그들의 운명과 정체성이 결정되어버렸던, 전쟁폭력의 단면을 구술을 통하여 정리하였다. 아울러 여순사건 당시 진압군에 의해 처형되었다는 이유로 '빨갱이'로 낙인찍힌 사람들의 유가족이 겪은 사회적 고통과 삶, 그리고 산 자와 죽은 자 간의 유대와 정체성이 어떻게 드러나고 있는지를 살펴보았다.

제3부의 첫 번째 글은 기독교 순교비라는 문화적 매개체를 통해 한국전쟁기 기독교 순교비의 사회·종교적 역할을 조명한 것이다. 공간적 배경은 전남 영광군 염산면으로, 순교비 건립 과정과 순교비가 지닌 사회적·종교적 의미를 분석하였다. 현재 이 순교비는 기독교 순교현장 순례 코스가 되었고, 그 배후에는 기독교계의 선교 활동, 지방자치단체의 수익 창출, 기독교인의 희생을 강조함으로써 종교계에서 관심을 끌어내려는 시도 등이 복잡하게 얽혀있는데, 이에 대한 분석을 통해 한국전쟁에 대한 잘못된 인식이 계승되고 있음을 주장하였다. 두 번째 글은 한국전쟁 이후 중립국을 택한 한 전쟁포로의 생애사를 중심으로, 반공을 국시로 내세웠던 이승만 정권하에서 국가 이데올로기와 배치되는 '개인'으

로서의 이념적 정체성을 인정하지 않았던 전쟁포로에 대한 실상과 중립국으로 갈 수밖에 없었던 배경을 설명하고 있다. '전쟁포로'라는 신분으로 중립국 인도에 정착한 개인이 어떻게 삶을 영위해왔으며 남북으로 분단된 조국과 자신의 정체성을 어떻게 연계시켜왔는가를 한 개인의 생애사를 중심으로 미시적으로 분석하고 있다. 세 번째 글은 전라남도 함평지역을 중심으로 하여 한국전쟁으로 인해 희생된 객사자들의 죽음에 대한 기억과 처리 과정을 구조인류학적인 방법에 의해 분석하였는데, 한국 전통사회에서 죽음을 처리하는 방식과 의미를 살펴본 뒤 이를 토대로 하여 기억되는 희생자들의 죽음과 기억되지 않은 죽음으로 원혼의 신격화를 검토하였으며, 원혼을 위무하기 위한 의례적인 양상과 그 의미를 파악하였다.

 이 책은 문화인류학, 역사학, 사회학, 민속학 등 다양한 학문적 배경을 지닌 연구자들에 의해 수행되었으며, 『전쟁과 사람들: 아래로부터의 한국전쟁 연구』(한울, 2003)의 후속 연구이다. 이 연구가 성립될 수 있었던 것은 전남대학교 호남문화연구소의 후원과 한국학술진흥재단의 연구비 지원에 기인한 것이었다. 전남대학교 호남문화연구소 소장과 한국학술진흥재단에 감사를 드린다. 또한 이 책의 출판을 쾌락해주신 도서출판 한울에 대해서도 감사를 드린다.

2005년 10월
『전쟁과 기억』 집필진

차례

책을 내면서 • 3

제1부 지역민들의 전쟁
한국전쟁 당시의 집단학살 및 좌우익에 대한 기억들 / 김경학
1. 왜 구술자의 기억인가 • 15
2. 두 마을 사람들 • 17
   장동: '못난둥이'만 살아남은 곳__17 | 축장 마을: '차당 피당 불입당'을 지켜 살아남은 자들__20
3. 집단학살에 대한 다양한 기억들: 인심 상실, 좌우익 이념, 집안 간 갈등 • 25
4. 전쟁 이후 좌익, 우익으로 살아가기 • 34
5. 집단학살의 기억과 진실 찾기 • 40

전쟁과 폭력에 대한 마을 사람들의 기억 / 박정석
1. 폭력의 경험, 그리고 학살 기억과 망각 • 44
2. 지역사회와 한국전쟁 • 47
3. 마을 사람들의 '기억' • 53
4. 폭력과 학살의 희생자들 • 61
5. 전쟁과 기억의 정치 • 71

한국전쟁기 기독교인 학살의 원인과 성격 / 윤정란
1. 기독교인 학살 연구의 필요성 • 76
2. 기독교인의 지역사회에서의 역할 • 79
   염산면 교회의 설립 과정__79 | 염산면 기독교인들의 지역사회에서의 역할__83

3. 한국전쟁기 염산면 기독교인들의 학살 양상 • 90
     한국전쟁과 염산면__90 ｜ 염산면 기독교인들의 학살 양상__96
   4. '주변인' 연구를 위하여 • 109

제2부 주변인들의 전쟁
 전장의 공간에서 '주변인'으로서의 전쟁체험 / 박정석
   1. 전쟁기억과 해석의 사이에서 • 115
   2. 조사 마을의 특성 • 117
   3. 전장의 공간에서 • 120
   4. '주변인'으로서 • 129
   5. 전쟁과 기억투쟁 • 139

 여성의 전쟁기억과 생활세계 / 염미경
   1. 여성의 구술생애사에 주목하면서 • 143
   2. 전쟁기억과 젠더, 그리고 구술생애사적 접근 • 146
   3. 여성의 결혼, 남편, 그리고 가족 • 153
   4. 좌익 관련 여성 유족의 전쟁기억과 전쟁 이후의 생존전략 • 161
     마을공동체 내에서 공유되는 학살 기억, 그리고 침묵__161 ｜ 좌익 관련 여성 유족들의 전쟁 이후의 생존전략__165
   5. 여성주의 시각을 위하여 • 173

여순사건에 대한 기억 / 박정석
　1. '사실'로서의 여순사건, 기억에 대한 '해석' • 177
　2. 여순사건: 반란과 진압 • 180
　3. 전쟁폭력의 희생자 • 190
　4. 산 자들의 사회적 고통: 유가족의 의무 • 198
　5. 여순사건 연구의 과제 • 206

제3부　산 자의 전쟁, 죽은 자의 전쟁
한국전쟁과 기독교 순교비의 사회·종교적 역할 / 윤정란
　1. 연구 배경과 조사 과정 • 213
　2. 한국전쟁기 염산면 기독교인들의 학살을 둘러싼 해석 • 216
　3. 순교비 건립 추진과정 • 219
　4. 순교비의 사회·종교적 역할 • 228
　5. 지역민들의 전쟁기억 연구의 현재적 의의와 과제 • 236

중립국 인도로 간 반공포로 / 김경학
　1. 왜 전쟁포로 연구인가 • 239
　2. 한국전쟁포로 문제와 중립국 선택 포로 • 242
　3. 중립국 선택 포로의 정착 • 246
　4. 인도 정착 포로들 • 247
　　　중립국 선택 동기__247 ｜ 생계방식__249 ｜ 국적문제__251 ｜ 혼인
　　　과 자녀__252 ｜ 정신적 충격__253

5. 김철진의 생애이야기 • 254
　관동군과 팔로군 시절__255 ｜ 한국전쟁 참전과 포로생활__255 ｜ 중립국 인도생활 시작과 정착과정__257 ｜ 김철진의 역사적 상황에 대한 적응과 이념적 정체성 형성과정__259
6. 전쟁포로의 생애사 연구를 위하여 • 266

한국전쟁 희생자들의 죽음 처리방식과 의미화과정 / 표인주

1. 죽음의 의미화와 의례화 • 270
2. 전통사회에서 죽음의 처리방식과 의미 • 272
　혼의 유형과 죽음관__272 ｜ 영혼과 원혼의 죽음 처리방식__274 ｜ 죽음 처리방식의 이중성__276
3. 기억되는 죽음의 처리방식과 국가적 숭배 • 279
　기억되는 죽음의 처리방식__279 ｜ 기억되는 죽음의 신격화와 기억화__282
4. 기억되지 않는 죽음의 처리방식과 역사적 재현 • 284
　기억되지 않는 죽음의 처리방식__284 ｜ 기억되지 않는 죽음의 기억화와 신격화__287
5. 원혼을 위무하는 의례의 구조와 의미 • 289
　원혼을 위무하는 의례의 양상__289 ｜ 의례의 이중적 구조와 역사문화 재현으로써의 의미__294
6. 죽음의 처리방식과 기억화, 의례화의 이중성 • 296

찾아보기 • 301

제1부 지역민들의 전쟁

한국전쟁 당시의 집단학살 및 좌우익에 대한 기억들

김경학

전쟁과 폭력에 대한 마을 사람들의 기억

박정석

한국전쟁기 기독교인 학살의 원인과 성격

윤정란

한국전쟁 당시의 집단학살 및 좌우익에 대한 기억들

1. 왜 구술자의 기억인가

한국전쟁 동안에 경험되었던 집단학살은 구술자가 좌익에 의한 피해 당사자 또는 직접적인 유가족인지 여부, 지역사회 내에서 구술자의 사회·정치적 역량, 구술자가 속한 지리적(또는 공간적) 성격 등에 따라 다양하게 기억되고 있다. 우익 세력이 저지른 민간인 학살에 대한 기억들이 군사정권하의 삼엄한 반공주의적 분위기에서 침묵을 강요받아왔다면, 영광처럼 좌익 세력이 저지른 민간인 학살에 대한 기억장치는 항시적으로 개방되어 있거나 특별한 계기가 주어지면 폭발적으로 되살아나고 있다. 그럼에도 불구하고 일상생활을 함께하고 있는 한마을 혹은 이웃마을 사람들이 한국전쟁 당시 발생했던 학살에 대한 기억을 공개적으로 드러내는 일은 매우 드물다. 어떤 식으로든지 호혜적 관계를 맺고 살아가고 있는 상황에서는 학살에 대한 기억을 들추어내는 일이 오히려 무용하거나 유해할 수가 있기 때문이다. 즉, 과거의 전쟁이 현재의 생활 속에 묻혀 있다고 할 수 있다. 따라서 마을 사람들의 구술 속에서는 학살을 주도한 구체적인 인물 및 그들의 활동 내용은 회피되고 있다. 단지 학살당한 개인들과 집단들에 대한 기억만이 표출되고 있을 뿐이다.

마을 수준에서 경험한 한국전쟁 당시의 학살에 대한 기억은 외부인의 질문에 의해 당시의 기억 편린들이 재조합되어 나타나기도 한다. 하지만 이들의 구술을 통해 드러나는 기억에서는, 좌익에 관련되었던 사람들조차 이념이 아니라 어려운 시대에 살아남기 위한 '불가항력적 행위'를 했던 사람들로 '정형화'되고 있다. 이와 같은 공식적 언술과 달리 직접적인 피해를 당했던 유가족의 존재 및 이들의 고통스러운 기억들은, 반복되는 희생자의 제사의례와 지역 내부 곳곳에 건립되어있는 각종 기념비와 같은 유·무형의 문화적 장치를 통해 주기적으로 되살아나고 있다.

집단학살을 직·간접적으로 경험하고 지켜봤던 많은 구술자들은 당시의 집단학살을 다양한 맥락에서 기억하고 해석하고 있다. 이 장은 염산면과 지리적으로 맞붙어있는 두 마을 간 집단학살 경험의 유무에 대한 기억과 해석이 단순한 이념적 차원에서만이 아니라 인심의 상실 여부, 집안 간 경쟁과 가족주의, 난세의 처세술 등 비이념적 차원에서 이루어지고 있음을 보여주고 있다.[1] 이 장의 구술자료는 유난히 좌익들에 의한 민간인 피해가 극심했던 전남 영광군 일대[2]에서 한국전쟁 당시 좌우익으로 직접 전쟁에 개입했던 당사자와 주로 좌익들에 의해 가족과 친족

---

[1] 전라남도 함평군 대촌리에 대한 윤형숙(2003)의 연구에서도 대촌리 사람들의 한국전쟁 경험이 이념과 계급갈등보다는 전통적인 사회관계, 일가의식, 전쟁 후 새로운 국가정체성 형성, 지역 세력 재편성 등의 차원에서 분석되고 있다.
[2] 영광지역 민간인 피해의 대부분은 지역 좌익에 의해 이루어졌다는 점에서 다른 지역과 차이를 보이고 있다. 1952년 공보처 통계국에서 작성했다는 한국전쟁 동안 좌익에 의한 민간인 피살자 명단에 의하면, 전체 희생자 약 6만 명 가운데 전남이 약 4만 3,500명이고, 이 가운데 영광지역이 2만 1,225명으로 가장 많은 피해를 본 지역이다(김성동, 2002).

원이 집단적으로 학살당하는 경험을 했던 염산면의 마을 사람들을 대상으로 한 인류학적 현지조사를 통해 수집되었다.

2. 두 마을 사람들

1) 장동: '못난둥이'만 살아남은 곳

한국전쟁이 발발하고 나서 인민군은 1950년 7월 23일 영광에 들어와 9·28 서울 수복이 되자 퇴각하기 시작하였으나, 이때부터 지역 좌익들의 활동은 오히려 본격화되었다. 공보처 기록에 따르면 영광군 염산면에서 1950년 6월부터 12월까지 발생한 민간인 피살자 수는 9월과 10월에 가장 많은 것으로 나와있다(월간조선사, 2003). 9·28 수복 후 인민군은 퇴각하면서 수감된 자와 우익 인사를 제거하라는 명령에 따라 많은 인명피해를 냈다. 특히 인민군이 퇴각하고 지역 좌익들이 1951년 2월까지 장악하고 있었던 영광지역에서는 좌익들에 의한 민간인 학살이 대대적으로 일어났다. 한국전쟁 동안 인민군이 점령한 지역에서는 인민군의 후광을 입은 지역 좌익들이 우익 인사들과 그 가족들을 처형하였다. 지역 좌익들은 가장 먼저 공무원이나 지식층을 학살하고 연약한 부녀자와 어린이들까지 학살하였으며 반동분자로 낙인찍힌 온 가족을 몰살시키기도 하였다(김동춘, 2000).

장동 마을은 다음에 살펴볼 축장 마을과 함께 현재 행정구역상 염산면 축동 1구를 구성하고 있다. 두 마을은 물리적으로 맞붙어있어 한마을이나 다름없다. 국도로부터 마을 어귀의 아랫마을이 축장이고 윗마을은 장동이며, 장동은 김해 김 씨 집성촌인 반면 축장은 각성바지 마을이다. 장동의 김해 김 씨는 한국전쟁 당시 약 60호가 살고 있었는데 2003년 현재에는 22가구만 남아있다.3) 가구 수의 감소는 자연 이농의 결과라 볼 수 있지만 장동의 인구가 급감한 데는 특별한 이유가 있다. 가장 많은 김 씨가 살해당했다는 1950년 음력 9월 13일(양력 10월 23일)의 희생자를 포함하여 한국전쟁 동안 전체 14가구 약 80명의 김 씨들이 지역 좌익 세력에 의해 학살되었다.

당시 상당수의 장동 김 씨들은 면사무소와 교직에 몸담고 있었다. 김□환은 1948년부터 염산면장이었으며, 그를 포함한 6명의 집안사람들이 면사무소에서 근무하고 있었다. 이처럼 지역권력을 김 씨들이 장악하고 있었기 때문에 당시 세간에서는 면사무소가 '장동 김 씨들의 사랑방'이라는 말이 있을 정도였다. 이들 면 직원 외에 면장 김□환의 사촌 형제들 3명이 당시 염산면에서 교직에 몸담고 있었다. 이처럼 김 씨 자작일촌인 장동은 소위 '관공서'에 출입하는 사람들이 염산면 내에서 다른 마을에 비해 현저히 많았다. 김 씨들이 당시 면사무소를 장악할 수 있었던 것에 대해 면장 김□환의 집안사람인 김○환(남, 76)은 "당시에는 면장이면 한집안 사람들을 면에 추천하기 쉬웠다"라고 말한다.

인민군이 퇴각한 후에도 여전히 염산면을 장악하고 있었던 지역 좌익 세력들은 면사무소와 교직에 근무하던 김 씨들과 당시 이장, 소문난 부자 김○혁, 이들의 부모, 부인, 자녀들을 집단으로 학살하였다. 비극적인 이 사건을 두고 염산 사람들은 "한집안 내에 씨를 말려버렸다"고 표현한다.

> 우리같이 무식하니 밥만 먹고 농사나 짓는 '못난둥이'만 살려두고 장동 김 씨들 가운데 인물들은 다 씨를 말려버렸다. 왜정 때 학교도 나오고 다 실력있는 분들이었제. 다 유식헌 분들이여. 그래서 면사무소도 있었고 애

---

3) 본 연구를 위한 현지조사는 2003년 7월부터 12월까지 장동과 축장을 비롯한 염산면과 영광군 일대에서 수행되었다.

기들도 가르치고(장동의 김○환, 남, 76).

　그런게 면에 댕기고 면장하고 또 거시기 면서기로 있고 해서 많이 숙청 당하고 집 다 꼬실르고(태우고). 질로(제일로) 못난 사람만 살았어. 잘난 사람은 다 죽고 거그 못난 사람만 살았어(장동의 강○님, 여, 84).

　관 출입을 했다는 이유로 학살당한 김 씨들 대부분은 중학교 이상의 학력 — 예컨대 당시 2년제 영광 실업학교 졸업 — 을 가진, 지역에서는 '유식한' 사람들이었다. 피살자 가족들 가운데 학살 당시 현장에 없어 다행히 목숨을 건진 1~2명의 피살자 유아만이 타 지역으로 출가한 피살자 여자 형제에 의해 양육되었지만, 이들 아이들이 성장하여 장동을 찾은 이는 아무도 없다.
　김해 김 씨의 족보를 보면 당시 농사를 지은 덕에 목숨을 건진 김 씨들의 아들들이 피살당한 사촌 형제의 집으로 족보상 양자로 입적되어 죽은 자의 제사를 책임지고 있는 사례가 아주 흔하다. 한 예로 당시 면장이었던 김□환은 △환과 ▽환의 3형제 중 맏이었다. 본인과 막내 동생인 ▽환은 학살당하고 △환은 현장에 없어 목숨을 구했다. △환은 사태가 악화될 조짐을 보이자 외가인 장성에서 장동으로 돌아오지 않아 목숨을 부지하였다. 면장 □환과 막내 동생 ▽환 그리고 그들의 부모와 부인들 및 자녀들은 철저히 학살되었다. 이들뿐 아니라 면서기였던 □환의 큰집 형이었던 ◇환 역시 그의 부모, 부인, 자녀들이 학살되었다.
　큰집과 자신의 집을 포함하여 유일한 생존자인 △환은 그의 아들 4명을 큰집과 자신의 형제들 집에 양자로 보내 그들의 제사를 책임지게 하였다. 그의 큰아들은 큰집인 ◇환의 집으로, 둘째 아들은 친형님인 □환의 집으로, 셋째 아들은 친동생인 ▽환의 집으로 각각 양자로 보내고 막내아들은 자신의 대를 잇도록 하였다. 물론 양자로 보낸 아들 세 명은 실제로 보낼 구체적인 집안이 없기 때문에 '보첩(족보)'상으로만 양자로 보낸 것이다. 장동의 김해 김 씨 족보를 보면 김□환의 형제처럼 족보상의 양자로 보낸 사례가 허다하다.

장동의 김 씨들 가운데 당시 목숨을 부지했던 사람들은 농업에만 종사했던 사람들이었다. 우연히도 이들 자녀 가운데 세칭 객지에 나가 경제적으로나 사회적으로 '성공한' 지위에 있는 사람은 거의 없다. 한국전쟁은 당시 장동 김 씨 '인물들'과 그 가족들의 '씨를 말림'으로써 염산면 내에서 장동 김 씨 문중의 위세를 철저히 무너트린 계기가 되었다. 김 씨 문중의 위세를 가늠해줄 수 있는 문중 제각도 10여 년 전까지 허름한 초집으로 유지되었다. 이마저도 제대로 관리할 적임자가 없어 집안 내 개인에게 매각되었으나 현재는 전혀 이용되지 않는 허름한 빈집으로 남아있다.

2) 축장 마을: '차당 피당 불입당'을 지켜 살아남은 자들

축장은 각성바지 마을이기 때문에 성씨에 따른 입촌의 역사도 다르다. 창녕 성씨가 가장 먼저 입촌한 이후 남평 문 씨가 장동의 김해 김 씨와 비슷한 시기에 입촌하였다. 그러나 남평 문 씨는 입촌 5대조까지 독자로 손이 번창하지 않아 장동의 김 씨보다 가구 수 면에서 절대적인 열세였다. 남평 문 씨 외에도 광산 김 씨, 한양 조 씨, 진주 강 씨 등이 입촌하여 이들이 각성바지 축장 마을을 구성하였다.

축장은 한국전쟁 당시 약 60호로 장동과 가구 수 면에서 비슷하였다. 당시 남평 문 씨는 7~8호였으며, 축장 내에서 이들은 타 성씨들에 비해 경제적으로 윤택하였다. 현재 생존해 있는 문○창(남, 76)은 해방 전까지 자신들의 경제적 위세가 염산에서 대단했지만, 작고한 그의 형 문○철이 부친인 문○필의 재산을 탕진하여 가세가 기울었다고 주장한다. 문○창은 한국전쟁 발발 전에는 논을 30마지기 이상 소유하고 머슴도 두고 살 정도로 물질적으로 풍요로웠으며, 부친은 축장의 '어른'으로 대접 받을 만큼 행동거지가 바른 사람이었음을 강조한다.

한국전쟁 무렵까지 염산면 내의 지역권력을 독점하고 있던 장동의 김해 김 씨들에 대한 문 씨들의 심기는 편치 않았다. 그러나 사회적 진출이 없었던 문 씨들은 이로 인해 한국전쟁에서 목숨을 부지할 수 있었다. 축장에는 한국전쟁 발발 전에 교사를 했던 문○철을 제외하면 소위 관 출입하는 사람이 없었다. 장동과는 달리 지역 좌익에 의해 희생당한 사람은 탁○호 외에 아무도 없었다.

축장에는 한국전쟁 동안 적극적인 좌익 활동으로 목숨을 잃은 세 명이 있었다. 물론 세 명의 피살된 좌익 활동자 외에도 적극적인 좌익 활동 때문에 실형을 받고 투옥되었다가 출옥한 사람들도 있었다. 탁○술은 축장의 대표적인 좌익 활동가였다. 그는 염산면 인민위원회 위원이었는데 한국전쟁 발발 전부터 좌익 사상을 갖고 있었다. 당시 광주의 서중학교를 다니는 수재였다는 그의 아들은 아버지 탁 씨의 영향으로 한국전쟁 동안 염산면 내의 좌익 활동에 적극 가담하였다가, 염산이 군경에 의해 장악되자 경찰에 의해 피살되었다. 탁○술은 백수면 갓봉전투의 마지막까지 잔류하였으며, 후일 자수하여 약 15년의 실형을 살고 석방되어 고향에서 농사를 짓다가 생을 마쳤다.

축장에는 사람들이 '쇠뭉치 어매'로 기억하고 있는 염산면 여성연맹 위원장도 있었다. 그녀는 축장 토박이가 아니라 한국전쟁 5~6년 전에 축장으로 이주해 온 여성으로서 아들 세 명과 함께 살았다. 한국전쟁이 터지자 그녀는 염산 여맹위원장으로 적극 활동하였으며, 그녀의 아들 한 명도 어머니와 함께 적극적으로 좌익 활동을 했다. 군경이 염산면을 완전히 장악하였던 1951년 2월에 어머니와 함께 총살당했다.

그러나 전쟁기간 동안 축장의 대표적인 집안이었던 문 씨들은 전혀 피해를 입지 않았다. 밤엔 좌익, 낮엔 우익이 염산면 일대를 지배하는 난시에 문 씨들은 한쪽의 오해를 받지 않기 위해 어느 쪽으로도 관심을 보이지 않는, 즉 '차당 피당 불입당'하는 태도를 지켰다고 한다. 이들은 이를 '중용'을 지키는 행위로 해석한다. 문 씨들은 당시 자신들이 그런 태도를 보일 수밖에 없었던 상황을 다음과 같이 기억하고 있다.

    인자 군경이 한번 영광서 밀고 들어왔다 밤에는 즈그들도(자기들도) 안전 정비가 안돼갖고 있응게, 자기네들도 죽게 생겼응게 도로(다시) 읍내로 들어가부러. 밤이 되면 도로 공산군들이 또 거시기하고 그 통에 시일이 많이 걸려가꼬 사람도 더 죽었어. 이 마당에 살라면 '차당 피당 불입당'하는 것이 최고였어. 그래야 산다. 지혜 있는 사람은 그렇게 처세를 하고 지혜가 없는 경솔한 사람들은 그냥 지각없이 그냥 쪼까 거시기하면 와 떠들고 하다가 그렇게. 지게 지고 일해 먹는 사람들이 머슴살이 하고 있는 사람들이 먼 의식이 있겠어. 그런 사람들이 인자 인민군 들어와서 기냥 국가사업을 한다고 대창 들고 나서고 성제간(형제간)에 칼 차고 들고 다니고 그 지랄을 하고 했응게(축장의 문○창, 남, 76).

문 씨들은 자신들은 세상이 바뀌었다고 해서 '드러내놓고' 좌익 편에 서지 않고 '중용을 지켰기' 때문에 살았다는 나름대로의 '세상 사는 지혜'를 말한다. 또한 자신들은 당시 좌익으로 '설치고' 다닌 머슴들처럼 생각이 없는 자들과는 다른 지혜로운 사람이었으며, 따라서 자신들은 어느 편이고 깊숙이 관여하지 않았음을 강조한다. 그러나 문 씨 문중에 속한 문○주(남, 64)는 '차당 피당 불입당' 원칙을 두고 자신들이 행동했지만 소위 국가사업을 할 만한데 나서지 않으면 '회색분자'라 주목받기 십상이었다고 기억한다. 따라서 당시에 '살려고' 본의 아니게 그쪽으로 (좌익) 나서는 사람도 있었다며 불특정인을 지칭하여 말하면서 자신들도 이런 범주의 사람에 해당될 수 있음을 다음과 같이 말한다.

결국 자기 살라고, 회색분자라고 안 찍힐라고 그런 데(좌익 편) 댕겼어도 그 사람이 악질이 아니고 세상에 따라서 어쩔 수 없이 그렇게 처신을 했어도 남을 죽이고 그런 악질 행동은 안 했다는 것을 세상은 다 알게 되아 있어.

문○창 역시 문 씨들이 좌익들의 눈에 거슬리지 않게 소극적인 관여를 했으며, 이런 일조차 '중용'을 지키고 '차당 피당 불입당'한 것으로 폭넓게 해석하고 있다. 자신들은 회색분자라는 오해를 받지 않기 위해 소극적인 방식으로 좌익 세력의 요구를 받아들였으며, 그의 형 문○철이 당시 면 인민위원회 서사 일을 본 것도 동일한 방식으로 이해되어야 한다고 주장한다.

축장의 인민위원장에게 가서 형님(문○철)이 바깥출입도 하고 해서 수판을 잘 됐제. 필체도 좋고 그렇게 읍사무소에서 서사 노릇이나 할랑게 그렇게 해주시오. 그래갖고 그런 역할을 했어. 그런 것을 해도 사람 죽이는 일은 안 할라고.

당시 문 씨 자신도 무엇인가 해야 한다는 좌익들의 압력을 느끼고 스스로 정미소 내부의 널찍한 공간에서 마을 부인들에게 한글 가르치는 야학에 자진 참여하였다고 한다.

20살 미만인 사람도 뭐 국가사업인가를 해야 한다고 하니 나는 야학에서 일했다. 어느 세상이 되았던지 알아야 한다고 생각해서. 그래서 나는 무사히 넘어간 거여.

사실 당시에 문 씨를 비롯한 염산 사람들은 좌익 세력이 영광 갓봉에서 세력을 떨치고 있는 동안에는 좌익 세력을 따라 백수로 피난을 다닐 수밖에 없었다. 낮 동안에 군경이 들어와 좌익 세력에게 협조한 단서를 찾으면 처벌받기 일쑤였기 때문이었다. 또한 낮 동안 마을에서 군경으로부터 무사히 살았다 하더라도 밤 세상을 다시 장악한 좌익 세력들은 낮 동안 군경과 무슨 접촉이나 하지 않았나 의심의 눈길을 보이기 십상이었다. 따라서 문 씨들도 차라리 좌익 세력을 따라 백수로 피난을 가 있는 것이 양편으로부터 목숨을 부지할 수 있는 길이었다고 생각하고, 이런 일조차 자신들이 '중용'을 지킨 것으로 해석한다.

> 낮에 군경이 들어와서 딱 자잘못을 가려가지고 죽일 사람은 죽이고 벌 줄 사람은 벌주고 선한 양민은 자기들이 딱 주둔해가꼬 있음시로 보호를 해줘야 한단 말이지. 한번 들어 왔다가 그냥 나가번지고는 그러고는 와서 도독놈 행사처럼 막 욕심나는 것 있으며 다 털어서 그냥 가져가고 그 사람들한테 앵기면 못쓰겄응게 백수로 건너갔지(축장의 김○기, 남, 74).

이처럼 염산 사람들이 좌익 집단을 따라 백수의 갓봉 아래로 피난을 갈 수밖에 없었던 것은 영광군의 염산과 백수가 유난히 좌익 세력에 의해 최후까지 장악되었기 때문이었다. 1950년 9월 28일 서울 수복 후 다른 지역에서 활동했던 좌익 세력들이 해로와 육로를 통해 다른 지역보다 상대적으로 수복이 늦은 염산과 백수로 집결하였다. 군경의 세력이 영광읍까지는 미칠 수 있었으나 염산과 백수까지는 주로 주간에만 나주 주둔 군경 병력이 접근할 수 있을 뿐이었다. 밤이 되면 군경이 나주 주둔지로 물러가기 때문에 밤은 지역 좌익들이 지배하는 세상이 되었다. 주야의 주인이 바뀌는 난시에서 문 씨들뿐만 아니라 염산면 내 주민들 대다수가 어느 한곳에 전적으로 의탁할 수 없는 입장이었다.

현재 축장 마을 내에 문 씨 문중은 단 3가구만 살고 있다. 대부분의 문 씨들은 일찍이 목포, 광주, 서울로 출향하였으며, 이들 가운데는 검사 등 사회적으로 성공한 사람과 서울의 유명 학원 원장처럼 수십 억대를 지녔다는 재력가도 있다. 이들 성공한 사람들이 '목돈'을 내어 만든, 축장 내의 큰 규모의 양옥 건물 문 씨 제각은 축장 문 씨들의 위세를 대변하고 있다. 출향한 문 씨들은 시제를 지내기 위해 관광버스를 대절하여 집단으로 축장을 방문하고 제각에서 숙식을 하면서 음식을 장만한다. 한국전쟁을 경험하면서 장동 김 씨들의 내로라하는 인물들과 그 가족들이 멸문지화 당한 것과 '차당 피당 불입당' 원칙을 따른 문 씨들의 행로는 크게 대비된다4).

3. 집단학살에 대한 다양한 기억들: 인심 상실, 좌우익 이념, 집안 간 갈등

축장과 장동처럼 맞붙어 있는 한마을이나 다름없는 두 공간에서 전쟁으로 인한 집단학살 경험에서 큰 차이를 보이는 것은 무엇 때문인가? 한국전쟁 동안에 야기된 민간인에 대한 폭력이 국가를 대신한 좌우익 주체들 간의 이념투쟁의 결과인가? 그러나 염산면 주민들의 집단폭력 경험에 대한 기억과 해석은 폭력이 단순한 이념적 차원에서만이 아니라 다양한 차원에서 일어날 수 있음을 보여주고 있다. 즉, 집단학살이 이념적 차이, 인심 상실 여부, 집안 간 경쟁 등 다양한 변인과 관련지어 기억되고 있다. 또한 구술자가 전쟁의 직접적인 유가족인지 여부, 이들의 전쟁 이후 지역권력 속에서의 위치 등도 학살에 대한 개인적이고 집단적인 기억의 방식에 영향을 주고 있다.

---

4) 염미경(2003)은 강진의 한 반촌에 대한 연구에서 어떻게 한국전쟁이 강진의 대표적 양반 가문이자 항일운동 집안인 해남 윤 씨 집안의 몰락을 가져왔는지를 보여주고 있다. 윤 씨 집안은 좌익 혹은 빨갱이로 낙인찍혀 국가의 각종 통제 때문에 사회 진출이 막히게 됨으로써 지역사회의 권력구조에서 사라지게 되었다. 장동 김 씨가 우익으로 몰살당함으로써 사회적 진출에 성공한 사람들이 거의 없는 것은 윤 씨의 경우와는 다른 경우지만, 한국전쟁이 지역권력구조의 변화를 가져왔다는 점에서는 유사한 면을 발견할 수 있다.

우선 집단학살은 평상시의 특정 성씨 또는 집단의 인심 상실 여부와 관련지어 설명되고 있음을 보여주고 있다. 예컨대 축장의 문 씨들이 피해를 전혀 입지 않은 것은 '문 씨들이 평소에 인심을 잃지 않았기' 때문이며, 그들이 어려운 시기에 '중용'을 잘 지켰기 때문인 것으로 기억되고 있다.

> 문 씨들도 아주 대단했지, 문 씨들이 인물도 좋을 뿐만 아니라 그 사람들도 다 인간성도 좋고 그렇게 6·25 때 피해를 안 당한 거지(축장의 배○연, 남, 65).

> 전쟁 나고 그런 시기에는 너무 유일하게 똑똑하게 앞장서 말하고 다니면 그냥 딱 나타나버리거든. 그러면 피해를 보는 거여. 근대 배운 사람들이라도 6·25같이 난시에 안 나타나고 조용히 있는 거여. 그것이 궁게 어려운 일이지. 배우고 했는디 어디에 가담 않고 있는 것이 어려운 일이여. 문 씨들은 똑별나게 인심 잃지 않고 어디고 활동 않고 해서 그런 피해를 면했제(축장의 탁○, 남, 67).

문 씨들과는 달리 인심을 잃어서 집단적 피해를 입었다고 기억되고 있는 (염산면에서) 대표적인 집안은 송암리 탁 씨들이다. 송암리는 탁 씨 집성촌이며 일부 탁 씨들은 인근의 축장, 염신, 오교 마을에도 거주하고 있었다. 송암리 탁 씨들이 집단학살을 당한 데 대해 장동과 축장 사람들은 당시 탁 씨들이 주변 마을로부터 '인심을 잃었기' 때문이라며 다음과 같이 탁 씨들을 기억한다.

> 탁 씨들은 조금 인심이 안 좋았다고 할까. 그들은 돈 많아서 죽었어. 부자라(축장의 탁○, 남, 67).

> 그것도 있는디, 탁 씨들이 돈도 있었지만 요즘 말로 하면 깡이 좀 세다

고 할까. 와일드한 사람들이 젊은 층에 많이 있었어. 저그 야월리에서 고기를 잡아서 팔러 그 길로 가는디, 걸음을 제대로 못 걸어 당길 정도로 그 사람들의 무법한 세상이었어. 맘대로 못 댕겼잖아(장동의 김○환, 남, 69).

그때만 해도 지금같이 뺨 하나 때리면 제재를 받는 것이 아니라 힘이 왕 노릇 하는 세상이라. 당시에 송암리에는 학생들이 많았어. 서울 가서도 학교 다니고 평양서도 학교 다니고. 돈 있응게 교육을 많이 시켰제(축장의 탁○, 남, 67).

우리 사돈집에도 학생들이 많았어. 힘세고 경제적으로도 잘살고 그러니까 일반 서민들이 볼 때는 오냐 이 새끼들 하는 감정이랄까. 이 사람들은 인심을 잃은 사람들여(장동의 김○환, 남, 76).

장동 인근 오교 마을에 살았던 송암리 탁 씨 집안인 탁○문도 '인심을 얻지 못해' 피해를 입었던 사람으로 기억된다. 그는 학력이 낮아 '관 출입'을 한 것도 아니고 큰 부자도 아닌 평범한 농부였지만 성품이 거칠었다고 한다. 지역 생산유격대에 의해 피살된 탁○문으로 인해 축장 마을에 거주하던 그의 친형 탁○만도 함께 살해되었다. 지역 좌익들은 후일 자신들에 대해 보복할 여지를 남기지 않기 위해 친형제를 살려두지 않았다.

한편 오교 인근 마을 염산에 살았던 탁○호는 염산 사람들에게 인심을 얻어 화를 피한 사람으로 기억된다. 탁○호와 그의 부모님은 "워낙 마음씨가 좋고 항상 거시기항게 피해를 안 당했다"고 사람들은 기억한다. 목숨을 부지한 탁 씨는 사변 후 1956년과 1968년 두 번에 걸쳐 염산 면장을 역임하였다. 염산 농협 앞 복지회관 내부에는 탁○호 공적비가 있는데, 이는 그가 6·25사변 후 어려웠던 염산면의 실정을 농림부 장관에게 알려 상환답의 상환량을 감량시키는 등 면민을 위해 많은 공을 쌓은 것에 대한 기념비이다.

이같이 한국전쟁처럼 시국이 어려운 상황에서 특정 집단이나 개인의 운명의 명암이 해당 집단이나 개인의 인심 여부로 설명되고 있으며, 이러한 설명 방식은 심지어 좌익 활동에 적극 가담한 사람에까지 연장·적용되고 있다.

장동의 인근 마을인 오교 마을에는 한국전쟁 당시 염산면 유격대 부대장으로 활동하였던 김○배(남, 83)가 살고 있다. 거물 좌익이었던 그는 체포되어 약 20년간 실형을 살다가 석방되어 현재 마을에서 조용히 농사를 짓고 있다. 염산면 사람들은 그가 비록 좌익 활동에 적극적이었지만 그의 도움으로 무고한 많은 인명이 구제되었다고 기억한다. 실제로 그의 도움으로 목숨을 구제받은 장동의 김○환(76)은 김 씨를 지금도 고맙게 생각한다.

장동 김 씨들이 집단으로 살해된 1950년 10월 중순 염산면 유격대 대장 홍순풍은 장동을 찾아가, 김 씨들 가운데 사촌들이 이미 숙청된 사람들의 재산을 몰수하였다. 그는 이미 피살된 김 씨들의 사촌들까지 척결하기 위해 마을에 김 씨들을 모이게 하였다. 김○환은 이미 피살당한 세 명의 사촌이 있었기 때문에 거의 죽을 목숨이었다. 그러나 당시 김○배는 홍순풍에게 "이런 사람들까지 죽일 필요가 있냐"면서 학살을 만류함으로써 김 씨는 목숨을 극적으로 건지게 되었다. 다시 말해 김○배는 김○환의 생명의 은인이 된 셈이다.

김○배가 실형을 받고 복역 생활을 하는 동안 장동의 김 씨들을 주축으로 하여 염산 사람들은 그의 감형을 위한 진정서를 정부에 수차례 냈으며, 이 결과 김○배는 약 20년의 복역 생활 도중에 출감할 수 있었다. 현재 그는 고향으로 돌아와 농사를 짓고 있지만 그를 적대적으로 대하는 염산 사람들은 거의 없다. 그로 인해 목숨을 구했던 김○환(76)은 다음과 같이 당시의 김○배를 기억하고 있다.

김○배란 양반은 유격대 부대장을 했는디, 그 양반은 아주 양심적인 양반이어. 다른 사람들은 막 죽일라고 한판인디 절대 그 양반은 무조건 죽일 필요는 없다고 주장했응게. 김 씨가 교도소에 가 있는 동안에 들어가 있어도 많은 진정을 했어. 이 양반은 정말로 그 어려운 시대에 사람을 많이 살리고 또 사람을 죽이지 말자고 한 사람이고, 이 양반은 사람들한테 인심을 얻었지. 그래서 목숨은 끊기지 않고 살아 나온 게지.

이처럼 축장과 장동 마을 사람들은 한국전쟁 중 좌익에 의해 집단학살을 당한 피해자와 학살로부터 목숨을 부지한 사람들에 대한 기억을 해당 개인과 집단의 인심 상실 여부로 설명해내고 있다. 일부 축장 사람들은 장동 김 씨가 타 성씨에 비해 지역권력을 독식하다시피 하였을 뿐 아니라 다른 성씨들을 다소 하대하여 서운한 마음을 갖게 한 것이 그들이 집단학살당한 하나의 원인이 되었다며 다음과 같이 기억한다.

우리 마을(축장)에도 교육도 받을 만큼 받은 양반들이 있었는디, 아니 아마 학벌은 저 위에(장동)보다 여기가 더 낫제. 학벌이 더 높았제. 근디 모든 면 일을 윗동네(장동)에서 다 해묵어분게 남들이 화가 안 날 것이어. 언제나 조용히 있다가 이런 서운한 마음이 난시에 나타나는 것이어. 긍게 잘난 사람들이라도 똑별나게 언제나 인심을 얻어야 하는 것이어(축동의 김○성, 남, 74).

축장 사람들의 이러한 생각에 일부 장동 김 씨들도 공감한다. 사실 일부 장동의 김 씨들은 집성촌인 장동은 반촌이고 각성바지인 축장은 민촌이라는 이유로 축장을 다소 하대하였는데, 이런 태도가 장동 김 씨만의 집단적 피해로 이어진 간접적 원인이 되었다고 한다.

우리 마을은 옛적부터 남자들은 저기한디, 여자들은 절대 무릎 걷고 안 댕겼어 양반이라고, 여그는 모를 숨그러 여자들은 안 다닝게. 그래서 이

근처 여자들이 다시 태어나면 장동으로 시집 한번 살아봤음은 쓰것다고
말했다(장동의 김○환, 남, 67).

   6·25사변 전에 우리 장동 김 씨들이 좌우간 티를 했웅게, 티를 했다고
봐. 왜냐면 아랫마을 사람들과 내왕이 없었어. 아무래도 아랫것들이라고
혼사도 안 하고(장동의 나○순, 여, 77).

사실 장동 김 씨들은 한국전쟁 전에는 인근 민촌과는 달리 여성들을
논농사에서 면제시켜주는 것이 자신들의 위세를 보존하는 것이라 생각
했다.5) 특히 아랫마을 축장과는 간간이 혼상례 시에만 호혜적 관계를 나
누었을 뿐 품앗이를 비롯한 모든 일상생활을 따로 했다.
  그러나 상당수의 염산 사람들은 장동 김 씨들이 집단학살된 것을 그
들의 우익 이념에 관련지어 해석하고 있다. 즉, 그들이 대한민국 정부에
봉사한 공무원들이었기 때문에 죽었다며 다음과 같이 말한다.

   다들 인물도 좋고 많이 배웠는디. 면에 다니고 그때 대한민국 정부에서
그 면에서 행정을 하고 면장을 하고 그 정부에 협조했다고 해서 다 죽은
거여(장동의 김○환, 남, 76).

   아랫마을(축장) 사람들도 돈도 있는 사람들도 있고 옛날에 전통적으로
보자면 똑똑한 양반들도 있었는데, 그래도 어떤 사상적인 것, 말하자면 윗
마을(장동) 사람들이 면사무소 출입했다는 것 때문에 숙청당한 것이제(축

---

5) 쟁기질과 모내기 등의 거친 농사일은 여성의 신체적 조건에 적합하지 않다는
이유 외에 여성의 논농사 참여 제한은 문화마다 달리 해석되고 있다. 예컨대
인도의 경우는 여성이 논농사를 비롯한 외부 노동에 참여하는 것은 남성의 지위
를 낮추는 것으로 인식된다(Beteille, 1974). 김경학(1999)의 담양 해곡리 연구에서
도 양반이라 자부하는 문화 유 씨들은 여전히, 여성이 논농사를 비롯한 경제활동
에 동원되는 것 자체를 집안 지위의 추락으로 생각하고 있음을 알 수 있다.

장의 탁○, 남, 67).

이들의 말대로 남한 지역을 점령한 북한은 국군 장교와 판검사는 무조건 사형에 처하고 면장, 동장, 반장 등은 인민재판에 부쳤다(김동춘, 2000). 그러나 장동 김 씨 대부분은 인민군에 의해서가 아니라 지역 좌익들에 의해서 특별한 인민재판 절차 없이 인민군들의 교통로로 사용하기 위해 파놓은 마을 내 참호 속에 새끼줄로 묶인 상태에서 집단학살되었다.

염산면 상계리의 안○주의 형이 피살된 것도 그가 당시 염산면 부면장이었기 때문이었다. 현재 철저한 반공주의자이면서 영광의 우익 인사로 분류되는 안○주에게는 한마을 내 특정 개인의 이념적 성향이 중요시되지 않는 듯하다. 그는 축장과 장동이라는 공간을 하나의 대치되는 이념적 단위로 기억하고 있으며, 이는 다음과 같은 그의 말에서 잘 드러나고 있다.

> 두 마을의 피해 차이는 어디에 있냐면, 장동은 김 씨가 주도했는디 거기는 우파고 축장은 문 씨들이 주도했는디 여기는 전부 좌파여. 다시 말허면 우에 동네는 우익이고 밑에 동네는 좌익이라고 하면은 되제. 옛날부터 두 문벌이 있기 때문에 화목하게 지내는 처지는 아니었는데 해방 후로 좌, 우익으로 갈라지면서부터 한쪽은 좌익 세력 등을 업고 다른 한쪽은 현직 공무원 생활을 하니까 우익 성향이라고 봐야제. 면서기가 우에 김 씨들 집안에서만 5~6명 되었고 밑에 동네는 없었응게. 사실은 집안 간 양반 쌍놈에서 기인해서 두 마을이 갈라진 건 아니제. 이념적으로 싹 갈라져버렸제.

집단학살을 당한 장동과는 달리 피해를 전혀 당하지 않은 축장의 문 씨들에 대해 염산 사람들은 당시 문 씨들이 좌우익 세력에 암암리에 '양다리를 걸쳤을 것'으로 기억한다. 이를 두고 문 씨들은 '중용을 지켰다'

고 말하지만 염산 사람들, 특히 장동 김 씨들은 좌우익에 양다리를 걸친 것으로 기억한다. 김 씨들의 생각에 문 씨 집안 내 문○철처럼 사변 직전에 조선대학교를 중퇴하고 초등학교 교사를 한 사람이 당시 좌익에 의해 전혀 피해를 당하지 않은 것은 양다리를 걸치지 않고는 불가능한 일이기 때문이다.

문 씨들이 어째 피해를 안 당했나 하믄, 그러니까 부모님들이 좌익 계통에 암암리에 어떤 협조를 했다던가 그런가 아니것소 그때는 문 씨들이 경제적으로 인자 먹고살 만했으니 암암리에 저쪽(좌익)에 좀 자본도 대고 했다고 할까. 그렇게 그냥 뚜렷하게 할 분들이 아니지만(축장의 광산 김 씨, 남, 77).

6·25 당시에 부자들이 안 죽은 사람은 양다리 뻗은 사람이여. 좌익에도 활약하고 우익에도 활약하고 글 안 하면 죽은게 그렇겠지만. 당시 밥술이나 먹고 다니면서 살았던 사람들은 양다리 걸쳤거나 인민군들에게 좋게 보이고 이쪽(우익)에다는 의심 안 받을 만한 짓거리를 하고 다닌게 안 다쳤제(면 소재지 안○주).

사실 축장 마을 사람들, 특히 문 씨들이 자신들이 난세에 '차당 피당 불입당'과 '중용'의 원칙을 지켜서 살아남았다고 주장하지만, 염산 사람들은 한집안이나 한마을에 적극적인 좌익 활동가가 존재하는지 여부가 그 집안과 마을 사람들의 운명을 결정지었던 것으로 기억한다.

나하고 염산면장 했던 안○주하고 이종 사촌뻘 되는디, 우리 집안이나 그 집안에 좌익이 하나도 없었어. 좌익이 있었으면 우리는 살았을 거여. 없은게 싹 죽었제(장동의 김○환, 남, 76).

축장 사람들이 슬기롭게 대처한 것도 있는디, 암만해도 그때 시절에 좌익 쪽으로 조금 계급이 있는 사람들이 여그 마을(축장)에가 있었응게 피해를 안 봤다고 봐야제. 여맹위원장도 여가 있었응게(축장의 김○기, 남, 74).

한편 축장과 장동 사람들 가운데 일부는 한국전쟁 중 축장과 장동의 대표적인 집안 간의 극적으로 대조적인 운명이 양 마을의 집안 간 '알력' 또는 '힘겨루기'의 결과였다며 다음과 같이 설명한다.

옛날에는 씨족 간에 자기 힘겨루기라고 할까. 자기들이 양반이고 자기들이 좋은 집안이다라고 하고 그런 것이 특히 봉건주의 사상이 있었어, 요짝에도(축장의 강○의, 남, 65).

새삼스런 이야긴데, 사변 전에 반촌이 있고 민촌이 있고 그런데, 민촌 사람들이 반촌 사람들한테 하대를 받는단 말여. 사변 전에는 윗동네 분들이 그 당시 시대에 걸맞는 출입을 많이 했단 말이요. 그럼 여그 아랫사람들은 견제가 안 됐어요. 밥은 먹고 산 사람들이어도 바깥출입에서는 견제가 안 되야. 오기란 것도 있어 사람은 오기가 있는 거여. 그렇게 저렇게 아쉬움 속에 살다가 세상이 딱 바까지니까 지시가 저 위에 판이하게 달라진 걸로 알거든. 우리가 생각할 적에 사람을 죽여야 하든지 뭣을 해야 한다든지 긍게 과거 것도 생각나고 암만해도 쪼끔 서운했겠제(축장의 김○수, 남, 66).

전남지역 가운데 유난히 군경에 의한 수복이 늦었던 염산면 일대에서 장동 김 씨와 축장 마을 사람들 간의 일상생활 속의 긴장과 갈등은 한국전쟁이란 난시를 맞아 장동 김 씨들이 일방적으로 집단학살당하는 것으로 끝났다. 장동 마을을 포함한 염산면 내에서 발생한 집단학살과 이로 인한 공포는 지역 정세를 알지 못한 인민군보다는 지역 사정을 잘 알고 있는 지역 좌익에 의한 것이었다.[6] 염산의 장동과 축장 사람들의 말처럼

---

6) 윤택림(2003)에 따르면 충남 시양리 마을 사람들은 6·25를 자족지란(自族之亂)으

'6·25와 같은 난리'에는 가까운 이웃들 간의 개인적 감정이 노골적으로 드러나는 경향이 있다.

> 사실은 우리가 원수라고 하면 일본이나 중국이나 가차운 사람들하고 원수지. 저 멀리 있는 코 큰 나라 사람들하고 원수가 될 수 없어. 이웃도 그래. 저 사람이 나하고 아무 이해관계가 없는 사람이 원수가 될 것이 없제. 이웃 간에 그렇게 잘 지내야 돼. 이웃 간에 대화도 있고 이렇게 하는 건데, 이웃 간에 보이지 않은 갈등이 그것이 무서운 것이여. 세상이 어떤 혼란기에 들면 그것이 무서운 것이여. 그렇게 이웃 간에 감정 없이 좋게 살아야 하는 거제. 또 다시 6·25 같은 난리가 나면 또 모르는 것이여(축장의 김○기, 남, 74).

4. 전쟁 이후 좌익, 우익으로 살아가기

1951년 3월에 군경 토벌군은 영광군 갓봉에서 저항하던 좌익 잔류 세력을 진압하였다. 그때부터 지역에서 '특출 나게' 좌익 활동을 했던 사람들, 예컨대 축장의 여맹위원장과 그녀의 아들, 탁○술의 아들은 즉결처분에 의해 총살되었다. 또한 오교 마을의 김○배와 축장의 탁○술 같은 거물급 좌익 활동자는 구속되어 실형을 선고받았다. 이들 외에 좌익 세력들을 따라 백수로 피난을 다녔던 사람들 가운데 좌익에 협조한 사람들에 대한 색출 작업이 시작되었다.

이 시기부터는 유가족들의 보복도 뒤따랐다. 염산면 지서에는 군경과 함께 유가족들이 좌익 활동자 또는 부역자를 색출하는 역할을 하였다.

로 설명하고 있다고 한다. 같은 마을 내에서 이데올로기라는 가면하에 처러진 마을 사람들 간의 개인적, 감정적, 정치적 주도권 싸움이 한국전쟁이었다는 이야기이다.

이 과정에서 친부모와 형제들이 집단으로 학살당한 유가족들, 예컨대 상계리의 안○주와 송암리의 탁○하 그리고 장동의 김○환의 보복행위도 있었다고 한다. 그러나 이들이 누구를 어떤 식으로 보복했는가는 기억되지 않고 문제시되지 않는다. 단지 염산 사람들은 당시 유가족들의 '살기등등했던' 분위기만을 기억하고 있다.

대한민국이 수복되고 난게 탁○하랑 고리 고리가 기세가 등등해버렸지. 탁○하는 그때 학벌도 있고 기발한 젊은 사람인데 지 누나들과 부모 죽인 놈들 놔두고 볼 것이여(축장의 탁○, 남, 67).

돌아와서 누구를 보복했어요? 생산유격대 등 이들을 보복했나요?(연구자) 몰라. 많은 사람을 죽였는지는 모른디, 난 몰라. 보복을 했는가 안 헌가 모르제. 우리는 직접 안봤응게(축장의 탁 씨).

보복이 됐다고 봐야제. 가족이 다 희생당했는디. 탁○하만 나쁘다고 할 수도 없제. 거기만 그런 것 아니여. 우리 마을(장동)도 ○환 씨랑 돌아와서 얼마나 사색이 벌벌했소. 그때는 유가족들이 아주 무서웠어라. 그때 막 거시기했을 때. 가족들이 다 죽었는디 돌아와서 젊잖을 사람이 있간디. 거 상계리 안○주 그 양반도 돌아와서 시퍼랬어. 유가족이잖아. 그 양반도 철저한 반공주의자고(장동의 김○환, 남, 76).

당시 축장 마을 사람들의 상당수는 자수하라는 권고에 염산면 지서에 가서 유가족들이 있는 가운데 조사를 받았다. 지서에는 장동 마을 유가족 외에도 염산면 내의 인근 마을 유가족들이 불려온 사람들의 좌익 활동 여부를 판가름해주었다. 사실 외부에서 온 군경은 그간 지역 내부에서 활동했던 좌익들에 대한 소상한 내용을 모르기 때문에 지역 내 유가족의 증언을 기준으로 판결하는 경향이 있었다고 한다.

군경은 모르제, 타관에서 와서 모르제. 긍게 유가족들이 인자 그 사람들 기준에서 죽이고 살리고 그러제. 그래서 평소에 사람 처신 잘못한 사람은 이리 맞고 저리 맞고 잘못하면 자기만 죽었제(장동의 김○환, 남, 66).

한마을이나 다름없는데 축장은 좌익에 의해 피해를 입지 않았다는 그 자체만으로도 군경의 의심을 받을 수 있었다. 그럼에도 불구하고 이 과정에서 축장의 문 씨들은 아무도 피해를 입지 않았다. 축장의 다른 성씨 가운데에는 조사받는 과정에서 신체적으로 혹독한 매질을 당하고 훈방된 사람들도 있었다. 현재 대전에 거주하고 있는 광산 김 씨 김○연은 수복 전에 축장에 거주하다 인민위 리(里) 서리를 했지만, 사람을 해치지 않고 살려고 어쩔 수 없이 좌익의 지시를 따랐다는 점이 인정되어 혹독한 매질만 당하고 훈방조치 되었다. 축장의 김○기 역시 매질만 당하고 훈방되는 등 4~5명의 축장 사람들이 비슷한 방식으로 훈방되었다.

사실 문 씨들도 좌익 세력에 협조했던 것으로 의심받았지만 이들은 아무런 탈 없이 모두 훈방조치 되었다. 이들이 무사할 수 있었던 것은 문 씨 집안의 사위가 당시 전남의 다른 지역에서 경찰의 고위 간부로 있었던 덕분으로 알려져 있다. 이에 관련하여 축장의 탁○와 문○철의 미망인 임○례(축장, 74)는 다음과 같이 기억한다.

문 씨들도 좀 피해가 있으리라고 생각했는디, 그때 문 씨들 가운데 출가한 분들의 남편이 경찰에 높은 사람이 있었어. 그러니 인자 여가 처가제, 그 사람의 문 씨들 집안 처가제. 그 사람이 경찰 계통의 그때 무슨 경감인가 좌우간 상당히 높다고 그랬어(축장 탁 씨).

증조할매 딸이 목포로 시집갔어. 그 양반이 선생질했어. 그이 신랑이 경찰질했거든. 그 신랑이 문 씨들만 찾으면 지서로 데려오지 마라, 그러고 지시를 내려버렸어. 그래가꼬 인자 문 씨들은 하나도 안 다쳤제(축장의 임 씨).

어찌되었든 축장의 문 씨들은 무사히 살아남았다. 문 씨들은 '차당 피당 불입당'과 '중용'의 원칙을 잘 지킨 덕이라 생각한다.

그러면 거물급 좌익 활동가로 실형을 살고 고향으로 돌아온 탁○술은 어떠했는가. 그는 좌익으로 낙인찍혀 출감 후 조용히 농사를 짓고 있었지만, 전쟁 중 좌익 세력에 의해 가족을 잃은 염산면 유가족들로부터 가끔 봉변을 당했다. 출소한 지 3~4년 되던 해 어느 날 그가 술에 만취되어 고성방가하며 마을로 오는 도중 유가족인 안○주로부터 큰 봉변을 당했다. 이 일과 관련하여 당시 일을 안○주는 다음과 같이 기억한다.

내가 술에 취해 떠들던 놈의 아갈통을 한 대 갈겨줬지. 이 새끼, 형무소 살고 나오면 다 끝난 줄 아냐. 내 우에 형 이름을 대고 기억나냐 물어봤더니, 그놈이 그 자리에서 물팍(무릎)을 딱 꿇고 살려달라고 하더만. …… 니가 근신해야제, 이 자식아. 니가 뭣을 잘했다고, 얼마나 많은 사람을 죽였고 얼마나 많은 사람들의 재산을 몰수해다가 배떼기 채웠냐 이것이여.

탁○술은 마을에서 자연사하였지만, 앞서 언급한 축장의 김○연 등 당시 좌익에 소극적으로나마 협조했다는 이유로 지서에서 '몰매'를 맞은 사람들 대부분은 전쟁 종료 후 한 사람씩 축장을 등지고 외지로 떠났다. 이를 두고 현재 축장과 장동 사람들은 그들이 좌익 활동을 어떻게 했는가 기억나지 않지만, 윗마을 장동 김 씨의 피해가 너무 컸기 때문에 한마을이나 다름없는 조그만 공간 내에서 편히 살기 어려워 외지로 떠났던 것으로 기억한다. 좌익의 거물인 오교 마을의 김○배 역시 자신에게 '대놓고' 적대적인 사람은 거의 없지만, 조용히 농사지으며 특히 한국전쟁에 관한 어떤 일도 입 밖에 꺼낸 적이 없다고 한다.[7]

---

[7] 본 연구자도 김 씨와 인터뷰를 하기 위해 여러 차례 그의 집을 방문했으나, 그는 만나주질 않았다.

영광 출신으로 월북한 시인 조운8)의 시비 건립을 강하게 반대하였던 안○주와 송암리의 탁○하는 영광군 출신의 투철한 반공주의 인사로 분류되어왔다. 이들은 1950년 10월 이후 지역 좌익 세력들에 의해 자신들의 부모, 형제, 친족들을 한꺼번에 잃었던 사람들이다. 안 씨는 염산면 상계리 출신으로, 한국전쟁으로 어머니와 4명의 친형제를 포함하여 20여 명의 친족원을 좌익 세력에 의해 잃었다. 한국전쟁 발발 시 안 씨는 광주사범학교에 재학 중이었다. 안 씨 바로 위의 형이 당시 염산면 부면장이었으며, 다른 형은 염산에서 제일가는 부자이자 우익 민간단체의 위원장이었다. 안 씨 가족들은 이미 지역 좌익들의 숙청 대상으로 지목될 만한 여러 조건을 갖추고 있었다. 게다가 안 씨가 한국전쟁 발발 후 광주에서 학도병으로 자원했다는 소식은 안 씨 가족들이 집단으로 학살될 수 있는 또 하나의 빌미를 주었다. 따라서 가족 가운데 유일한 생존자였던 안 씨가 지금처럼 철저한 반공주의자가 된 데에는 그만한 이유가 있는 셈이다. 안 씨는 한국전쟁 당시 육군본부 특무부대원을 거쳐 제대 후 고향에 돌아와 1961년과 1980년 두 번에 걸쳐 염산면장을 지냈으며, 줄곧 염산면 우익 인사의 대명사가 되었다.

염산면 출신의 또 다른 대표적인 반공주의자로 여겨지는 탁 씨의 고향

---

8) 영광출신 시인 조운은 1949년에 가족과 함께 월북하였다. 1988년에 월북 문인이 해금조치되고 2000년에 영광 문인단체와 지역 문화예술인들이 중심이 되어 시조시인 조운 탄생 100주년 기념사업준비회가 결성되었다. 기념사업회는 조운의 대표적 시조인 「석류」가 새겨진 시비를 영광군 교육청 앞뜰에 건립하려고 하였는데, 영광의 소위 우익이라는 안○주와 상이군경회, 자유총연맹 등 우익 단체들의 반대로 준비된 시비의 기단부와 조경석이 훼손되어 건립되지 못했다. 우여곡절 끝에 조운 시비는 같은 해 9월에 영광 우익 단체의 반대를 무릅쓰고 영광읍 한국전력 문화회관 앞에 세워졌다. 그러나 안 씨와 탁○하 그리고 우익 단체들은 조운 시비 철거 요구를 계속하고 있어, 조운 시비를 둘러싼 이념적 갈등이 완전히 마무리된 것은 아니다.

은 송암리이다. 그는 서울에 있는 모 대학교의 미술과 재학 중 한국전쟁이 발발하자 고향으로 내려왔다. 아버지인 탁○규는 해방 후 국민회 활동을 한 바 있으며, 탁 씨도 해방 후 우익 활동을 해오다 면 국민회를 조직하는 데 앞장선 바 있다(김석학·임종명, 1975). 전쟁 동안 탁 씨 부친과 친누이들은 송암리 바닷가에서 지역 좌익들에 의해 학살되었다. 탁 씨는 한국전쟁 동안 구사일생으로 살아남아 현재 서울에서 작품 활동을 하고 있는 중견 작가이지만, 영광군과 관련한 이념적 논쟁에서는 언제나 철저한 반공주의적 목소리를 내고 있다.

안 씨와 탁 씨가 반공주의적 목소리를 강하게 내는 데는 가족이 지역 좌익에 의해 희생당했다는 배경 외에도, 그들이 지역사회와 한국 사회에서 차지하고 있었던 위치 때문에 이들의 목소리가 힘을 받을 수 있었다는 이유도 있다. 한국전쟁 발발 당시 이들은 고등교육을 받은 상태였으며, 종전 후에도 지역권력의 핵심인 면장과 저명한 예술가라는 사회적 입지를 유지해왔다. 더구나 종전 후 철저한 반공주의적 분위기에서, 특히 영광처럼 좌익에 의한 민간인 피해가 큰 지역에서 안 씨와 탁 씨의 반공주의 이념에 정면으로 도전을 시도한 사례는 거의 없었다.9)

염산면 내에는 안 씨와 탁 씨 가족들만큼 극심한 피해를 입었던 다른 마을과 집안들도 있다. 장동 마을의 김 씨도 막대한 피해를 입었지만 김 씨들 가운데에서 안 씨나 탁 씨처럼 철저한 반공주의자로 영광군 일대에 알려진 사람은 없었다. 이는 피해 당시 역량 있는 김해 김 씨들이 철저히 학살되어 '인물의 씨가 말랐기' 때문이라고 한다. 당시 면장과 면 직원들이었던 6~7명의 김 씨, 이들의 부모, 처, 자녀들이 함께 피살되었

---

9) 조운 시비 건립 시도는 아마 이들에 대한 최초의 정면 도전이 아닐 수 없다. 이러한 시도가 가능했던 결정적인 계기는 2000년 평양에서의 남북 정상회담 이후 남북한의 화해 무드가 조성될 수 있었기 때문이다.

기 때문이다.

5. 집단학살의 기억과 진실 찾기

군사정권이 종말을 맞고 한국 사회에 민주화 분위기가 조성되기 시작하면서, 특히 '국민의 정부'가 출범한 후 가속화된 남북 화해 무드 속에서 '한국전쟁 전후 민간인 학살의 진실 찾기'를 위한 다양한 움직임이 있었다. 노근리 학살 사건, 보도연맹 관련 집단학살 사건, 4·3사건, 함평 양민학살 사건 등 이들과 관련된 민간 차원의 진실 찾기 노력은 계속되고 있다. 이들 사건의 공통점은 한국전쟁을 전후로 하여 한국의 군과 경찰뿐만 아니라 미군과 같은 외국 군대 및 우익 단체들이 보도연맹원, 전쟁포로, 이념·정치와 무관한 민간인을 집단으로 학살했다는 데에 있다.

그러나 2002년 한 시사월간지는 납북자와 납북 피살자 명부 및 한국전쟁 동안 좌익이 학살한 민간인 피살자 명부에 관한 기사를 연속으로 게재하면서, 특히 좌익 세력에 의한 민간인 대학살이 이루어진 곳이 전남 영광군임을 알렸다. 그간의 한국전쟁 전후 민간인 학살 사건의 조사가 소위 우익 진영에 의한 것들이라는 지배적인 분위기를 '반전'시켜보거나 아니면 좌우익의 '균형'을 맞춰보려는 숨은 의도가 있었던 것 같다.

구술자료는 대한민국의 다른 지역에 비해 지역 좌익 세력들에 의한 민간인 피살자가 유난히 많은 영광군 염산면 내에서 당시 집단학살에 직·간접으로 관여한 사람, 피살자의 유가족, 집단학살을 간접적으로 경험한 이웃들로부터 수집되었다. 이 글에서는 이들이 기억하는 집단학살의 기억과 한국전쟁이라는 난시에 보여준 관련된 사람들의 행위는, 이념적 차원뿐만 아니라 다양한 차원에서 해석되고 있음을 보여주었다.

이를 구체적으로 규명하기 위해 염산면 사람들, 특히 축장과 장동 마을 사람들의 기억에 의존하여 1950년대 한국전쟁 속의 영광군 염산면으로 시간의 초침을 되돌려보았다.

염산면 내에는 장동 김 씨들 외에도 여러 마을에서 지역 좌익 세력에 의해 민간인들이 몰살당했다. 우익에 의한 민간인 피해자나 그 유가족들은 군사정권의 반공주의적 분위기 속에서 당시의 일들에 대한 기억을 철저히 억제하도록 강요받았다. 그러나 좌익에 의한 민간인 학살은 좌익의 '잔학무도함'과 함께 순교비의 문화적 장치와 6·25 기념식 등 공적인 형식으로 기억되어왔다. 그러나 이러한 집단학살, 폭력에 대한 기억과 해석은 모든 사람들에게 동일하게 일어나거나 형상화되지 않으며, 구술하는 자가 피해 당사자 또는 유가족인가 아니면 방계 친족원이나 이웃인가의 차이에 따라 다양하게 이루어진다.

장동과 축장 사람들에게 당시 적극적인 좌익 활동으로 피살되거나 실형을 살고 나온 사람들에 대한 기억은 대체로 생생한 편이며 일치되는 경향이 있다. 이들은 워낙 '드러내놓고' 활동했던 지역 좌익들이었기 때문에 이들에 대해 '기억하는 것'은 개방되어있는 편이다. 그러나 마을 사람들에게 5·16혁명 무렵 두 마을이 행정구역상 한마을이 된 후 일상생활의 호혜적 관계를 갖기 시작한 현실적 상황에서, 한국전쟁의 학살에 대한 구체적인 기억하기는 오히려 무용하거나 유해할 수 있다. 따라서 이들에게 당시의 사건에 관련된 구체적인 인물과 활동 내용은 기억되지 않는다. 단지 학살당한 집단과 개인에 대한 기억만 남아있을 뿐이다.

장동의 김 씨 외에 상계리 안 씨, 송암리 탁 씨, 월홍리의 황 씨, 동산 마을의 박 씨 등도 집단적으로 학살당한 집안들이다. 이들도 9·28 수복 이후 집단으로 학살되었는데, 염산 사람들은 이들을 학살한 구체적인 개인들을 기억하지 못한다고 한다. 즉, 누가 누구를 그리고 어떤 집안사람들을 죽였는지 구체적으로 기억나지 않는다고 한다. 이들이 기억하는 학살의 주체들은 '공산군', '공산당 놈', '빨갱이 놈', '유격대', '생산유격대', '인민위원회', '당위원회', '세포위원회' 등이다.

염산 사람들은 학살의 주체를 구체적 개인으로 기억하지 않지만 당시 민간인의 생사를 쥐고 있었던 면 내의 거물급 좌익들에 대한 기억은 상당히 구체적이다. 그러나 염산면 유격대장 홍순풍, 유격대 부대장 김균배, 여맹위원장 '쇠뭉치 어매' 등의 인물은 기억하지만, 이들이 구체적으로 누굴 학살했고, 학살하라고 지시했는가는 기억하지 못한다.[10] 염산면 사람들의 한국전쟁에 대한 기억은 학살의 주체보다는 학살당한 사람들을 향하고 있으며, 이들에 대한 기억은 족보에, 묘지에, 제삿날에, 순교비에, 폐가에, 마을의 여러 공간에 휴화산처럼 남아있다.

연구자 같은, 한국전쟁의 경험에 대한 외부인의 질문에 의해 순간적으로 당시의 기억 편린들이 재조합될 수는 있지만, 좌익에 관련되었던 사람들조차 이념이 아니라 어려운 시대에 살아남기 위한 '불가항력적 행위'를 했던 사람들로 기억되고 있다. 기껏 이들이 표현할 수 있는 것은 장동의 한 할머니의 말대로 "우리는 다 죽었는디 그쪽이 다 살았응게"라는 에둘러 말하는 방식이지, 결코 '장동=우익', '축장=좌익'의 이념적 이분화는 아니었다.

---

10) 2003년에 안○주와 탁○하는 한국전쟁 당시 유격대 부대장이었던 오교 마을의 김○배를 만나 당시 자신들의 가족 학살에 대한 구체적인 이야기를 한번 들어보고자 시도했으나 성공하지 못했다고 한다.

■■■ 참고문헌

김경학. 1999. 「해곡리의 사회·문화적 성격의 지속과 변화」. ≪호남문화연구≫, 제27집. 전남대학교 호남문화연구소.
김동춘. 2000. 『전쟁과 사회: 우리에게 한국전쟁은 무엇이었나?』. 돌베개.
김석학·임종명. 1975. 『광복 30년: 6·25동란 전편』. 전남일보사.
김성동. 2002. 「영광 대학살: 2만 1225명」. ≪월간조선≫, 4월호. 월간조선사.
안종철. 1991. 『광주·전남지방 현대사연구』. 한울.
염미경. 2003. 「전쟁과 지역권력구조의 변화」. 『전쟁과 사람들: 아래로부터의 한국전쟁』. 한울.
영광군지 편찬위원회. 1998. 『영광군지』 상·하. 영광군.
영광신문사. 2000. ≪영광신문≫, 제164~176호.
월간조선사. 2003. 『6·25피살자 59994명』. 월간조선사.
윤정란. 2004. 「한국전쟁기 염산면 기독교인 학살의 원인과 성격」. 『한국 기독교와 역사』. 한국 기독교역사연구소.
윤택림. 2003. 『인류학자의 과거여행: 한 빨갱이 마을의 역사를 찾아서』. 역사비평사.
윤형숙. 2003. 「전쟁과 농촌사회구조의 변화」. 『전쟁과 사람들: 아래로부터의 한국전쟁』. 한울.
전남일보 광주전남 현대사 기획위원회. 1991. 『광주전남 현대사』 2. 실천문학사.
한홍구. 2001. 「한국전쟁 전후 민간인 학살의 진실 찾기. 그 1년의 회고와 반성」. 『한국전쟁 전후 민간인 학살의 진실 찾기』. 자유·평등·연대를 위한 광주인권운동센터.

Beteille, A. 1974. *Studies in Agrarian Social Structure*. Delhi: Oxford University Press.

전쟁과 폭력에 대한 마을 사람들의 기억

> 사람들은 저마다 이유도 없이, 흔히 의식하지도 못하면서, 오랜 세월 동안 증오해오던 이웃이나, 친구나, 형제가 있었다. 분출구를 찾지 못하던 증오가 그 내면에서 들끓었다. 그러다가 이제 갑자기 그들에게 소총과 수류탄이 주어졌고, 그들의 머리 위에서는 숭고한 깃발이 휘날렸다. 이웃과 친구와 형제를 죽이라고 성직자와 군대와 신문들이 그들에게 충동질을 했다(카잔차키스, 1985: 3~4).

1. 폭력의 경험, 그리고 학살 기억과 망각

폭력은 대개 인간의 원초적 본능에서 기인하는 것 또는 외부의 강제된 힘에 의해 내부의 공동체적 근간이 무너질 때 발생하는 것(Das and Kleinman, 2001: 1)이라고 설명된다. 폭력 중에서도 집단 간에 발생하는 폭력은 주로 상대방과 자신들을 구분하는 사회적, 문화적, 역사적 경계를 둘러싸고 발생한다. 하지만 같은 지역에 거주하고 있으며 서로를 잘 알고 있거나 최소한 잘 알고 있다고 간주되는 사회적 행위자들 간에 발생하는 폭력은 단순히 이론적으로 또는 폭력의 정당성 여부만으로는 설명하기 곤란하다. 이와 같은 지역사회에서의 폭력 경험이나 학살에 대한 기억에 개인들이 인지하고 있는 '사실'들이 어떻게 지역적 논리와 섞여 재생되는지를 함께 살펴보는 것이 필요하다.

전쟁의 와중에서 대면적인 인간관계가 무너지고 일상생활이 왜곡되고 파괴되며, 사람들의 삶에는 폭력과 학살이 난무하게 된다. 특히 반란군들이 근거지로 삼고 있는 '주변지역'은 국가 또는 국가를 대행한 군대와 경찰로부터 보호를 받지 못하고, 그렇다고 해서 '반란군'에게 완전히 '접수'되지도 못한 채 일상의 활동이 운에 따라 좌우되는 취약한 상태에 처하게 된다(박정석, 2003). 일상생활은 '비정상'적인 것으로 왜곡되고 폭력이 어느 한쪽의 편임을 구획하는 결정적 표식으로 등장한다. 폭력은 경계 안쪽의 사람들에게는 정당성을 부여하여 하나의 공동체로 묶는 데 필요할 뿐만 아니라 경계 바깥의 사람들을 '정당치 못한' 범주로 몰아버리는 기제로 작용한다(Spencer, 2001).

전쟁의 소용돌이 속에서 전쟁 이전의 사소한 다툼이나 가족 또는 가문 간의 알력관계는 전쟁과 더불어 정치적 차원에서의 경쟁관계로 전환되고, 보복의 욕구가 새로운 영역에서 작동하게 된다. 전쟁의 와중에서 마을이나 지역 단위에서 발생한 폭력과 학살은 대개 문중 간 또는 문중 내부의 경쟁과 반목(박찬승, 2000; 염미경, 2003; 윤형숙, 2003), 농지 이용이나 과거의 신분적 유제로 인한 마을 간 혹은 마을 내부의 갈등(이용기, 2001; 정근식, 2003; 정진상, 2000), 그리고 개인적·감정적 혹은 정치적 세력다툼(윤택림, 2003)이라는 내부적 원인에 의해 촉발된 일종의 '자족지란(自族之亂)'의 성격이 강하다. 특히 정치가 중립적이지 못할 때 정치적 야합이 발생하며, 야합으로 인해 혜택을 받는 집단과 혜택에서 배제되는 집단 간의 정치적 힘의 간극은 더욱 벌어지게 된다. 아울러 지방 수준에서의 정치적 이합집산이 반복될수록 마을 차원에서는 정치적 정당성 여부가 힘의 논리에 의해 지배된다.

이런 와중에 특정 개인이 정치적 대리자로 등장한다. 대리자의 지위는 사회적 행위의 주체라기보다는 산물이다. 대리자는 반목과 복수로 대변되는 마을 내 폭력의 (악)순환 과정에서 적대감으로 서로를 살해하는 통로가 된다. 폭력행위 그 자체는 대리자로 하여금 폭력의 가해자는 물론 폭력의 대상자들의 신체를 '통제'하게끔 한다. 즉, 한쪽의 '정당한' 죽음은 항상 다른 쪽의 '정당하지 못한' 죽음이 된다. 여기에서 희생자는 반목이나 경쟁에서 또는 전투에서 적극적인 참여자일 필요는 없다. 희생자들은 특정한 정체성을 안고 있고 특정한 장소에 속해있기만 하면 보복적 폭력의 대상이 된다(Lawrence, 2001).

장소는 사람들의 정체성 형성에 중요한 역할을 한다(이-푸 투안, 1995). 사람들은 그들이 살고 있는 특정한 지역 내에서 그들이 참여하고 있는 행위에 따라 정체성이 형성되고 특징화된다. 따라서 사람들의 사회적 정체성은 타고나는 것이라기보다는 획득하는 것이다. 즉, 정체성은 출생으로부터 전수되는 것이 아니라 본질적으로는 생애를 통하여 주조되는 유동적 성격이 강하다. '한마을 사람'이라는 정체성 형성에는 무엇을 기억하는 것도 중요하지만, 무엇을 잊는가 그리고 어떻게 잊는가 하는 점도 중요한 역할을 하고 있다.

즉, 마을 사람들의 구술 또는 과거에 대한 이야기는 곧바로 그들의 '과거'에 접근하게 하지 않는다. 그들의 사회적 기억과 공유하고 있는 지식의 많은 부분은 말해지지 않거나 기록되지 않은 채 '격리'되어 암묵적으로 남아있기 때문이다. 따라서 기억의 정확성 여부에 못지않게 중요한 것은 기억의 사회적 차원을 밝히는 것이다. 사람들은 어떤 경험을 망각하고 어떤 경험을 회상해야 하는지, 그리고 기억한 경험에 대해 어떤 해석을 내려야 하는지를 다른 사람들과의 관계 속에서 결정한다(Thelen, 1989: 1122). 즉, 사람들이 기억하거나 '망각'하고 있는 것들과 이들에 대한 기억이 긴 시간을 흘러 전승되는 방식은 작위적이지 않고, 체계적이고 일정한 형식이 내재한다는 것이다(Cappelletto, 2003; Carsten, 1995).

이 장에서는 한국전쟁 당시 수복이 늦어지면서 지리적으로 고립된 상태에서 좌익과 반란군의 영향하에 있었던 한 지역의 사례를 통하여 마을 사람들이 겪은 폭력의 경험과 학살에 대한 기억과 '망각'을 살펴보고자 한다. 한국전쟁은 전쟁 이전에 발생했던 마을 사람들 간의 사소한 싸움의 잔재와 감정의 앙금이 살인과 보복살인으로 확산되는 원동력이 되었다. 이런 전쟁의 와중에 등장한 폭력의 대리자들 및 이들의 폭력에 '동조'하거나 '침묵'하고 '모른 체'한 마을 사람들 그리고 폭력과 학살의 희생자를 통하여, 마을 단위에서 자행되었던 폭력과 학살이 어떻게 — 그리고 어떤 부분이 — 기억되고 망각되는가를 기술하고자 한다.

2. 지역사회와 한국전쟁

조사 지역은 전라남도 영광군 백수읍에 있는 마을이다. 영광지역은 백수평야를 끼고 있어서 예로부터 부자가 많았던 지역이었다. 하지만 바닷가를 끼고 있는 백수읍을 비롯한 서부지역은 수리시설이 좋지 않아 빈농들이 많았다(박찬승, 2002). 일제시대에 영광지역에는 일본인이 상대적으로 많이 진출하여 서부지역의 토지를 대거 사들이고 1924년 수리조합을 개설하였다. 수리시설이 좋지 않았지만 비교적 평탄한 농지를 일본인 농장주들이 대거 구입하여 각종 수리사업을 벌이고 저수지를 축조하여 농업생산성이 향상되었다. 그러나 수리조합 개설은 지주 계층 및 자작농보다는 소작농 범주에 속하는 사람들을 양산하는 결과를 가져왔다(김민영, 1994).

이와 같이 영광지역은 일제시대부터 대규모 수리사업을 실시하여 농지를 개량하고 간척지농장을 넓혀 한편으로는 농업생산성이 증가했으나 다른 한편으로는 식민지 지주제가 심화되었던 지역이다(정승진, 2003: 331). 이 점은 일본인 대지주 중에는 1,000정보 이상을 소유한 자는 물론 100정보 이상을 소유한 자만 9명에 이르렀으며, 50정보 이상을 소유한 한국인 대지주들도 15명이나 되었다(김민영, 1994: 60)는 사실에서도 잘 드러난다. 대지주의 등장 및 수리조합 개설로 인한 수세 부담 증가는 서부지역의 농민들을 경제적으로 몰락시키는 결과를 가져왔으며, 이후 항일 농민운동이 거세게 일어나게 된 직접적인 동기가 되었다(박찬승, 2002).

넓은 농경지와 더불어 조사 지역은 칠산 앞바다의 풍부한 어족자원과 넓은 갯벌을 두고 있어 일찍부터 어업이 발달했던 지역이다. 어업은 법성포를 중심으로 발달했으며, 생산한 어획물은 중간상인들이 육로를 통하여 인근의 장성, 담양, 광주 등지로 운반하거나 해로를 이용하여 목포와 군산 등지에 판매하였다. 이와 같이 영광지역은 해방 이전부터 신도시인 목포, 군산 등지와 해로를 통하여 빈번하게 접촉하고 있었다.[1] 상인들의 빈번한 왕래 및 군산과 목포까지 해로를 이용한 접근 용이성은 이 지역에 기독교를 일찍 전파할 수 있게 한 요인이 되었다. 조사 지역 인근 백수읍에는 1903년 영광군에서 최초로 교회가 설립된다(영광군지, 2002: 1281).[2]

어업과 농업 이외에도 조사 지역에서는 갯벌 바닥에 바닷물을 집적했다가 그 바닷물을 가마솥에 끓여 소금을 만드는 육염(陸鹽)[3]업이 성행하

---

1) 영광지역은 해로를 통하여 군산, 목포 같은 신도시와 직접 연계될 수 있었던 지리적 이점과 빈번하게 오가는 상인들의 영향으로 말미암아 일찍부터 신문화가 유입되어, 일제시대에는 항일운동 및 민족계몽운동이 활발했으며 해방 이전에 이미 국제공산당에 가입한 인사가 있었다(광주전남 현대사기획위원회, 1991b: 244).
2) 박찬승(2002)은 영광지역 최초의 교회가 1905년 영광읍 무령리에 설립된 영광읍교회(영광대교회)라고 제시하고 있다. 하지만 이보다 앞선 1903년에 백수읍 대전리에 개척교회(현 백수읍교회)가 설립되었으며, 1904년에는 묘량면 신천리에 교회가 설립되었다(조선예수교장로회사기 상권: 121, 재인용 윤정란, 2004: 124).
3) 육지에서 소금을 굽는다는 의미에서 조사지 주민들은 주로 육염이라 부르고 있지만 다른 이름으로는 화염(火鹽) 또는 자염(煮鹽)이라고 부르기도 한다. 서해안

였다. 육염은 1950년대 중반 천일염전이 조성되기 전까지 지역경제에 지대한 영향을 미쳤다. 다른 산업과 달리 육염은 자본이 적게 들고 적은 인력으로 생산할 수 있으며 생산에 비해 수요가 많아, 갯벌을 끼고 있는 영광 백수읍과 염산면 일대에는 해방 이후까지 수십여 기의 소금가마가 있었다고 한다. 대개 가족 단위로 하나의 가마를 보유하고 소금을 구워내어 인근의 상인들에게 판매하는 방식으로 가계를 꾸려갔다. 이 지역에서 생산한 소금은 칠산 앞바다에서 잡힌 조기나 청어들을 염장하거나 염건 처리하는 데에 이용되었을 뿐 아니라 육로를 따라 내륙지방으로 팔려나갔다.

일제하에서 간척지농장을 둘러싸고 일제 지주를 대상으로 한 노동운동과 농민운동을 주도했던 인물들 대부분은 해방 이후에 영광지역의 건준과 인민위를 주도하게 된다(안종철, 1991: 107~109). 해방 후 질서유지를 목적으로 결성되었던 치안대는 일제시대 때의 경찰을 흡수하여 활동할 정도로 좌우익의 구분을 하지 않고 활동하였다. 하지만 미군정하에서 인민위원회를 주도했던 인물들은 '불법 공공건물 점유 및 유용', '불법 테러', '불법 적산관리' 등의 죄목으로 구속된다. 이때부터 경찰(미군정)과 청년단(인민위원회)과의 갈등이 표면화되고 테러가 본격화되었다(전남일보 광주전남 현대사기획위원회, 1991a: 135~140).

해방 이후 건준과 인민위원회 그리고 미군정으로 정치적 헤게모니의 중심이 이동하는 가운데 국가적 차원에서는 좌우익 간에 첨예한 대립이 발생하였다. 미군정이 정치적·물리적으로 권력을 장악하고 남한 단독선거가 기정사실화될 무렵 남로당을 중심으로 한 좌익 세력들은 무장투쟁으로 대항한다. 각 지역에서는 소위 '야산대'라는 무장부대가 조직되어

지역에서 자염 방식으로 소금을 만든 염장의 분포에 관해서는 홍금수(1994)를 참조하기 바란다.

경찰 및 우익 단체들과 맞서기 시작한다. 한국전쟁이 발발하기 이전 남한 대부분의 지역에서는 이미 지주와 소작인, 좌익 세력과 우익 세력, 경찰과 청년단, 미군정과 인민위원회 등의 세력다툼과 갈등이 여러 곳에서 테러의 형태로 표출되고 있었으며, 남로당을 중심으로 한 유격대가 곳곳에서 무장투쟁을 하고 있었다(김남식, 1984).

한국전쟁이 발발하기 이전 영광지역에서도 좌익계열 청년들을 중심으로 유격대가 형성되어 경찰과의 격전이 빈번하게 일어났고 우익 인사에 대한 테러도 감행되었다. 이 지역의 유격대 중에서도 박막동이 이끌던 유격대는 조사지 마을 뒷산의 갓봉을 중심으로 활약하면서, 인근 염산면, 영광읍 지역은 물론 송정리(현 광주시)로 넘어가는 밀재까지 진격하여 경찰 병력을 기습 공격하기도 한다(김석학·임종명, 1975: 288). 그뿐만 아니라 1948년에 발생한 여순사건 직후에는 무장된 '반란군'들이 들어와 조사 지역의 갓봉지역을 근거지로 삼아 활동한다. 이들은 처음에는 불갑산으로 이어지는 군남면 쪽에 집결했다가 진압군에 밀려 백수평야를 건너서 갓봉 일대에서 활동하고 있던 유격대와 합류한 것으로 보인다.

상호(염산면)에 그 사람들이, 반란군들이, 여순반란사건 군인들이 집결해있었는데 …… 광주서 그때 사단 병력이 와버렸어. 이제 거가(거기에) 있다는 정보를 듣고 상호 오동리로 들어가니까 그 사람들이 '대항을 못하겠다' 그런 식으로 산을 넘어서 시로동리(염산면) 그 주변에 가 있더라고. 난 어려서 (가까이) 가서 보니까 똑같은 군인이더라고. 철모 쓰고 총 들어 메고. 그때 반란 당시인게 군인이나 똑같제 …… 너무 병력이 많으니까 어떻게 못한다고 그러더라고. 그날 집에까지 못 가고 대전리(백수읍)가 외간디, 대전리에 와 가지고 있웅게 저녁에 갓봉서 전투가 다시 일어나지.

경찰조사 목록에 의하면 영광지역에서는 1949년 1월 21일부터 한국전쟁이 발발하기 직전인 1950년 6월 2일까지 총 30회의 전투가 있었다(윤정란, 2004: 133). 전투가 빈발했던 지역은 조사지 인근의 백수읍 구수산과 염산면으로 들어오는 돌팍재 그리고 불갑산 주변이었다. 이런 사실은 한국전쟁 직전에 갓봉을 중심으로 한 백수읍 지역과 염산면 일대 및 불갑산 주변 산악지역은 경찰의 힘이 미치지 못하는 상황이었음을 보여준다. 그리고 전투가 1949년 4월에서 9월 사이에 빈번하게 발생했다는 것은 여순사건 이후 잘 훈련된 반란군들의 가세와 남로당의 비합법투쟁으로의 조직 전환이 맞물려 소위 '아성 공격'(김남식, 1984: 417)으로 이어졌음을 짐작하게 한다.

한국전쟁은 1950년 6월 25일 발발하지만 영광지역에 인민군이 들어온 시기는 전쟁 발발 후 1개월쯤 지난 7월 23일이다(기획위원회, 1991b: 245). 인민군이 진격해 오자 경찰과 우익 인사들은 후퇴하면서 '보도연맹'에 가입된 사람들을 '학살'한다. 경찰이 후퇴하고 난 다음에는 인민군 치하에서 인민위원회를 위시한 노동당위원회, 부녀동맹위원회 등의 조직이 영광지역을 장악하였다. 마을 단위에는 자위대, 군 단위와 면 단위에는 유격대를 조직하여 질서유지와 반동분자 색출이라는 명목으로 우익 진영 및 평소 갈등관계에 있었던 사람들에 대해 보복적인 폭력과 학살을 자행한다.

특히 조사지 마을 인근의 염산면에는 한국전쟁이 발발하기 이전인 6월 22일에 북한의 정치공작원들이 상륙한다.4) 이들은 파괴된 당조직을 복구하고 인민군이 진격할 때 내부에서 호응할 수 있는 세력들을 포섭하기 위하여 6월 초에 진남포항을 출발하지만, 풍랑을 만나 중국 해안에

---

4) 김석학·임종명(1975: 299)은 5월 하순에 염산면에 인민군이 잠입한 것으로 밝히고 있으며, 김남식(1984: 441)에 따르면 이들이 7월 중순 전남 영광 해안에 상륙했다고 한다. 하지만 현지 주민들과의 직접 인터뷰를 통해 윤정란(2004)은 이들이 6월 22일에 상륙했음을 확인해주었다.

표류되었다가 20여 일 후에 염산면에 도착하였다. 원래 백수읍 해안에 상륙하려다가 모래가 많아 배를 접안하기 어려워 염산면 쪽으로 방향을 돌렸다고 한다. 밤에 상륙한 이들은 마을 사람의 신고로 지서에 알려지게 되고, 군경이 합동작전을 전개하여 전원 몰살당한다(윤정란, 2004). 이 사건은 곧이어 발발한 전쟁과 인민군 진입과 맞물려 우익 세력에 대한 보복적 학살의 구실이 된다.

영광지역의 또 다른 특징은 국군에 의한 수복이 다른 지역에 비해 현저히 늦었다는 것이다. 서울 수복 이후 전남지역의 좌익 세력과 무장단체들은 주로 화순의 백아산과 광양의 백운산을 거쳐 지리산으로 입산한다. 따라서 일부 산악지역을 제외하고는 대부분의 지역에서 인민군이나 무장한 유격대들이 물러나고 경찰과 군대가 지역의 치안을 장악하게 된다. 하지만 영광의 백수읍, 염산면, 불갑면 지역은 오히려 인근에서 좌익 세력들이 피난처로 삼아 몰려들어 1951년 1월까지 이 지역은 좌익 세력의 본거지가 된다. 이와 같이 영광지역은 갓봉을 중심으로 구수산 일대가 유격대의 중심세력들의 집결지가 되고 다른 지역에 비해 상대적으로 수복이 늦어진 탓에, 9·28 이후 수세에 몰린 좌익들이 우익 세력 및 평소 감정적으로 대립을 보였던 사람들에게 보복적 폭력과 학살을 자행한 공간이 된 셈이다.[5]

조사 지역도 낮에는 지서를 근거지를 삼고 있는 경찰들이 순찰을 하지만 밤이면 지역 전체가 좌익 세력들의 영향권 아래에 놓여있었다. 유격대의 본거지인 갓봉 인근 마을에서는 낮에도 경찰이 접근조차 못 하는 지경이었다. 밤낮으로 경찰과 좌익 세력에게 이중으로 시달리던 인

---

[5] 『6·25사변 피살자 명부』에 따르면, 대량학살은 1950년 9월 중순에서 11월 사이에 집중되어있다. 특히 9월 20일을 전후한 시점에 대량학살이 이루어졌다는 사실에서 9·28 서울 수복 이전에 이미 전쟁의 패배를 인지한 좌익 세력이 '집단광기'에 빠진 채 보복적인 학살을 하였다고 짐작된다.

근 지역주민들은, 경찰의 대대적인 소탕작전이 개시되면 좌익에의 가담 여부와 상관없이 갓봉을 향해서 피난을 가게 된다. 피난을 가는 도중에 경찰의 습격을 받아 사살되거나 바다로 도망치다가 밀물에 휩쓸려 죽거나 동사한 사람들이 '부지기수'였다고 한다.

하지만 한국전쟁 당시 좌우익으로부터 학살당한 영광군 지역주민들의 숫자가 얼마인지는 자료마다 일치하지 않아 정확한 통계는 물론 피살자의 신원 파악에 애로점이 많다.6) 전쟁 당시 영광군의 인구는 대략 16만 명으로 추산되며 이 중 대략 3만 5,000여 명이 희생되었다(전남일보 광주 전남 현대사기획위원회, 1991b: 243)고 한다. 1952년 공보처에서 발간한 『6·25사변 피살자 명부』에 따르면 영광군에서만 2만 5,000여 명이 학살되었다고 하고, 1964년 11월 7일자 ≪기독공보≫에는 3만 9,000명이 죽었다고 추산하고 있다(윤정란, 2004: 137~138).

3. 마을 사람들의 '기억'

'기억'과 '망각'은 과거의 사건에 대해서가 아니라 현재와 미래에 초

---

6) 월간조선사(2003)에는 마을 단위별로 피살자의 신원과 피살 장소가 명시되어있다. 하지만 한마을 사람 중에서도 성과 이름이 같은 사람이 여러 명 기록되어있고, 이름에 순서를 의미하는 이용(二用), 삼용(三用), 일례(一禮), 삼례(三禮), 이차(二次), 삼차(三次), 이남(二南), 삼남(三南), 일채(一彩), 삼채(三彩)와 같은 이름이 중복 기록되어있다. 한마을에 주소를 둔 같은 성씨 중에서 동명이인이 많다는 점과 단순히 순서만을 의미하는 이름이 여러 번 반복된다는 점에서 어느 정도는 명부 작성자에 의한 자의적 기록이 있었으리라고 의심된다. 또한 '피살자' 중에서도 마을 사람들의 친구나 친지에 해당되고 이름이 마을 내부에서 잘 알려져 있었으리라고 판단되는 20대 이상 되는 사람들의 명단을 조사지 마을의 노인들에게 대조한 결과 모르는 이름들이 많았다. 이런 정황을 미루어 보면, 명부에 기재된 내용을 전적으로 신뢰하는 것은 무리가 있다고 생각된다.

섬을 눈 공동체석 정체성 형성에 중요한 부분으로 작용하며, 특정한 정치적·역사적 상황 속에서 발생한다. 기억의 소유와 해석을 둘러싼 논쟁은 현재의 사회적·정치적·문화적 이해관계와 공동체적 가치들 간의 상호작용에서 비롯된다(Bodnar, 1989). 즉, 기억은 사회적 맥락과 관계없이 혼자서 과거의 실상을 해석하거나 인식하는 장치가 아니다. 기억이 권력의 구조와 밀접하게 연결되어있다는 것은 개인적 기억일지라도 개인의 사회적 위치와 대중들이 주장하는 해석으로부터 많은 영향을 받는다는 것을 의미한다.

개인들은 과거에 경험했던 것들을 혼자서만 회상하지 않고 다른 사람과 자신이 경험한 사건에 대한 이야기를 주고받으며 자신들의 삶에서 발생한 사건의 의미에 대한 해석을 구체화한다. 마을 사람들의 구술 속에서 폭력의 경험과 학살에 대한 기억들은 가해자보다는 피해자들의 입장에 맞추어져있다. 그리고 갈등의 원인이 되었던 사건이나 관계에 대한 설명 없이 단지 누가 또는 누구네 집안이 학살당했다는 기억만을 '공적인 기억'으로 등장시킨다. 이런 의미에서 마을 사람들의 집합기억은 현재의 입장에서 과거를 '재해석'하려는 인식의 산물이라고 할 수 있다. 이 장에서는 폭력을 경험했지만 학살의 직접적인 피해당사자가 아닌 마을 사람들의 구술을 중심으로 마을에서 일어났던 폭력과 학살에 대한 이야기를 서술하고자 한다.

마을에서 한국전쟁은 박△ 씨 개인과 그 가족에 대한 이야기로 시작된다. 조사 당시7) 박△ 씨의 공덕을 기리는 비석을 세우려 하고 있었다. 마을에서 비석을 세우기 위한 터를 마련하고 공덕비를 세울 날짜를 받

---

7) 현지조사는 두 차례의 예비조사를 거쳐 2004년 1월 9일부터 1월 14일까지 1차 조사를 하였으며, 2월 3일부터 2월 5일까지 2차 조사를 하였다. 박△ 씨의 공적비는 2004년 2월 24일 조사지 마을 뒤편 저수지가에 설립되었다.

아놓고 있었다. 마을 사람들은 그를 한마디로 '대단한 양반'이라고 한다. 박△ 씨의 가족 및 큰집 작은집 식구들을 합하여 총 27명이 전쟁 와중에 몰살당했지만, 그는 당시 서울에 머물렀기에 학살을 면하였다. 영광지역이 수복되자 그는 (당시) 백수면 한청단장8) 자격으로 경찰과 함께 마을에 들어온다.

그래가지고 여그 와서 누구 하나 참 거시기 않고 그 양반이 선을 베풀어 가꼬 하나도 당시에는 거시기로 해서 살상한 사람이 없거든. 그런게 그 공으로 해서 공덕비를 하나 세우자고 해가꼬 지금…….

전쟁 후 한청단장으로서의 공적을 기려 백수읍 일원에서 마을별로 개인들의 성금을 모금하여 비를 세우려 하고 있었다. 마을 사람들의 구술에는 박△ 씨의 가족이 많이(27명이나) 몰살당했으며, 한청단장으로서 마을 사람들이나 관련인사들을 찾아 보복을 할 수 있는 위치에 있었음에도 불구하고 그렇게 하지 않았으며, 오히려 많은 사람들을 구제해주었다는 기억을 전면으로 내세우고 있다. 누가 어떻게 해서 박△ 씨의 가족을 몰살했는지에 대해서는, 시대상황으로 발생했으며 자세한 사항에 대해서는 우리는 '모르지만'으로 시작한다. "그런게 그때 시대의 변천인게. 그런 것은 실은 우리는 누구도 모르고 그렇게 죽었다는 거만 알고 있을 뿐"이라는 것이다.

---

8) 1948년 가을 이승만의 지시로 서청(서북청년회), 대한민청(대한민주청년동맹), 국청(대한독립촉성단국민회청년단), 대동청(대동청년단), 족청(대한민족청년단) 등 모든 청년단들이 대한청년단(한청)이라는 단일조직으로 흡수 통합된다. 한청은 전쟁 이전에는 이승만의 전위부대로서 사회의 치안유지와 대민 봉사활동을 전개하다가 전쟁 발발 이후에는 준군대격으로 청년방위대로 조직되어 좌익 세력을 척결하는 데 앞장서서 활약하였다. 한청은 전쟁이 끝난 다음 1953년 9월 10일 민병대 창설을 계기로 이승만의 명령에 의해 해산된다(이경남, 1989).

사람들 간의 갈등과 다툼, 그리고 폭력의 원인을 모두 시대적 상황으로 설명한다. 즉, '그때는 그랬다'고 설명하면서 현재의 입장에서 '누가 왜 그랬느냐는' 식의 해석을 경계한다. 다시 말해 마을에서 원한이나 갈등 때문에 살상이나 폭력행위가 일어났던 것이 아니라 '시대 변천' 속에서 발생할 수밖에 없었던 외적 원인에 그 책임을 돌린다. 폭력과 살상을 주도한 사람이 누구냐는 질문에 대해서도 특정 인물이 아니라 마을 사람 전체가 어쩔 수 없는 상황에서 참여했던 것이라고 설명한다. 전쟁의 기억이란 지역사회의 지형 속에서 재구성되는 것으로, 서로를 잘 아는 마을 내부에서는 폭력의 가해자나 폭력의 원인에 대해서는 일종의 '담합적 침묵'(정근식, 2003: 223)으로 대응한다.

> 전부 다 같이 어쩔 수 없이 다 안 죽을랑께 같이 하는 것이여, 동의를 한 것이여. 어쩔 수 없이 한 것이여. 시대의 흐름에 따라 한 것이여. 사람은 누구를, 어느 누구를 개인이 감정이 있어서 한 것도 아니고 시대의 흐름에 따른 것인게 …… 뭐라고 말할 필요도 없지.

즉, 권력구조가 붕괴되고 힘과 무력으로 권력을 유지하던 '시대 변천'에서는 일상생활이 비일상으로 전도되고 비일상적이던 폭력과 살상이 일상이 될 수밖에 없었음을 말해주고 있다. 즉, 당시에는 학살과 폭력행위가 난무할 수밖에 없는 상황이었기 때문에 개인으로서는 어쩔 수가 없었고, 살아남기 위해서는 가시적이든 암묵적이든 동조할 수밖에 없었다고 설명하는 일종의 '합리화'[9] 방식을 동원하고 있다.

---

[9] 합리화는 곤란을 일으킬 수밖에 없었던 행위를 설명하기 위하여 논리적 근거를 찾는 것으로, 일종의 정당화를 말한다. 학살과 같은 폭력행위를 정당화하기 위한 문화적 기제로는 합리화뿐만 아니라 부인, 비난의 대상 바꾸기, 상대화 등이 있다 (Hirsch, 1995: 29~30).

그리고 폭력 및 살상을 주도한 자들을 마을 사람이 아닌 익명의 '외부 사람'으로 설정하여 공동체로서의 마을과 마을 사람 전체를 폭력의 피해자로 구술한다. "다 산(山)사람들이여. 다른 마을에서도, 그리고 여기로 와서 하고 그랬어. 동네 사람들이 동네 사람들을 죽이고 그러던 안해"라고 설명하면서, 마을 사람들 중에는 폭력의 대리자가 없었다고 강조한다. 이들이 지칭하는 '산사람'은 박막동이 이끌던 유격대가 아닌 '지방 폭도'들이다. '폭도'는 구체적인 이름 없이 언급되는 폭력의 대리자들이다. 이들에 대한 설명에는 어디에서 누구의 명령을 받았다거나 소속이 어디이며 주로 어디에서 활약했는지에 대한 언급이 없다.

누가 폭도였는지 어떻게 해서 폭도가 되었는지 또 누가 폭도라고 규정했는지에 대한 이야기는 없다. 마을 사람들의 담론에서 등장하는 '지방 폭도'는 국가 또는 공식 역사에서 규정하는 '빨치산'이나 '유격대' 또는 '반란군'하고 다른 개념의 사람들을 지칭하는 용어로 사용된다. '폭도'는 정부나 권력자에 의해 생산되지 않았으면서도 폭력과 살상을 자행한 비일상적인 영역에 속하는 사람들을 가리킨다.10) 즉, '폭도'라는 용어는 불특정의 인물들, 특히 마을 사람들을 배제한 일단의 무리를 가리키는 일종의 은유로 쓰인다.

폭력의 사용자들을 '폭도'로 정의하면서 좌익이나 우익 또는 인민군이나 국군 및 경찰 어느 한쪽에 책임을 전가할 수 있는 개연성을 차단한다. 마을 사람들은 폭력의 가해자를 익명의 폭도로 몰아감으로써 당시의 폭력으로 인한 보복과 갈등의 기억을 차단하고자 한다. '과거'에 폭력이 일상화되고 보복적 학살을 불러왔던 공동체 내부의 무질서와 혼돈

---

10) 한나 아렌트(1999: 67)는 '지배자가 없는 지배'가 가장 전제적인 상황이라고 주장한다. 왜냐하면 행해진 일에 대하여 책임을 추궁당할 수 있는, 그리고 책임을 위임받은 사람이 아무도 존재하지 않기 때문에 책임 소재를 밝혀내거나 적을 확인할 수 없도록 만든다는 것이다.

을 '지금'의 구술 속에서는 외부 사람들에 의한 우연적·비일상적 상황으로 이야기한다. 즉, 폭력과 살상에 대한 경험이 마을 사람들의 집합기억에서는 일상과는 '떨어져' 있는 기억으로 존재한다.

마을 사람들의 구술 속에는 유격대장이었던 박막동, 마을 인민위원장이었던 김O수, 면 인민위원장이었던 경O근, 그리고 폭력의 희생자들이었던 박△, 김△, 임△ 등이 실명으로 등장하지만 정작 폭력의 대리자는 특정인이 아니라 그냥 '일반 사람'으로 일컬어지고 있다. 또한 폭력의 원인이 이데올로기의 차이나 권력구조에서 비롯된 것이 아니라 개인들 간의 '사감'이라며 다소 모순적인 설명을 하고 있다. '적'과 '아군'이라는 전쟁 상황에서의 살상과 보복이 아니라 개인들 간의 잠재된 감정의 골이 전쟁이라는 '비일상적' 상황에서 폭력과 학살로 이어졌다는 것이다. 하지만 폭력의 대리자가 구체화되지 않고 단지 '폭도'로 지칭되듯이, 그 '사감'의 원인이 무엇인지에 대해서는 단순히 개인들 간의 '감정' 때문이었다고 표현된다.

> 사람들이 왜 많이 죽었느냐 하면 그것은 인민군들이 들어와 가지고 왔다 후퇴할 때, 후퇴해버리고 난게 인제, 숙청이라 해가지고 그때 당시 사감으로, 감정으로, 그때는 무법천지제. 그때는 인제 힘 있는 놈이 법이여. 맘에 안 들면 때려죽여 버리고 죽은 사람은 말 못하는 것이니까. 그냥 일이 끝나불고 말았어.

숙청을 당했다고 하면서도 당시 마을 인민위원장이나 면 인민위원장 혹은 마을 뒷산 갓봉을 근거지로 활동하던 유격대장 박막동 같은 인물들은 관련이 없었다고 기억한다. 이런 사람들이 지시를 해서 숙청을 한 것도 아니라고 하면서, '일반 사람들은 누가 어떻게 해서 때려죽였는지도 모르는' 상황이었다고 한다. 누가 죽이는지를 아무도 모르게 하기 위하여, '면 사람들'이 몇이 다니면서 마을 사람들은 모두 들어가라고 지시한 뒤 숙청이 이루어졌다고 한다. 여기에서 '면 사람들'은 이 지역의 '농촌 사람들'로서 이 마을 사람들이 아닌 '딴 마을' 사람들로 표현된다. 마을 뒷산 갓봉을 근거지로 하던 유격대들은 실제 마을 사람들에게는 거의 피해를 입히지 않았다고 한다.

마을에서 많은 사람들이 죽임을 당했음에도 불구하고 이들의 죽음 또는 '학살'의 원인을 설명하는 말은 사라지고, 많은 사람들이 무고하고 어쩔 수 없는 시대적 상황에서 '죽었다'로 이야기된다. 학살과 폭력이 발생했던 공간에서 살았다고 이야기하면서도 누가 어떻게 살해하게 되었는가 하는 설명보다는 누구 집에서 얼마나 많은 사람이 죽었는가에 구술의 초점이 맞추어져있다. 이것은 폭력의 대리자보다는 폭력의 희생자들 또는 죽었지만 무덤(시체)으로 마을 공간 안에 남아 있는 자들과 감정적으로 더 밀접하게 연계되어있음을 나타내준다.[11] 즉, 폭력을 행사한 자들의 존재는 의식에서 '망각'되었거나 사라졌지만, 살해당한 자들의 무덤(시체)이 마을이라는 공간 안에 있다는 것과 학살당한 장소를 인지하고 있다는 사실은 마을 사람들이 학살당한 자들에 대한 기억에서 자유롭지 못하다는 것을 보여주고 있다.

마을 사람들의 구술에서는 학살과 폭력행위를 정당화하는 어떤 수사도 찾을 수가 없다. 마을 사람들이 회상하는 과거는 수동형이며, 들추어내지 않고 잊혀져야 할, '망각'되어야 할 기억으로 남아있다. 마을 사람들이 과거를 회상하는 이와 같은 방식에서 현재 마을 사람들의 위치와 정체성을 읽을 수 있다. 젊은이들은 도시로 떠나고 나이 든 사람들만 남

---

11) 전장의 공간에서 자신도 살해당할 수 있다는 절박감은 비록 살해하는 쪽의 동조자일지라도 살해하는 쪽보다는 살해당하는 쪽과 일체화가 이루어진다고 한다(이치로, 2002: 11).

아있는 마을에서 과거를 회상하고 누구의 잘못을 기억해낸다는 것은 공동체로서의 마을 존속에 위해를 가져다 줄 수 있다.

하지만 마을 사람들이 한국전쟁 당시 다른 마을 사람들의 죽음과 폭력행위에 간접적으로 연루되었거나 아니면 같은 마을의 이웃 또는 친척으로서 어떤 저항이나 도움도 주지 못했다는 '죄의식'은 남아있다. 이들의 죄의식은 마을 사람들에게 보복을 할 수 있는 위치에 있었지만 보복을 하지 않고 전후의 사태를 수습할 수 있게 해주었던 박△ 씨에 대해 일종의 부채로 표현된다. 박 씨에 대한 심리적 부채는, 마을이 수복된 후 한청단장으로서 들어온 그를 대신하여 가족 시신들을 학살된 장소에서 파내어 장례의식을 갖추어 매장하는 일을 도맡아 하는 것으로 나타난다. 그리고 자유당 정권 시절 도의원 선거에 출마한 박△ 씨를 돕기 위하여 선거자금을 모으고 선거운동원으로 나서서 그를 당선시키는 것으로 자신들의 심리적 부채를 갚는다. 전후의 장례와 도의원 선거가 물질적 도움이라면 현재의 공덕비는 상징적 표현이라 할 수 있다. '과거'를 집적하여 하나의 표상으로써의 공덕비를 마을 경계 안에 세움으로써, 살아남은 자로서 희생자에 대한 심리적 부채를 '청산'하고 현재의 시점에서 과거에 대한 회상을 고착시킨다.

공덕비 건립은 마을 사람들로 하여금 심리적 부채와 결부된 개인적 기억에서 벗어나 전쟁폭력에 대한 기억을 마을 전체의 집단 경험으로 회상되게끔 재구성하는 역할을 한다. 현재라는 시간 속에서 마을 공간 안에 건립된 공덕비는 과거 이 마을에서 살았던 사람들 사이에서 발생했었던 사건에 대한 주관적인 여러 '이미지'들을 희석시켜 집단적 표상으로 '객관화'시키고 있다고 할 수 있다. 다시 말해 전쟁과 폭력에 대한 마을 사람들의 '이야기'가 공덕비를 통해 마을의 '역사'로 전환되고 있다. 공덕비 건립은 개인들에게 전쟁기간 중 발생했던 마을 사람들에 대한 학살은 개인의 힘으로는 어쩔 수 없었던 시대적 상황이었음을 확인해주는 일종의 통로 역할을 하고 있다. 공덕비라는 문화적 장치는 마을 사람들로 하여금 고통과 불쾌한 기억에서 벗어나게 하는 전략적 산물이라 할 수 있다.

사람들의 구술 속에서 드러나는 중요한 사항은 그들이 말하고 있는 사실관계의 정확성이 아니라 말하는 내용과 방식이다. 기억들이 어떻게 구술되고 있는가 하는 것 못지않게 중요한 것은 무엇을 기억하고 있는가, 혹은 어떤 것을 말하고 있는가 하는 것이다. 즉, 마을 단위에서 경험한 사실들을 구술하는 자들은 과거의 사건을 특정한 틀에 맞추어 이야기하고 있다. 이 장에서 제시한 구술 내용들은 전쟁의 와중에 마을에서 부지기수의 사람들이 무고하게 죽었다는 것과 자신의 온 가족이 학살되었음에도 불구하고 마을 사람들과 지역주민들에게 보복하지 않은 박△씨, 그리고 자신들과 지역주민들이 박△ 씨를 위해 도의원 출마를 도왔으며 지금 공덕비를 세우려 하고 있다는 이야기로 수렴된다.

이들의 '기억'하기에는 회상된 사실들을 지속적으로 틀 지우는 사회적 요인이 있다는 것이다. 즉, 마을 사람들의 전쟁에 대한 의식과 기억은 일상생활 속에서 다른 사람들과의 논의에 의해 영향을 받는다. 전쟁이라는 특정한 시대는 일반인들이 정의하고 간주하는 그대로 시대적 상황이 한정되고 그 의미가 부여된다. 마을 사람들에게 있어서 전쟁은 '시대의 변천' 기간으로 표현된다. 그리고 전쟁 이후에는 사람들이 고마움을 알고 은혜를 갚는 데 앞장선 일상으로 회귀한다.

4. 폭력과 학살의 희생자들

폭력 중에서도 가장 난해한 종류의 폭력은 같은 지역에 거주하고 있으며 서로를 잘 알고 있는 사람들 사이에 발생하는 폭력이라고 한다(Das and Kleinman, 2001: 1). 이런 폭력은 폭력의 주체가 누구인가, 폭력이 정당하게 행사되었는가 아니면 정당하지 못하게 행사되었는가 하는 설명만으로는 이해할 수 없다. 지역사회에서 이웃하고 있던 사람들 사이에서 발생한 폭력을 이해하기 위해서는 관계를 맺고 있는 사람들이 권력의 장 속에서 어떻게 폭력을 경험하는가 그리고 폭력에 대해 어떻게 설명하고 있는가를 고려하는 것이 필요하다.

마을에서 보복과 학살이 '일상화'되었던 상황 속에서 사람들은 이데올로기나 권력을 따라서가 아니라 단순히 내 가족의 안전을 위해 남을 죽이는 폭력행위에 대리자로 가담하기도 한다. 이런 의미에서 폭력의 대리자는 성취되거나 주어지는 것이 아니라 사회적 산물로 등장한다고 할 수 있다. 이 장에서는 외부의 권력과 힘의 역학관계의 변화 그리고 개인 혹은 가문 간의 알력이 전쟁을 전후로 해서 어떻게 보복적 폭력과 학살로 이어지게 되었는가를, 폭력의 직접적인 희생자들 및 폭력의 대리인으로 활동했던 경험이 있는 사람들의 구술을 토대로 기술하고자 한다.

인민군이 진주한 이후 인민위원회가 행정적 실권을 장악하고 무력 행사는 유격대가 담당하는 체제가 구축된다. 1950년 북한 최고인민회의 상임위원회가 발표한 토지개혁에 관한 정령에는 '무상몰수, 무상분배'를 원칙으로 하고 소작제도를 폐지한다고 명시하고 있으며, 토지개혁의 집행은 '농촌위원회' 또는 '농민위원회'가 담당하였다고 한다(장미승, 1990: 183~184). 조사 지역에서도 '농민위원회'가 생겨 무상몰수 무상분배를 시도한다. 하지만 이후 전세가 불리해지면서 유격대의 활동이 본격화된다.

> 쪼까 있으니까 지방에서 농민위원회라는 것이 생겼어. 농민위원회라는 것이 뭐 하는 것이냐 하면...... 무상몰수 무상분배여. 그랬는데 가을이 넘으니까, 구월 달 시월 달 넘으니까 숙청이 생겼어. 사람 죽이는 데 동원이 되었어.

유격대의 편제는 군 단위에 유격대 대대장을, 면 단위에는 유격대 중대장을, 리 단위에는 소대장을 두었으며 마을 단위에는 자위대를 만들었다(김석학·임종명, 1975: 302). 유격대 대원은 마을 청년 모두가 대상이었다. 청년들은 자신의 안위는 물론 가족들의 생존을 위해서도 대원으로 활동을 해야만 했었다.

그런게 어찌 됐든 내가 안 죽어야 한께. 첫째 내가 살아야 하고 우리 가족이 살아야 하고 내 집안이 살아야 되야. 그러니 안 갈 수가 있어 …… 가서 무지하게 보복을 때려서 죽여부렀어. 창으로 찔러 죽이고 했다는 거야.

각 마을에는 생산유격대가 있었고 면 단위에는 '면유대'로 불리는 면유격대가 있었다. 그러나 실제 활동은 생산유격대 단위로 이루어졌으며, 생산유격대장은 당시 백암리에 있던 당 학교에 가서 교육을 받았다고 한다. 생산유격대 소대장은 유격대 자체에서 선발하거나 임명하는 것이 아니라 당 위원장들이 결정했다고 한다. 생산유격대 소대장은 일반 대원들과는 확연히 다른 권력자이었으며 우선 복장부터가 달랐다.

그때만 해도 생산유격대 소대장이라…… 양복 해 입고 도리우치 쓰고 지까다비 신고 군대식으로 말하자면 소대장이라. 휘파람 불고.

리 단위로 구성된 생산유격대의 상급 책임자로는 당이 관할하는 지구책이 있었다. 지구책은 세 개의 리를 하나의 구로 묶어 관리하는 당조직이었으며 지구책 아래에는 '오르구'라 불리는 서기장이 있었다. 생산유격대장 아래에는 문화부장이 있어 오락과 선전을 담당하였으며, 생산유격대의 대원 수는 대개 20~30여 명이었다고 하지만 적극적으로 활동한 인원은 더 적었던 것 같다. 당은 마을 뒷산의 비트에 위치하고 있으면서 생산유격대를 지도·감독하는 역할을 한다. 생산유격대는 지구책의 지시를 받아서 활동했다고 한다. '지구책이 살리라면 살리고 죽이라면 죽이고' 하는 실정이었다. 당시 면 단위의 유격대는 생산유격대를 지휘·감독하는 상급기관이라기보다는 편제상의 상부기관에 지나지 않았다고 볼 수 있다. 이것은 생산유격대 소대장이었던 정보제공자가 면 유격대장의 이름을 당시에도 몰랐다는 사실과, 지구책과 오르구의 이름은 지금까지 기억하고 그들과의 관계에 대해서도 상세히 설명하고 있다는 점에서 잘 드러난다.

해방 이후 한국전쟁으로 이어지는 기간 동안 마을에서의 정치적 세력관계는 마을 외부의 정치적 변화에 따라 부침을 거듭한다. 해방 전 일제시대에는 표○학이 마을의 구장(이장)을 했었고 해방 이후에는 박△환이 이장을 하다가 후에는 인민위원회가 마을을 장악한다. 해방 이후 마을의 세력 판도는, 우익 세력으로는 민족청년단에 가입한 박△룡(박△의 사촌 형) 형제들, 김△길(면사무소 근무), 마을의 지주였던 임△택 형제들, 장△길 등이 있었다. 좌익 세력으로는 교사 출신의 강○수와 빨치산 활동을 했던 강○수의 사촌, 마을의 인민위원장과 세포책임자였던 표○학 부자, 표○학이 숙청된 다음 마을 인민위원장을 했던 김○수, 해방 이전부터 좌익 활동에 몸담고 있었던 김○용(면 직원으로 잠시 근무) 등이 있었다.

하지만 마을에서의 폭력과 학살에서는 좌익과 우익이라는 이데올로기의 다름뿐만 아니라 문중이나 개인 간의 은원관계나 '사감'으로 인하여 내재되었던 반목이 전쟁을 계기로 보복과 학살이라는 형태로 증폭되어 나타난다. 특히 마을 단위에서 비교적 재력가이자 학식이 있었던 집안 간의 세력다툼과 은원관계는 전쟁으로 인하여 보복과 폭력행위로 증폭되고, 한집안 식구들을 모두 학살하는 살상으로 이어진다.

일제시대에 표○학이 구장을 할 때 박△환의 아들 중 다섯째가 징용으로 남양군도로 끌려갔다가 사망한다. 해방공간에서 표○학이 세력을 잃자, 박△환의 아들들이 표○학을 찾아가 자신들의 형제를 징용을 보내어 사망하게 된 책임을 물어 집단으로 폭행한 일이 발생하였다. 표○학의 아들은 한국전쟁 이전부터 좌익 활동을 하다가 전쟁이 발발하자 마을에서 권력의 중심인물로 부상한다. 인민군 진주와 함께 영광지역에서 인민위원회가 주도권을 장악하자 표○학은 마을 인민위원회를 장악하고 그의 아들(표○평)은 나중에 '세포책임자(세포위원장)'를 맡는다.[12]

표 씨 가문이 좌익 진영에 가담한 데 비해 김 씨가(家)와 박 씨가에서는 아들 중 한 명이 민족청년단에 가입하는 등 우익 진영으로 활동한다. 해방 이후 이 지역에서 결성된 청년단은 이승만의 전위대로 활약했던 '대한독립촉성국민회 청년단' 소속이었다.[13] 전쟁 무렵 박△ 씨 댁에서는 약 30두락 정도의 전답을 소유하고 있었으며, 박△ 씨의 형은 마을 이장을 했었고 박△ 씨 본인은 서울에 유학 중이었다. 당시 서울에서 대학을 다닌 사람이 많지 않았다는 사실에 비추어 경제적으로 꽤 윤택한 집안이었음을 짐작하게 한다. 박△ 씨의 백부는 아들 6형제(아들 중 한 명은 징용에 끌려가 사망)를 두었고 숙부는 3형제를 두었다. 박△ 씨의 숙부는 한국전쟁 이전에 지역에서 '산손님'이라 부르던 좌익(빨치산)에 의해 우익으로 몰려 살해된다.

---

12) 리동세포(里洞細胞)는 인민군이 남한을 점령한 이후 당과 인민위원회를 건설하면서 조직한 최하부 당조직으로서 5인 이상이면 조직할 수 있었다. 리동세포의 상급조직으로 읍면당위원회가 있었다(장미승, 1990: 177).

13) 해방 후 독립촉성회 영광군 지부장 및 민족청년단 영광군 단장을 역임했던 조영규(曹泳珪)가 1948년 5월 10일 실시된 선거에서 한국민주당 후보로 무투표 당선될 정도로 이승만 계열의 우익 진영이 득세하고 있었다. 하지만 6·25 직전인 1950년 5월 30일에 실시된 제2대 국회의원 선거에서는 한청 소속의 정헌조가 당선되는 등 정치적 지형이 바뀌고 있었다(영광군, 2002상: 436~437). 당시 마을에서 청년단원으로 가입하여 활동했던 인물은 면사무소에 근무하던 김△원의 아들과 박△ 씨의 사촌 형(△룡)이 있었다.

우리 작은아버지가 6·25 이전에 반란군들이 내려와서 …… 왜 그러냐 하면 군청에서나 면에서, 경찰서에서 손님이 오면 작은아버지 집에서 식사를 제공했어요. 그래서 그랬다고 해서 작은아버지를 6·25 이전에 희생시켜 버렸어.

표 씨가와 대립관계에 있던 박△ 씨 백부의 일가족(백부 부부와 5형제 그리고 그들의 처와 아이들), 박△ 씨 부모님과 형님 부부와 아이들, 숙부의 아들 3형제 중 2형제의 부부와 아이들 모두가 희생된다. 박△ 씨의 큰집 일족을 몰살한 다음 박△ 씨의 가족을 마을 당산 나무 아래에 모아두고 일종의 '인민재판'을 하는 도중 마을 사람들이 박△ 씨의 가족은 죄가 없으니 살려주자는 쪽으로 분위기가 형성되어 박△ 씨 가족은 살아남게 된다. 하지만 그날 밤에 이웃 마을에서 사람들이 내려와서는 일가족을 모두 죽여야 보복을 할 수 없다는 주장을 펴서 다시 끌려가 죽임을 당한다(김석학·임종명, 1975: 314~315).

마을 사람들이 △네 식구가 무슨 죄가 있느냐. 그분들은 살려줘야. …… 그렇게 해서 우리 형님이 돼지 잡고 술 받고 해서, 동네 사람들한테 왕창 먹였단 말이여. 그렇게 하고 있는 찰나에 저기 백암리 거기서 모도 사람들이 내려와 가지고 말이여. '누구는 죽이고 누구는 살려야. 한 가정에 하나 죽이면 다 죽여야 한다.' 그래서 그냥 죽이기로 결정이 되어서, 인자 죽여 가꼬 그 무덤을 파고 개별적으로 묻은 것이 아니라 그냥 절반 죽여서 막 집어넣고 막 흙을 부어놓았다.

당산 나무 아래에 마을 사람들을 모아놓고 대낮에 '숙청'이 이루어졌음에도 불구하고 마을 사람들은 박△ 씨네 가족을 누가 죽였는지에 대한 질문에는 한사코 '모른다' 혹은 '다른 마을 사람들'이 와서 죽였다는 대답을 하고 있다. 그뿐만 아니라 박△ 씨 가족의 학살이 박 씨네와 표 씨 가문 간의 갈등관계에서 비롯되지 않았느냐는 질문에 대해서도 한마디로 '연관 없다'고 응답한다.14) 하지만 숙청 당시 마을 사람들을 모두 참여케 하여 서로가 서로를 감시하거나 일종의 '동류의식'을 공유케 하여 심리적으로 연대하게 하는 전술을 폈기 때문에 누가 어떻게 해서 죽였는지 그리고 누가 주동자였는지를 인지하고 있었다고 짐작된다. 다음의 사례는 조사지 인근 마을에서 실제 소년단원으로서 숙청에 참여했던 사람의 증언이다.

내가 그때 9살 먹어서 소년단이었거든. 그때는 9살 10살 먹으면 소년단이었어. 어쩔 수가 없었어. 안 나갈 수가 없어. 대창 들고, 굴 파놓고 보초를 서. 저녁이나 낮에. 저녁에는 거기서 자고. 야방한다고 했었제. 안 하면 죽은께. 날마다 그 짓거리를 했지. 그리고 거시기 숙청할 때, 소년단들이 가서 다 죽이고 그래부렀제. 그때는 칼로 죽이들 안해. 대창으로 때리고 내찔르고 죽이제. 총이 어디 있어 그때…… 우리 동네 ○씨라고 여자 분이 살아. 그 사람 오빠들이 죽는데, 장인과 처남 매부가 같이 죽이고…… 안 죽이면 (자기를) 죽이니까. 자식이 부모를 죽이면 (생산유격대장이) 그냥 죽여버렀어. 보통 소년단은 대창으로 찌르고, 때리고 죽였어. 소년단이라고 그러고 안 하면 죽으니까 별 수 없이. 그때는 안 할 수가 없다니까. 안 하면 죽어, 안 죽인다고 하면 죽이고. 그 사람도 죽어.

숙청에 대한 마을 사람들의 반감이 고조되거나 '책임자'의 독단에 대한 견제가 필요할 때에는 숙청에 대한 책임을 물어 책임자인 유격대장을 경질하거나 숙청하여 갈등을 무마한다. 마을 단위에서는 '자위대'라 불리는 사람들이 생산유격대장의 지휘를 받아 이 마을 저 마을에 돌아다니면서 반동분자로 지목된 가족들을 처형하였다. 하지만 개인적 원한

---

14) 김석학·임종명(1975: 314)의 글과 박△ 씨의 구술은 표 씨 가문과 박 씨 가문 간의 대립 및 감정의 골이 박 씨 가문의 학살을 불러온 직접적인 원인이었음을 말해주고 있다.

관계에 의한 숙청 그리고 보복의 두려움 때문에 일가족 전부를 몰살하는 형태의 숙청이 이루어지자, 당 차원에서 무마책으로 폭력의 대리인이었던 표 씨 일가를 제거했다.15)

 백암리라고 거기서 독한 부대가 만들어져 가꼬 그 사람들이 여기 와서 사람 죽이기 시작해가지고 사람 많이 죽였다. 수십 명 여기서 죽였어. 그때 당시에는 자위댄가 뭣인가 …… 죽창 가지고 다니면서 …… 오늘 저녁에는 어디로 가냐 그것은 아무도 몰라. 자기 집으로 올지도 몰라. 자기도 죽을지 모른단 말이여. 그러다 보니까 사람이 겁나게, 거의 절반 정도 쓰러지니까 안 되것다. 책임자가 사소한 감정까지 가지고도 사람을 없애고 있었어. 그때 좌익 책임자가, 인민군 끝에 군경은 아직 못 들어왔고, 그러니까 면 분소장인가 그 사람한테 가서 '우리 마을 안 되겄소, 사람이 너무 많이 다치요' 하니까 '마을에서 알아서 해라. 그렇게 사람이 많이 다치면.' 그래서 그 사람을 죽이는 거지. 저녁에 자기(표○학) 아들하고 남자들은 저 밑에서 죽였는데, 자기 엄마하고 (다른 식구들은) 밭에서 죽이는데, '내가 ○평이 엄마요, ○평이 엄마요.' 그래. ○평이 엄마(이기 때문에)를 죽이려고 하는데 ○평이 엄마라면 뭐 할 것이여 …… 그런 저기도 있고. 그놈의 난리, 다 얘기 못해 …….

마을 사람들은 이웃 사람과 어린애들이 마을 앞에서 그리고 집 뒤쪽 공터에서 살해당하는 것을 알면서도 누구도 나와볼 수가 없었다고 한다. '폭력의 시대'에 살면서 사람들은 자신들의 행동이 감시를 받고 있을 경

---

15) 이것은 전쟁 이전부터 좌익 세력과 유격대를 이끌어오던 지방의 주도세력과 당 차원에서 파견된 엘리트들 간의 주도권 다툼이 하부조직 차원에서 폭력의 대리인 제거로 나타난 것일 수도 있다. 왜냐하면 영광지역에서는 인민군 점령 이후 우익 인사에 대한 처단을 두고 유격대와 내무서 간에 갈등과 대립이 공공연하게 발생함(김석학·임종명, 1975: 305) 정도로 지휘체계가 원만하지 않았던 것으로 보이기 때문이다.

우에 그리고 어느 한쪽에 동정을 표하거나 편을 들고 있다고 반대편에서 해석할 우려가 있는 경우에는 이웃집일지라도 반응을 보이지 않아야 하는 법을 배우게 된다. 즉, 일상의 시공간에서라면 해야만 하는 도덕적 행위가 이제는 '하지 않아야' 하는 것으로 전도된다. 일상생활에서 구축되었던 신뢰에 바탕을 둔 이웃과 마을 사람들의 관계가 붕괴되고 권력에 의해 왜곡된다. 신뢰관계가 무너짐에 따라 일상생활에서 삶은 극도의 우연성에 따라 결정되고 폭력을 행하는 쪽에 가담하거나 최소한 동조해야만 '숙청'의 대상이 되지 않는다.

　발바닥이 간질간질할 정도지요, 그걸 생각할라고 하믄……. 그 천진난만한 어린 것들이 그것들이 무슨 죄가 있고 한다고. 그것들마저도 학살했다는 것이 생각해보면 발바닥이 간지러울 정도여. 근디 우리 같은 사람들이라도 그때 하다못해 무슨 나이도 좀 많았고 배경이 좀 좋았다고 하면 좀 말리고 싶었을 것이요. 그런디 나이도 어리고 보도 못하게 하고, 전부 그냥 숨어버리라고, 들어가라고 하니까…….

집안 식구 중에 좌익 활동에 가담한 자가 있는 경우에는 우익 세력으로부터 항상 폭력의 위협을 안고 살아야만 했다. 김○환 씨의 경우 큰형이 일제시대에 임시로 면 직원을 하다가 일본으로 건너갔다. 아버지가 아프다는 전보를 보내 국내로 돌아왔다가 곧 해방을 맞이하고 해방공간에서 그는 좌익에 적극적으로 가담하여 지역에서 좌익 활동가로 활약한다. 큰형이 좌익 활동가로 알려지자 남은 식구들은 경찰과 우익 세력에 시달려 여러 곳으로 이사를 다닐 수밖에 없는 사태로 이어진다. 그뿐만 아니라 좌익에 의해 사람이 죽으면 희생된 자를 위해 벌금 형식으로 전답을 팔아 무마하기도 했다고 한다.

　(마을에서 좌우익 간에 싸움이 벌어지면) 우리 형님은 간섭은 안 했지만

은 날만 새면은 우리 식구는 그때부터 가게 되야. 경찰서로 잡아가 버렸응게. 그러니까 새벽달 쳐다보면서 식구들이 (경찰서에서) 나와가지고 …… 고리해서 영산 가 조금 있다가, 고창 가 조금 있다가 서울 영등포 대방동 가서 쪼까 살다가 …… 그래가지고 6·25 직전에 식구를 나누어 다시 고향에 들어왔어. 그런대로 저런대로 그때까지 괜찮았는데 …… 우리 집은 나갈 때 불 태워버렸고. 얘기할려면 한정도 없지만 …… 서북 청년들이 그 앞에 다니면서 그렇게 힘들었고 그랬는데, 그 담에 여가 살다가 6·25가 일어나 버렸죠. 그래가지고 형님 그 양반은 인민군들하고 광주 거쳐서 부산까지 갔다는 얘기만 들었지 집에는 안 오고. 그 후로는 소식을 몰라버리고 …….

한국전쟁 이전까지 마을에서 부자로 불리던 사람은 임 씨, 박 씨, 김 씨 등이 있었고, 이들은 주로 우익에 가까웠다는 이유로 그리고 부자라는 이유로 일가족이 몰살당했다. 어떤 경우에는 한집안의 사위였던 자가 빨치산으로 활약하면서 도망간 처에게 앙심을 품고 처가댁 식구들을 끌고 가 고문한 사례가 있을 정도로 개인적 원한과 갈등 때문에 폭력을 휘두르기도 하였다. 폭력과 살상이 일상화된 '집단광기'(황상익, 1999)의 시대에는 생존이 유일한 좌표였다. 특히 지주에 속하는 사람들이나 우익으로 몰려 가족의 안위가 위태롭게 될 경우에는 오히려 좌익에 가담하여 적극적으로 활동하기도 한다.

임 씨네가 큰 부자는 아니었지만 논이 한 50마지기 못 되었을 거야. 한 30마지기 …… 그거가 특별한 활동을 한 것도 없고 그리 인심 많이 잃은 것도 아니었고 ……(임△택 씨 가족이 학살된 다음) ▽택(임△택의 배다른 동생) 씨가 앞장섰제, 사람 죽이는데. 자기 식구가 다치니까. △택 씨 가족이 많이 다쳤어(죽었다). 그럼 자기가 물러서면 못 쓰거든, 앞장서야 자기 식구라도 모면할까 그런 식으로 했었고 …… 얘기하자면 한정도 없어.

전쟁 이후 전쟁폭력과 학살에 대한 경험들 중에서도 국가의 체제 유지에 부합되는 기억들은 '공식적'으로 기억되고 기념되지만, '비국민'으로 몰린 좌파적 활동가들의 경험과 이들에 대한 기억은 억압되고 '망각' 되어왔다(정근식, 2003: 222). 하지만 한마을에서 발생한 동일한 폭력과 학살에 대한 경험일지라도 간접적으로 혹은 직접적으로 폭력에 동조한 사람 또는 '모른 체'했었던 사람들의 기억과 폭력 및 학살의 직접적 희생자였던 사람들의 기억은 그 내용과 정도에서 차이를 보이고 있다. 기억이란 사회적 신분과 이데올로기에 따라서 달리 구술될 수도 있지만, 전쟁의 와중에서 어떤 역할을 했는가, 그리고 전쟁폭력의 직접적인 희생자인가에 따라서 구술의 형식과 줄거리가 달리 나타날 수도 있다.

5. 전쟁과 기억의 정치

한국전쟁은 대개 남한과 북한 간의 이데올로기 충돌 혹은 정권 간의 무력충돌로 설명된다. 이런 설명 틀에서는 아군과 적군, 경찰과 반란군, 좌익과 우익과 같은 폭력 주체들 간의 전쟁으로만 단정한다. 이런 시각에서는 전쟁이란 군인과 같은 특수한 폭력의 대리인들 사이에 일어나는 것으로 간주함으로써, 민간인들은 수동적으로 '학살'당하는 존재에 불과하다는 인식으로 전쟁을 해석하고 있다. 또한 중심부가 아닌 주변부 사람들의 전쟁기억은 관심사에서 멀어져있다. 하지만 주변부 사람들의 기억 속에서 전쟁은 과거의 역사적 사건으로서 현재의 장소에서 끊임없이 이야기되고 있는 경험으로 존재한다.

전쟁에 대한 마을 사람들의 기억은 역사적으로 해방 이후 한국전쟁이라는 특정한 시기에 마을이라는 특정한 공간에서 살았던 사람들의 삶과 죽음에 대한 것들로 채워져있다. 이들의 기억은 죽은 사람들과 죽은 장소들의 이름으로 표현된다. 마을에서 폭력과 학살의 희생자 대부분은 정치적으로 적극적인 가담자가 아니라 '반대편'의 가족이라는 이유 때문에, 그리고 특정한 공간에 살고 있었다는 이유 때문에 보복적 폭력의 대상이 되었다. 폭력과 학살이 있었던 '과거'의 마을은 현재에도 존재하는 마을이다. 이 공간에서 일어났던 '시대의 변천'은 일상생활과 동떨어져 발생했던 비정상적인 일종의 광기라 할 수 있다. 즉, 지금의 마을 사람들은 '그때 그곳'에서 발생했었던 일들을 비일상적인 사건으로 회상하고 있다. 전쟁은 이처럼 사람들의 '일상'을 '비일상'이라 말할 수 있게끔 하는 불가항력적인 힘으로 사람들의 기억 속에 아직까지 남아있다.

전쟁 이전에 있었던 가문 간의 반감과 갈등이 전쟁으로 말미암아 보복적 폭력의 강도가 증폭되어 일가족을 몰살하는 대량학살로 이어졌다. 하지만 마을 사람들은 전쟁 중에 일어난 폭력과 학살의 주체를 특정 인물이 아닌 '다른 마을'에서 온 '폭도'로 규정하고 있다. 전쟁이 끝난 지 50년이 지난 '지금' 마을 사람들의 구술 속에서 나타나는 특징 중 하나는 폭력과 학살의 가해자가 추상적인 무리로 표현된다는 것이다. 이들의 구술 속에서는 그 사건에 어떤 식으로든 연루되었던 사람은 마을 사람이 아닌 외부 사람들이며, 설령 마을 사람들이 개입되었더라도 '시대 변천'에 따라 '어쩔 수 없이' 가담했기 때문에 폭력의 대리자에 대해서는 '모른다'는 것이다.

그렇다고 해서 이들이 당시의 경험을 잊었거나 완전히 '망각'한 것은 아니다. 그리고 좌익이나 인민군 그리고 우익과 경찰에 대해서도 어느 한쪽이 폭력과 학살의 주범이라는 평가도 하지 않는다. 단지 전쟁이라는 피치 못할 상황에서 마을 공동체 밖에서 들어온 사람들이 폭력과 학살을 저지른 것으로 이야기함으로써 공동체 내부에서 학살당한 사람들이 억울하게 죽은 피해자라는 점을 부각시키고 있다. 즉, 마을에서 일어난 폭력과 학살에 대한 직접적인 동조 또는 참여와는 상관없이 살아남은 사람 모두가 희생자들에 대해 일종의 죄의식을 지니고 있으며 심리적으로 갚아야 할 부채를 지니고 있다. 전쟁을 기억한다는 것 또는 당시의 경험을 구술한다는 것은 현재의 마을 안에 거주하고 있는 이웃 사람들과의 관계 혹은 자신의 부모·형제의 은밀한 부분을 들추어낼 수도 있기에 일정 부분 기억을 '회피'한다.

하지만 전쟁 중에 가족이나 본인이 폭력의 대리인에게 희생당했거나 학살당한 경우에는 구체적인 이름은 물론 폭력을 불러온 원인과 갈등의 배경을 비교적 상세히 구술한다. 이들에게 있어서 전쟁은 '덮어야' 할 과거의 사건이 아니라 가족들의 죽음 및 개인적 상흔으로 남아있는 현재진행형이기 때문이다. 전쟁은 가족 공동의 무덤과 합동제사를 통하여 '기념비'처럼 전승되고 있는 고통으로 남아있다. 이들에게 있어서 전쟁은 항구적인 충격과 함께 극단적인 폭력을 몰고 온 억압의 상황으로 기억되고 있다. 따라서 전쟁기억은 자신들이 처했던 상황과 현재의 위치에 따라 얽히고설키어 나타난다. 즉, 각 개인의 기억은 개인들이 맺고 있는 관계에 따라 형성된 것으로써 그 중요성은 개인에 따라 달라진다.

일가족이 학살당한 사건에 대해 마을 사람들은 그 가족의 시신을 모아 장례를 대신 처러주었다는 기억이 앞서는 반면, 희생자의 기억에는 어느 시신이 아버지인지 어머니인지도 모른 채 묵정밭에다 묻을 수밖에 없었다는 회한이 남아있다. 그리고 수복 이후 누구에게도 보복을 하지 않고 포용했던 희생자를 도와 도의원 선거에 당선시켰다는 사실과 공덕비를 세우고 있다는 마을 사람들의 구술과, 희생자가 한청단장으로 마을에 들어오자 수복 이전에 좌익에 의해 몰수당해 마을 사람들이 제가끔 가져갔던 희생자 집안의 물건과 살림살이들을 되가져다 놓은 것을 보고서, "이미 썼던 것들이니 다시 가져가라"고 하자 한 사람도 거절하지 않고 도로 가져갔던 야박한 인심을 기억하고 있는 희생자의 구술은 서로 대조를 이루고 있다. 즉, 한마을 사람들이 겪은 전쟁과 폭력에 대한 경험일지라도 개인들이 처한 과거의 위치와 현재의 상황에 따라 달리 '기억'되거나 '망각'되기도 한다는 것이다.

■■■ 참고문헌

광주전남 현대사 기획위원회. 1991a.『광주전남 현대사』1. 실천문학사.
_____. 1991b.『광주전남 현대사』2. 실천문학사.
김남식. 1984.『남로당연구Ⅰ』. 돌베개.
김민영. 1994.「1920·30년대 영광지역의 사회와 경제」.≪향맥≫, 제7호.
김석학·임종명. 1975.『광복 30년』제3권. 전남일보사.
박정석. 2003.「전장의 공간에서 '주변인'으로서의 전쟁체험: 영암 남송리 사람들의
  기억을 중심으로」.≪호남문화연구≫, 제32집.
박찬승. 2000.「한국전쟁과 진도 동족마을 세등리의 비극」.≪역사와 현실≫, 제39호.
_____. 2002.「일제하 영광지방의 민족운동과 사회운동」.≪한국민족운동사연구≫,
  제30호.
안종철. 1991.『광주·전남지방 현대사 연구』. 한울.
염미경. 2003.「전쟁과 지역권력구조의 변화」.『전쟁과 사람들』. 한울.
영광군. 2002.『영광군지』상·하.
월간조선사. 2003.『6·25사변 피살자 명부』1·2. 월간조선사.
윤정란. 2004.「한국전쟁기 염산면 기독교인 학살의 원인과 성격」.≪한국 기독교의
  역사≫, 제20호. 한국 기독교역사연구소.
윤택림. 2003.『인류학자의 과거여행: 한 빨갱이 마을의 역사를 찾아서』. 역사비평사.
윤형숙. 2003.「전쟁과 농촌사회구조의 변화」.『전쟁과 사람들』. 한울.
이경남. 1989.『분단시대의 청년운동』상·하. 삼성문화개발.
이용기. 2001.「마을에서의 한국전쟁 경험과 그 기억」.≪역사문제연구≫, 제6호.
이치로. 도미야마. 2002.『전장의 기억』. 임성모 옮김. 이산.
투안 이-푸. 1995.『공간과 장소』. 구동회·심승희 옮김. 대윤.
장미승. 1990.「북한의 남한점령정책」. 한국정치연구회 정치사분과.『한국전쟁의 이해』.
  역사비평사.
정근식. 2003.「한국전쟁 경험과 공동체적 기억」.『구림연구』. 경인문화사.
정승진. 2003.『한국근세지역경제사: 전라도 영광군 일대의 사례』. 경인문화사.

정진상. 2000. 「한국전쟁과 전근대적 계급관계의 해체」. 『한국전쟁과 자본주의』. 한울.
카잔차키스, 니코스. 1985. 『전쟁과 신부』. 안정효 옮김. 고려원.
한나 아렌트. 1999. 『폭력의 세기』. 김정환 옮김. 이후.
홍금수. 1994. 「18~19세기 줄포만 자염(煮鹽): 염장의 분포와 자염법을 중심으로」. 《대한지리학회지》, 제29권(1호).
황상익. 1999. 「의학사적 측면에서 본 '4·3'」. 『제주 4·3 연구』. 역사비평사.

Bodnar, John. 1989. "Power and Memory in Oral History: Workers and Mangers at Studebaker." *Journal of American History*, 75(4).
Cappelletto, Francesca. 2003. "Long-Term Memory of Extreme Events: From Autobiography to History." *J. Roy. Anthrop. Inst.*(n.s) 9.
Carsten, Janet. 1995. "The Politics of Forgetting: Migration. Kinship and Memory on the Periphery of the Southeast Asian State." *J. Roy. Anthrop. Inst.*(n.s) 1.
Das, Veena and Arthur Kleinman. 2001. "Introduction." Veena Das, Arthur Kleinman, Mamphela Ramphele and Pamela Raynolds(eds.). *Violence and Subjectivity*. New Delhi: Oxford University Press.
Hirsch, Hebert. 1995. *Genocide and the Politics of Memory: Studying Death to Preserve Life*. Chapel Hill & London: The University of North Carolina Press.
Lawrence, Patricia. 2001. "Violence, Suffering, Amman: The Work of Oracles in Sri Lanka's Eastern War Zone." Veena Das. Arthur Kleinman. Mamphela Ramphele and Pamela Raynolds(eds.). *Violence and Subjectivity*. New Delhi: Oxford University Press.
Spencer, Jonathan. 2001. "On Not Becoming a 'Terrorist': Problems of Memory, Agency, and Community in the Sri Lankan Conflict." Veena Das, Arthur Kleinman, Mamphela Ramphele and Pamela Raynolds(eds). *Violence and Subjectivity*. New Delhi: Oxford University Press.
Thelen, David. 1989. "Memory and American History." *Journal of American History*, 75(4).

한국전쟁기 기독교인 학살의 원인과 성격

1. 기독교인 학살 연구의 필요성

1950년 6월 25일 한국전쟁을 전후로 하여 수많은 민간인이 북한 인민군, 유격대, 지역 좌익, 그리고 남한의 군경, 민간 치안유지단, 미군 등에 의해 학살당했다.[1] 그중에서도 많은 피해와 학살을 당한 집단이 기독교인이었다. 이들 대다수는 지역사회에서 권력이나 재력을 가진 부류들이 아니었다. 그런데 왜 이들은 '인민해방'이라는 명분하에 학살을 당해야만 했던 것일까? 이와 관련된 지금까지의 연구 성과는 주로 개설서에 한정되어있다. 한국전쟁과 기독교에 대해 최근 많은 연구 성과가 나오긴 했으나[2] 아직 이러한 문제에 대해 관심을 두고 있지는 않다.

---

1) 1961년 유가족들이 추산하기로는 114만이며, 이 문제에 관심을 가지고 있는 연구자들은 수십만에서 100만 등으로 보고 있다. 이처럼 모두 추산만 하고 있을 뿐 아직 정확한 학살 규모는 밝혀져있지 않다(한홍구, 2001: 3).
2) 대표적인 연구들로 한국 기독교역사학회에서 2001년에 발행한 ≪한국 기독교와 역사≫(제15호)를 들 수 있다. 여기에 이승준, 성백걸, 박명수 등의 글이 있다.

이 장에서는 이러한 문제의식을 가지고 한국전쟁 당시 무장된 군경이 아닌 민간인으로서 좌익들에게 학살당한 기독교인들에 대한 실상을 살펴보고자 한다. 당시 남한에서 북한 인민군, 유격대, 지역 좌익들에게 학살당한 많은 기독교인들에 대해 기독교계에서는 종교적인 이유로 학살당했기 때문에 이들을 순교자로 표현하고 있다.3) 반면 한국전쟁 전후 일반 민간인 학살 조사에서는 이 부분에 대해 언급하고 있지 않다.

한국전쟁 전후 학살당한 민간인들의 진상규명을 위해 한국전쟁 전후 민간인 학살 진상규명 범국민위원회가 2000년에 조직되어 2005년 현재까지 많은 활동을 벌이고 있다. 50년 동안 은폐되어 공론화가 불가능했던 민간인 학살에 대한 진상규명은 누구도 멋대로 한 개인의 생명권을 박탈할 권리가 없다는 문제를 제기함으로써, 한국 사회의 인권 신장과 관련되어있는 중차대한 문제라고 할 수 있다. 이러한 의미에서 이 단체의 활동은 한국 사회의 인권사에서 중요한 역할을 담당한다 할 것이다. 그럼에도 불구하고 이 단체에서 2002년도에 펴낸『전쟁과 집단학살』에서는 한국전쟁이라는 전체적인 범주에서 민간인 학살 문제를 다루지 못하고 남한 군경과 미군에 의한 학살에 대해서만 중점적으로 다루고 있을 뿐, 기독교인 학살 문제에 대해서는 전혀 관심을 두고 있지 않다(한국전쟁 전후 민간인 학살 진상규명 범국민위원회, 2002).4)

그리고 가장 최근의 논문으로는 김흥수(2003), 박정신(2003) 등이 있다.
3) 순교자라는 용어를 사용하는 대표적인 연구로 김수진(1981), 신영결(1996) 등이 있으며, 이외에 대다수 한국 기독교사 관련 책자에서 이 용어를 사용하고 있다.
4)『전쟁과 집단학살』(한국전쟁 전후 민간인 학살 진상규명 범국민위원회, 2002)은 남과 북의 학살에 대한 차이에 대해 "북한은 상대적으로 정권기관 차원에서는 재판과 법 및 고문 금지 등 절제된 모습을 보였지만 지역 좌익이나 빨치산이 야만성과 비적법성을 오히려 더 노정시켰다. 반면 남한의 경우는 공권력을 가진 국가기관인 군과 경찰이 비정규군 못지않게 비적법성과 야만성, 조작성, 무차별

한편 기독교계에서는 공산주의에 반대해 죽었기 때문에 순교라는 의미로 사용하면서도 이들이 누구에게, 어떻게, 왜, 어디에서 학살을 당했는지에 대해서는 관심이 없다. 단지 공산주의자들이 얼마나 비인간적이며 잔혹한지에 대해서만 언급하고 있다. 예를 들어 정기완(1963)에 의하면, "오직 잔인하다고 하면 다 될 것이다. 그들에게서는 인간성을 발견할 수 없을 정도로 짐승같이 사람을 죽인 것이다. …… 전부가 삽이나 몽둥이로 때려서 죽인 처참한 시체들이었다"는 내용이 있다. 그리고 "산군", "공비", "닥치는 대로 예수를 믿는 사람들을 죽이는 살인마 공산당" 등으로 표현(김수진, 1981)하면서 한국전쟁기 좌익 세력들에 대해 그들은 인간이 아니었음을 강조하고 있다. 현재 북한에 대한 인식이 많이 바뀌기는 했지만, 여전히 이러한 인식이 오늘날까지 북한을 바라보는 시각으로 고착되어있다.

이러한 비인간적인 세력들에게 학살당한 기독교인들의 죽음이 얼마나 고귀한 것인지를 강조하면서 한국전쟁 동안 무고하게 죽음을 당한 기독교인에 대해 반공투사로 자리 매김하는 것에만 관심을 두고 있다. 하지만 이러한 관점은 역사적 사실을 호도할 개연성이 있다. 한국전쟁 기간에 직접 일어난 사실과 전혀 무관한 내용을 과장해서 기록해놓은 글이 많다. 예를 들어 염산면의 야월교회 교인들에 대한 한국전쟁기 학살 실태를 조사해본 결과 지금까지 알려진 사실들과 차이가 있었다. 단적인 예를 들면 다음과 같다. 북한 인민군이 후퇴하면서 불을 질러 전소시킨 교회에 대해 "10월 공산당들은 야월리에 난입, 교인들을 교회당에 모아놓고 석유를 뿌린 채 불을 질렀다"(기독교대백과사전편찬위원회, 1984: 1488)며 과

성 등을 노정시켰다"라고 설명하여 모든 학살의 책임을 지역 좌익, 빨치산, 남한의 군경 등에게 전가함으로써 북한에 대해서는 면죄부를 주는 듯한 편협한 역사적 시각을 드러내고 있기도 하다(33쪽 참조).

장해서 표현해놓고 있다. 그리고 이 내용을 한국교회사에서도 사실 확인 없이 그대로 기록하였다. 이러한 과장된 내용으로 인해 한국전쟁 동안에 학살당한 기독교인들을 또 한 번 죽이는 결과가 되고 있다.

따라서 이 장에서는 한국전쟁 기간에 가장 많은 피해를 입었던 전남 영광군 염산면에 있는 교회들을 중심으로 이러한 문제에 접근해보고자 한다. 먼저 한국전쟁 전후 염산면의 교회 실태와 교인들의 지역사회에서의 역할을 살펴보려고 한다. 이들이 지역사회에서 무슨 일을 했으며, 어떤 위치에 있었는지를 알아야 이들이 학살당했던 이유를 알 수 있을 것이다. 그 다음 한국전쟁 기간에 염산면은 다른 지역에 비해 어떤 상황에 처해있었는지를 살펴보려고 한다. 당시의 배경을 통해 염산면의 기독교인들이 처해있던 환경을 알 수 있기 때문이다. 마지막으로 이를 토대로 염산면 교인들의 학살 실태에 대해 구체적으로 살펴봄으로써 학살의 원인과 성격을 재검토해보고자 한다.

2. 기독교인의 지역사회에서의 역할

1) 염산면 교회의 설립 과정

2004년 현재 전남 영광군 염산면에는 10개의 교회가 설립되어있다. 이 면은 영광군에서 백수읍과 함께 교회가 가장 많이 들어서있는 지역이다(영광군, 1998: 1355~1360). 그러나 1950년 6월 25일 한국전쟁 전까지 염산면에는 2개의 교회만 존재하였다. 하나는 1908년 4월 5일 야월리에 설립된 야월교회(한국 기독교역사연구소, 2000: 263)이고, 다른 하나는 1947년 4월 28일 봉남리 설도에 세워진 염산교회(대한예수교장로회 염산제일교회, 2002: 23)이다.

염산면은 전남 영광군의 서남쪽에 있으며 3읍 8면 중 하나이다(영광군, 1998: 2015). 2004년 현재 이 면의 면적은 64.7km²이며, 인구는 5,773명에 이른다. 면 중앙에 고지 267m의 봉덕산이 서있고, 동쪽으로는 군남면, 북쪽으로는 불갑천 하류를 경계로 백수면, 남쪽으로는 함평군의 신광면, 서쪽으로는 해안지역과 연계되어있다(영광군, 2002). 원래 지명은 소금을 굽는 염소가 있다고 해서 염소면이라 했으나, 일제 강점기 행정구역 개편으로 1914년 4월 1일 원산면 26동리, 마산면 일부를 포함하여 염소와 원산 2면의 이름을 따서 염산면이라는 명칭으로 변경되어, 9개리로 개편, 관할하게 되었다. 그 후 1983년 2월 5일 행정구역 조정에 따라 군남면의 옥슬리와 오동리가 염산면으로 편입되어, 오늘날까지 11개리로 개편, 관할되고 있다(영광군, 1998: 2015).

이 면의 생업 형태는 해안을 끼고 있는 지역 특성상 반농반어적 성격이 강하다. 특산물은 천일염, 간척지에서 생산되는 농산물, 젓갈, 포도 등이다. 젓갈에 대해서는 젓갈축제를 개최할 만큼 면에서 많은 관심을 기울이고 있다. 염산면에서는 1950년 전까지만 해도 야월리에서 재래식 염분인 화염을 생산하였다. 1955년을 전후로 천일염전5)이 조성되었으며(위의 글), 정부 시책과 제염업자들의 노력으로 1965년부터 본격적으로 개발되었다(조승현, 1993: 34). 염산면에는 현재 동일염전, 야월염전, 홍국염전, 두우염전, 죽도염전, 영백사염전, 운곡염전, 군유염전, 대홍염전, 신홍염전 등이 있어서 영광군에서 최대의 천일염 생산지를 확보하고 있다(영광군, 2002). 과거 한때는 국내 천일염의 60%를 생산했으며 지금은 40%를 차지하고 있다. 이와 같이 영광 굴지의 산업을 염산면에서

---

5) 천일제염법은 1907년 일본인 제염기사 오쿠다이조(奥大藏)를 초빙하여 주안에서 최초로 천일식 시험전 1정보를 개발한 것이 시초였으며, 1945년 해방 당시에는 한국 천일염전의 총면적 7,101정보에서 약 40만 톤이 생산되었고 국내 식염 수확량은 42만 톤가량 되었다(광백염전대표, 1988: 100).

보유하고 있다 할 수 있다(광백염전 대표, 1988: 101).

이러한 특징을 가지고 있는 염산면에 교회가 들어선 때는 전술한 바와 같이 1908년이었다. 당시에는 육지와 직접 연결되어있지 않아 섬으로 남아있었던 야월도에 야월교회가 설립되었던 것이다. 이 교회가 설립될 수 있었던 것은 야월리 지역민의 노력과 남장로교 선교사 배유지(Bell, Eugene)의 방문에 의해서였다.

영광군에서 가장 먼저 설립된 교회는 1903년에 설립된 백수면의 대전리(大田里)교회였다. 그 후 1904년 묘량면의 신천리(新川里)교회, 1905년 영광읍 무령리(武靈里)교회 등이 그 뒤를 이었다. 야월리교회는 1907년에 세워졌기 때문에 영광군에서 네 번째로 빨리 설립된 것이다.

야월리교회는 일찍부터 영광군에 세워진 다른 교회의 설립 과정과는 차이가 있었다. 대전리교회, 신천리교회, 무령리교회는 모두 지역민들이 외부인에게 기독교 복음을 듣거나 선교사 혹은 조사 등의 전도에 의해 신자가 되면서 설립된 것이었다. 대전리교회는 김문삼, 변창연 등에게 전도받은 지역민 표익선, 문양삼 등이 입교하면서 시작되었으며(한국 기독교역사연구소, 2003: 109), 신천리교회는 목포에서 기독교에 대해 알게 된 지역민 노응균, 강사홍 등 두 사람에 의해 설립 시초가 만들어졌다(한국 기독교역사연구소, 2003: 21). 무령리교회는 선교사 배유지와 조사 김문삼, 박인원 등의 전도로 시작되었다(한국 기독교역사연구소, 2003: 114). 이처럼 이들 교회는 외부인에게 전도를 받아 시작되었다.

이와 달리 야월리교회는 민족적 성향이 매우 강한 인물들의 자발적인 노력에 의해 설립되었다. 이곳에 교회가 어떻게 설립되었는지에 대해서는 『조선장로회사기』(상)에 다음과 같이 기록되어있다.

> 靈光郡 鹽山里敎會가 成立하다. 先是에 本里人 文永國, 丁正玉 등이 日進會를 對抗하기 爲하여 奉山敎會에 단이다가 漸次 眞理를 覺得한 後 熱誠으로 傳

導하야 信者가 增加함에 敎會를 設立하고 ……(한국 기독교역사연구소, 2003: 263).

이처럼 야월리교회 설립 과정에서 중요한 역할을 담당했던 인물들은 부일 협력단체였던 일진회를 반대하기 위해 교회를 다녔던 것이다. 일진회는 1904년 8월 20일 송병준에 의해 조직되었으나 세력이 미약해지자 같은 해 12월 2일 이용구가 회장으로 있던 진보회와 통합하여 만들어진 단체였다(조항래, 1984: 39~42). 통합 후 일진회원들인 동학교도들은 러일전쟁 기간에 부일 협력에 앞장섰다(조항래, 1984: 113~118). 1907년 7월 24일 정미칠조약에 의한 한국군 해산으로 항일의병이 봉기하자 일진회는 자위단을 조직하여 의병 토벌에 앞장섰다. 이와 같은 일진회의 행동은 한국인들의 분노를 자아냈다(조항래, 1984: 204). 이처럼 전국적인 조직을 가지고 부일 협력을 했던 일진회를 반대하기 위해 문영국과 정정옥 등은 교회를 다니기 시작했던 것이다.

따라서 야월교회는 영광군내에 있는 다른 교회들과는 달리 민족적 성향이 강한 인물들에 의해 설립된 것이었다. 초기에 이들은 일진회에 반대해서 봉산교회에 다니기 시작했지만 점차 기독교를 통한 새로운 문물을 접하자 민족의 살길이 이 종교에 있다고 생각했을 수 있다. 그리하여 열성적으로 전도한 결과 많은 신자들을 얻게 되어 야월교회가 성립되었다.

이러한 상황에서 호남지방의 선교를 담당하던 배유지 선교사가 당시 개항장으로 번성했던 법성포로 들어가려다 잘못해서 야월도에 정박하게 되었다(배길양, 2003: 5). 그리하여 이미 기독교 복음을 전하고 있던 문영국, 정정옥 등과 만나게 되어 야월교회가 설립되었던 것으로 보인다. 배유지 선교사는 단지 이미 많은 기독교인이 있는 이곳에서 세례를 주거나 성례를 주관하는 등의 활동을 했던 것이다. 이처럼 야월교회의 설립 과정은 다른 지역과 크게 달랐다.

두 번째로 염산면에 설립된 교회는 전술한 바와 같이 염산교회였다. 이 교회는 야월리교회가 설립된 지 거의 40여 년이 지난 후에 세워졌다. 원래 이 교회는 군남면 옥슬리(2004년 현재 염산면으로 편입)교회의 교인들에 의해 설립되었다. 옥슬리교회는 1939년 이곳 지역민인 이봉오라는 인물에 의해 설립되었다. 당시 그의 부인이 큰 병에 걸리자 귀신이 든 줄 알고 이를 퇴치하기 위해 야월리교회에 다니기 시작했다. 야월리는 당시만 해도 섬이었기 때문에 나룻배를 타고 다녀야 했다. 그는 너무 힘들어서 군남면 포천에 있는 교회로 다니다가 이것도 힘들어 옥슬리에 기도처를 만들기로 했다.6)

포천교회의 장로 허상을 옥슬리 기도처 책임자로 모셔 오기로 하고 이봉오의 집에서 예배를 보기 시작했는데, 이것이 옥슬리교회의 출발이었다. 그 후 해방이 되자 염산면의 면사무소 소재지가 설도로 바뀌면서 옥슬리 교인들이 사람들의 왕래가 많은 이곳에 교회를 세우고자 하였다. 그리하여 1947년 4월 28일 옥슬리교회의 교인들은 이곳을 폐쇄하고 현재의 염산교회를 설립했던 것이다(김용시 증언). 이와 같이 염산면의 교회들은 영광군의 다른 지역과 달리 지역민들 스스로의 민족의식 혹은 자발적 의지에 의해 설립되었다고 할 수 있다.

2) 염산면 기독교인들의 지역사회에서의 역할

앞에서 살펴보았듯이 염산면에는 한국전쟁이 발발하기까지 두 개의 교회만 존재하였다. 1945년 해방 전까지는 야월교회만 존재했으며, 해방 이후에야 염산교회가 설립됨으로써 두 개의 교회가 있게 된 것이다.

---

6) 김용시(현재 염산제일교회 장로, 전남 영광군 염산면 옥슬리 거주, 현재 77세, 남)의 일기 및 증언(2003년 11월 9일 면담).

야월교회는 섬인 야월도에 있었기 때문에 염산면의 거주민들에게 기독교를 전하는 데 한계가 있었다. 지리적인 사정으로 인해 기독교를 보급하기 위해 필요한 빈번한 접촉이 어려웠기 때문이다. 앞에서 설명했던 옥슬리교회 설립의 기초자인 이봉오의 사례를 통해서도 엿볼 수 있다. 당시 야월도에 거주하는 사람들은 밀물 때가 되어야만 육지로 건너갈 수 있었기 때문에 교통이 불편하였다.

이렇게 지리적인 사정이 나빴기 때문에 야월교회는 급속하게 성장할 수 없었다. 그래서 설립 초기부터 한국전쟁이 발발하기까지 담임 목사와 장로 없이 영수들이 교회 살림을 맡아서 하였다. 설립 이후 도대선(S. K. Dodson) 선교사,[7] 남대리(L. T. Newland) 선교사,[8] 김아각(D. J. Cumming) 선교사[9] 등이 당회장으로 활동하면서 성례전을 야월교인들에게 베풀었다. 그 후에는 조사 박인원, 이경필, 최흥종, 이계수 등이 이 교회를 담당하였다(한국 기독교역사연구소, 2003). 한국전쟁이 발발했을 때에도 염산교회의 목사 김방호가 성례전을 담당하였으며, 영수 김성종과 조양현 두 사람이 교회를 책임지고 운영하였다(대한예수교장로회 전남노회, 1993: 225).

---

7) 도대선은 1911년 남장로교 선교사로 내한하였다. 그후 광주 선교부 소속으로 농촌 지역을 중심으로 전도 활동에 주력하였다. 보다 더 자세한 내용은 김승태·박혜진 엮음(1994: 235)을 참조하기 바란다.
8) 남대리 선교사는 미국 출생으로 남장로교의 파송을 받아 1910년에 내한하였다. 목포 선교부와 광주 선교부 소속으로 농촌 지역에 많은 교회를 설립하고, 성장을 위해 노력하였다. 당시 사람들은 그를 가리켜 사랑을 실천한 사람이라고 했다(대한예수교장로회 영광읍교회, 1995: 77).
9) 한국 기독교역사연구소(2003)에는 이아각으로 기록되어 있으나 김아각을 오기한 것으로 짐작된다. 영광지역을 담당했던 남장로교 선교사 중에는 이아각이 없기 때문이다. 이아각과 이름이 같은 김아각이 비슷한 시기에 영광읍교회에서 시무했던 것으로 보아 야월교회를 담당했던 선교사도 이아각이 아닌 김아각으로 볼 수 있다(대한예수교장로회 영광읍교회, 1995: 186).

야월교회를 다닌 사람들은 섬 주민 중에서도 대부분 이리에 거주하는 사람들이었다. 야월리는 이리, 야장, 운곡, 월평 등의 자연부락으로 이루어져있는데, 이 중에서 이리가 상대적으로 가장 번화한 곳이었다. 그곳에 염소가 있었기 때문이다. 소금배가 목포까지 소금을 실어 나르기 위해 이 포구를 자주 왕래했기 때문에 자연스럽게 다른 지역에 비해 상대적으로 번화하였다.

이처럼 이곳은 소금배가 드나드는 등 외부와의 접촉이 다른 곳에 비해 많았다. 그리고 지역민들이 조개 등속을 팔기 위해 배를 타고 목포를 자주 드나들었던 것도 번화하게 된 요인이었다. 일례로 1930년대에 신사참배에 찬성할 수 없어 해남에서 옥실리로 이주해 온 김용시의 부친은 조개 등속을 파는 야월리교회의 교인이었던 최판섭의 이야기를 듣고 이곳으로 왔다고 한다.[10] 당시 그는 목포로 가서 조개 등속을 팔며 사람들을 만났던 것으로 보인다.

따라서 이러한 관계로 야월도에는 각성바지들이 많았다. 여러 성씨들이 모여 살았던 것이다. 1915년 당시 이곳에 거주했던 사람들의 성씨들을 보면 姜, 丁, 李, 文, 朴, 韓, 金, 洪, 南, 孫, 卓, 張, 鄭, 申, 林, 徐, 崔, 何部(일본인) 등이 있었다(정부기록문서보관소 소장자료, 1915). 이처럼 다양한 성씨가 모여 살았다는 것은 그만큼 인구이동이 심했다는 것을 뒷받침해주는 것이다. 인구이동이 심했다는 것은 외부와의 소통이 원활했다는 것이기도 하다. 내한 선교사들이 우선적으로 교회를 설립하는 곳은 사람들의 왕래가 빈번하고 교통이 편리한 지역이었다. 따라서 이리에 야월교회가 설립된 것도 이러한 이유에서 찾을 수 있다. 이와 같은 배경을 가진 야월교회 교인들이 지역사회에서 한 역할에 대해 살펴보면 다음과 같다.

---

10) 김용시의 증언(2003년 11월 13일 면담).

첫째, 통신수단이라고 할 만한 것이 거의 없을 때 야월도에서 외부와의 정보 교환을 위한 거점 및 연락망 역할을 했다고 볼 수 있다. 외부와의 정보 교환에 중요한 역할을 한 사람들이 내한 선교사들, 조사들, 그리고 부흥회 및 사경회를 위해 외부에서 초청한 기독교인들이었다. 야월교회에는 담임목사 및 장립 장로가 없었기 때문에 남장로교 소속의 내한 선교사들이 성례전을 베푸는 등 당회장 역할을 담당하였다. 이들 선교사들은 전라노회 및 전남노회에서 중요한 역할을 하고 호남지방 여러 곳의 교회를 책임지고 있었기 때문에, 자연스럽게 외부의 정보를 야월리에 전해주는 역할을 하였다. 선교사들을 도와주는 조사들도 마찬가지였다. 이들도 선교사들과 함께 여러 곳의 교회를 다녔기 때문에 한국의 정치, 경제, 사회 등의 상황을 야월리에 전해주었다고 할 수 있다. 그리고 야월교회는 기독교계에 많이 알려져 있는 이들을 부흥회 목사로 초청하였다.

일례로 1933년 12월에 야월교회에서 초청한 김창국에 대해 살펴보면 다음과 같다.[11] 그는 1884년 1월 28일 전주에서 출생하여 소년 시절 9년 동안 사숙에서 한문 공부를 한 다음 최의덕(L. B. Tate) 선교사의 사동으로 일했다. 그는 1897년 7월 17일 전주에서 최초로 세례를 받고 1900년 9월 9일 레이놀즈의 사랑방에서 전주 최초로 근대식 교육을 받은 후 1917년 전라노회에서 제주도 전도목사로 임명받았다. 그 후 6년 동안 제주도에서 전도 활동을 하면서 기독교 보급의 선구자 역할을 담당하였다. 1922년 광주 남문외교회, 1924년부터는 광주 양림교회에서 목사로 시무했던 인물로, 호남지방에서는 많이 알려져있는 인물이었다(대한예수교장로회 전남노회, 1993: 814~816). 이러한 인물이 초청되었기 때문에 기독교계의 전반적인 사정 혹은 외부의 여러 상황들을 야월교회 교인들은 알 수 있

---

11) 1934년 1월 1일자. "영광", ≪기독신보≫.

었다.
 이들에 의해 야월리의 상황이 외부에 전해졌던 것으로 보인다. 야월교회는 이들이 전하는 외부의 여러 가지 정보들을 야월리 주민들에게 전달해주는 역할을 했을 것이다. 따라서 야월교회는 지역민들에게 외부의 정보를 전달하고 전하는 거점 및 연락망 역할을 했다고 볼 수 있다.
 둘째, 개화의 구심점 및 초보적인 근대 교육 장소 역할을 했다고 할 수 있다. 개화의 구심점 역할을 했다는 것은 다음과 같은 사실을 통해 잘 알 수 있다. 1911년 야월교회 교인인 문영국과 김성종이 의병에 잡혀가 곤욕을 치르게 되자 교인들 전부가 이를 두려워했다는 이야기가 있다(한국 기독교역사연구소, 2003: 277). 당시 일부 의병들은 단발을 한 기독교인들을 일본군 정탐이나 부일 협력자로 오해하여 살해하는 경우가 있었다(이덕주, 1999: 45). 문영국, 김성종 등도 의병들에게 오해를 받아 체포된 것으로 보인다. 이것은 달리 말하면 야월교회의 교인들이 야월도민들에게 새로운 근대 사상 및 정보의 제공자 역할을 담당했다는 것이라고 미루어 짐작할 수 있다.
 그리고 지역민들을 위해 야월교회에서 실시한 초보적인 근대 교육은, 아동에게는 간이학교 및 주일학교를 통해, 어른에게는 부흥회 및 사경회를 통해 이루어졌다. 염산면에 보통학교가 설립된 때는 1926년 11월 1일이었다(영광군지편찬위원회, 1994: 1099). 이 학교에서 모든 염산면민들을 대상으로 교육을 할 수는 없었다. 그래서 매우 초보적인 교육, 예를 들어 성경을 읽기 위한 한글 가르치기 및 근대 교육(위생, 실생활 교육 등)을 야월교회에서 담당했다고 할 수 있다. 일제 말기 신사참배 강요로 인해 선교사들이 추방됨으로써 야월교회는 한때 폐쇄되었음에도 불구하고 간이학교는 계속 운영되었다. 해방 후 교인들이 다시 모이자 영수 조양현과 김숙현 등이 교대로 예배를 인도하는 동안 청년회원 허숙일이 주일학교를 활성화하였다. 즉, 해방 후에는 아동 교육을 야월교회의 간이학교 및 주일학교에서 담당했던 것이다(기독교대백과사전편찬위원회, 1984: 1488~1489). 어른을 대상으로 교육을 담당했던 사경회와 관련된 기록은 남아있지 않아 알 수 없지만, 야월교회에서 부흥회를 개최했다는 다음과 같은 기록이 있다.12)

> 전남 영광군 염산면 야월리 교회에서는 지난 十一月 二十일로 二十八일까지 光州 金祠國 목사를 청하야 특별부흥회를 열었는대 오전에는 남녀가 공부하고 저녁집회는 장년과 유년을 나누워 모이고 신축례배당을 위하야 연보한 것이 百五十여 원에 달하엿다 한다.

위 기사에 따르면 부흥회 개최 기간은 9일 정도였다. 이 기간에 남녀 노소들이 모여서 공부를 했다. 이러한 부흥회를 통해 야월교회에서는 이곳 지역민들에게 초보적인 근대 교육을 제공했다고 할 수 있다.

마지막으로 염산면 기독교인들은 민족문제에 대해 방관하지 않았다. 앞서 살펴본 것처럼 일제 강점 이전에는 부일 협력단체였던 일진회를 반대했던 사람들에 의해 교회가 설립되고 운영되었으며, 일제 강점 이후에는 1919년 3·1운동, 신사참배 반대운동 등을 지지하는 사람들이 이 교회에 다녔다. 이들의 이러한 의식들은 염산면민들에게 어느 정도 영향을 끼쳤다고 할 수 있다. 예를 들어 야월교회를 한동안 책임졌던 조사 최흥종은 민족의식이 강한 인물이었다. 그는 1880년 광주 불로동에서 출생하여 청년 시절에는 불량배로 유명하였다. 그 후 김윤수에게 전도를 받아 북문안교회를 다니기 시작하였으며, 1910년 이 교회에서 최초의 장로로 장립되었다. 그는 배유지 선교사와 함께 조사로 야월교회에서 시무하였다. 또한 그는 1919년 3·1만세 당시 서울로 가서 만세운동에 가담했는데, 일경에게 체포되어 3년 형을 받고 감형되어 1년 만에 출

---

12) 1934년 1월 1일자. "영광", 《기독신보》.

옥하였다. 이후 광주 YMCA 초대 회장 및 신간회 전라남도지부장을 역임했으며, 해방 이후에는 전남 건국준비위원장 등을 지내는 등, 정치적·사회적으로 많은 역할을 하였다(대한예수교장로회 전남노회, 1993: 811). 이러한 이력을 가진 최흥종에게서 야월교회의 교인들은 많은 영향을 받았을 것이다.

야월리 기독교인들의 민족의식은 1930년대 중·후반기에 신사참배 반대운동을 지지하는 것으로 나타났다. 이러한 사실은 다음의 증언을 통해서 알 수 있다. 앞서 언급했던 김용시(현재 염산면 옥슬리에 거주)의 증언에 의하면, 그의 부친은 해남에서 거주했는데 1930년대 후반에 야월리로 이주했다고 한다. 그 이유는 일제의 신사참배 강요 때문이었다.[13] 김용시의 부친은 해남에서 교회를 다니면서 신사참배 반대를 적극적으로 지지하다 일경의 감시를 피해 야월도로 이주해 왔다. 이러한 전후 사정으로 추정컨대 야월교회 교인들의 신사참배 반대운동에서 한 가지 틀림없는 것은 — 직접적인 행동을 했지만 기록이 남아있지 않아서 그런 것인지 혹은 직접적으로 행동하지 않아서 기록이 없는 건지 그 사실 여부는 알 수 없을지라도 — 교인들이 신사참배 반대를 지지했다는 것이다.

해방 이후 야월교회도 함께 책임지고 있던 염산교회에서는 1947년 5월 18일 손양원 목사를 초청하여 집회를 개최하였다(대한예수교장로회 염산제일교회, 2002: 23). 손양원은 여수 애양원에서 시무하면서 신사참배 반대운동을 벌였던 인물이었다(손동희, 1994; 안용준, 1972). 손양원 목사가 부흥회를 이끌 때 200여 명의 사람들이 교회로 몰려왔다고 한다.[14] 염산면의 기독교인들이 신사참배 반대운동을 적극적으로 벌였던 인물

---

13) 김용시의 증언(2003년 11월 13일 전화 면담).
14) 김용시의 증언(2003년 11월 9일 면담).

을 초청한 것은 그들의 의식이 어디에 있는지를 알 수 있게 해준다. 따라서 야월교회와 염산교회 교인들은 자신의 지역에서 기독교인으로서의 원칙을 저버리지 않으려고 노력했음을 알 수 있다. 지역사회에서 이처럼 자신들의 역할을 다하려고 했던 이들이 한국전쟁 기간에 왜 학살을 당했던 것일까? 이를 위해 한국전쟁이 발발했을 당시 염산면의 상황을 살펴보겠다.

3. 한국전쟁기 염산면 기독교인들의 학살 양상

1) 한국전쟁과 염산면

한국전쟁은 1950년 6월 25일 발발했으나, 1945년 해방 후부터 전쟁의 불씨는 내재해있었다. 한국은 제2차세계대전의 종전으로 해방을 얻었으나 미·소의 분할점령으로 인해 완전한 해방은 아니었다. 이와 동시에 국내에서는 국가 건설 문제를 놓고 우익과 좌익 간에 첨예한 대립이 벌어졌다. 좌익과 우익 세력은 1919년 3·1운동 이후 민족운동의 방략을 놓고 형성되었던 민족주의와 사회주의 세력에 기인한다.

유엔에 한국 문제가 상정되면서 남한 단독선거가 기정사실화되자 남로당을 중심으로 한 좌익 세력은 이에 대해 반대투쟁을 전개하였다. 이를 계기로 남로당 전술은 무장투쟁으로 전화하였으며, 각 지방에서는 '야산대'라는 무장부대가 조직되었다. 1948년 하반기부터 북에서 남한 유격투쟁을 지원하기 시작하였으며 1949년 9월부터는 본격적으로 이루어졌다. 유격대들은 남한 군경의 동계 토벌작전과 남로당 최고 책임자였던 김삼룡과 이주하가 1950년 3월에 체포됨으로써 많은 타격을 받았다. 그럼에도 불구하고 그 후에도 부분적인 저항은 계속되었다.

당시 영광에서도 경찰과 유격대 사이에 격전이 빈번하게 발생하였다. 1948년 4월 초 영광군의 유격대장 박막동은 염산면 상계리 돌꽉재에 대원 50여 명을 이끌고 와서 지나가던 경찰들에게 기습 공격을 하여 많은 사상자를 내기도 했다. 그는 1949년 8월 9일에도 영광에서 광산군 송정으로 가는 밀재에서 기습 공격을 했다(김석학·임종명, 1975: 288~289). 격전 상황을 표로 나타내면 <표 1>과 같다. 이 표는 영광 경찰서에서 소장하고 있는 순직하거나 부상당한 경찰들에 대한 조사 목록을 토대로 작성한 것이다.

<표 1>은 전투지에서 순직하거나 부상당한 경찰들에 대한 조사 목록을 토대로 작성했기 때문에 완전한 전투일지라고 할 수는 없다. 하지만 이것으로 가장 빈번하게 전투가 이루어진 시기 및 장소 등은 추정할 수 있다. <표 1>에서 나타난 바와 같이 빈번한 전투가 발생한 시기는 1949년 4월 및 9월이었다. 9월에 전투가 빈번하게 발생한 것은 각 유격전구의 유격대 전술이 '아성 공격'으로 바뀐 것과 관련된 것으로 추정할 수 있다. 인민유격대의 3개 병단과 각 지방의 야산대는 북한에서 내려온 강동 정치학원 출신 유격대들과 합류하여 '아성 공격'이라는 전술로 넘어갔던 것이다.[15]

그리고 백수읍 구수산, 염산면 돌꽉재, 불갑면 불갑산 등에서 전투가 자주 발생했던 것으로 보인다. 이곳은 유격대가 자주 출몰하던 지역이었을 것이다. 그리고 1950년에 들어서서는 군경의 동계 토벌작전 때문인지 전투 상황이 2회에 그친다.

1950년에 들어서서 전투 상황은 줄어들었으나 한국전쟁 전까지 군경과 유격대 간에 전투가 빈번하게 이루어지고 있었음을 알 수 있다. 이러

---

15) '아성 공격'이란 관공서가 밀집되어 있는 도시, 경찰서, 군사령부 등에 대한 정면 공격을 뜻한다(김남식, 1984: 417).

<표 1> 1949년~1950년 한국전쟁 직전까지 영광지방 전투 상황

전투 일자	전투 장소	
1949년 1월 21일	전남 영광군	백수읍 구수산
1949년 1월 27일	〃 〃	불갑면 불갑산
1949년 2월 28일	〃 〃	염산면 상계리
1949년 3월 7일	〃 〃	불갑면 불갑산
〃	〃 〃	대마면 태청산
〃	〃 〃	염산면 돌팍재
〃	〃 〃	불갑면 금계리
1949년 4월 4일	〃 〃	백수읍 구수산
1949년 4월 7일	〃 〃	염산면 돌팍재
1949년 4월 12일	〃 〃	영광읍 와룡리
〃	〃 〃	염산면 돌팍재
〃	〃 〃	묘량면 연암리
〃	〃 〃	대마면 고성산
〃	〃 〃	백수읍 구수산
〃	〃 〃	불갑면 불갑산
1949년 4월 27일	〃 〃	군남면 포천리
〃	〃 〃	대마면 원홍리
1949년 6월 14일	〃 〃	백수읍 구수산
1949년 7월 5일	〃 〃	법성면 대덕리
1949년 8월 9일	〃 〃	불갑면 불갑산
1949년 8월 19일	〃 〃	불갑면 안맹리
1949년 9월 4일	〃 〃	백수읍 구수리
1949년 9월 5일	〃 〃	백수읍 구수산
1949년 9월 15일	〃 〃	군남면 용암리
1949년 9월 28일	〃 〃	백수면 입석리
1949년 10월 19일	〃 〃	묘량면 영양리
1949년 11월 16일	〃 〃	백수읍 구수산
1949년 12월 5일	〃 〃	백수읍 대신리
1950년 5월 13일	〃 〃	염산면
1950년 6월 2일	〃 〃	염산면 돌팍재

자료: 영광 경찰서 소장자료, 1997.

한 상황에서 1950년 6월 25일 한국전쟁이 일어난 것이다. 한국전쟁이 시작된 후 북한의 인민군이 영광지역에 입성한 때는 7월 23일경이었다. 전쟁 개시 후 한 달이 지난 다음 공식적으로 북한의 인민군이 영광군으로 진입했으나, 염산면에서는 이보다 일찍 북한의 정치공작원 부대가 들어왔다.

그것은 한국전쟁이 발발하기 3일 전인 1950년 6월 22일이었다. 1950년 6월 북에서는 '인민무력'을 38선 경계선에 총집결시키는 한편, 월북한 박헌영과 이승엽은 북한에 흩어져있는 자신들의 세력을 불러 모아 '정치공작'이라는 명목으로 6월 초순에 남한의 각 도로 파견했다(김남식, 1984: 440). 1개 도에 5~10명 정도씩 파견했으며, 주로 육로보다는 해상을 이용하여 남한으로 내려왔다. 이들을 남한에 내려 보낸 목적은 파괴된 당조직을 복구하고 인민군이 내려왔을 때 군중을 호응 및 궐기시키기 위한 것이었다. 미리 파견된 곳은 서울, 충남, 전남, 전북 등이었다(김남식, 1984: 440~442).

이 중 전남지역은 광주와 영광 염산면이었다. 김남식은 염산면에 이들이 도착한 시기가 1950년 7월 중순이라 하고 있으나 김용시를 비롯한 염산면 거주민들은 6월 22일로 증언하고 있다.[16] 김남식의 자료와 염산면 거주민들의 증언을 서로 종합해보면 다음과 같다. 1950년 6월 초 조형표와 김태규 등이 '정치공작' 임무를 띠고 평남 진남포항에서 선박 편으로 출발했으나 심한 풍랑 때문에 20여 일간 중공 해안에 표류되었다가 6월 중순에 염산면에 도착하였다. 완도 출신의 조형표는 1949년 하반기 호남지구 유격대에 참가한 인물이었다. 그는 북에서 무기를 지원받

---

16) 김용시, 탁준(염산면 축동리 거주, 남), 김진환(염산면 축동리 거주, 남), 정남철(염산면 야월리 거주, 남), 김금배(염산면 옥슬리 거주, 남) 등의 증언(2003년 11월 8일~9일 면담).

기 위해 1949년 11월 초순 전남도당 배편으로 월북하였다. 김태규는 화물선 스미드호의 선원으로서 1949년 9월 20일경 이 화물선이 월북하자 북에서 노동당에 가입하여 공작원으로 남파된 것이다.

화물선 스미드호의 승무원 53명 중에는 남로당원 15명이 포함되어있었다. 1949년 9월 20일 식염 2,000톤을 싣고 부산항을 출발하여 군산항을 향해 가던 도중, 남로당원 책임자의 지시에 따라 함께 타고 있던 미군 2명을 무장 해제시켜 선내에 감금한 다음 화물선을 진남포로 몰고 갔다. 이들 중 대부분은 북의 해군에 편입되었으며 일부는 1949년 11월 초 회령 제3군관학교(대남유격대 공작원 양성학교)에 입교하여 약 6개월간 군사훈련을 받고 1950년 6월 초순 중앙당으로 불려갔다. 이들은 다른 전남북 출신들과 같이 전남지구 정치공작대(16명), 전북지구 공작대(17명)로 편성되어 발동선을 타고 진남포항을 출발했다. 이들은 해상에서 선박 고장으로 중국 석도에 표착하여 약 20일간 억류되었다가, 석도를 출발하여 영광 염산면에 도착했다고 한다(김남식, 1984: 441).

김용시의 증언에 의하면 이들은 남자 30명, 여자 2명이었다고 한다. 이들은 6월 22일 백수읍 해안에 상륙하려다가 모래가 많아 배를 대지 못하고 송촌 해안에 상륙했다는 것이다. 밤에 도착한 이들이 내남으로 가는 동안 날이 밝아서 내남에 살고 있던 채수현의 집으로 갔다고 한다. 이곳에서 머물던 정치공작대원들은 아침에 우물가로 물을 긷기 위해 온 송촌의 부인들에게 들키고 말았다. 부인들은 이장 김○○에게 이 사실을 전해 염산면 지서에 알리게 하였다. 지서에서 영광 경찰서로 알리자 이곳에서는 광주 ○○사단에 알려 군경 합동작전으로 채수현의 사랑방에 대고 집중 사격을 가해 이들을 전부 몰살시켰다고 한다. 채수현의 집은 집중 사격으로 인해 불타버렸다는 것이다.

결국 마을 사람들에 의해 무장한 정치공작원들은 모두 몰살당했던 것이다. 이러한 상황에서 1950년 6월 25일 전쟁이 발발하였다. 영광으로 북한 인민군이 진입한 때는 1950년 7월 23일이었다. 7월 21일 영광군의 읍내 기관장들은 영광 경찰서에 모여 전세 상황에 대해 논의하였다. 이들은 현재 남한 정부의 전세가 우세한 것으로 오판하고 있었다. 7월 23일 새벽 1시 북한 인민군이 보병 및 전차부대를 앞세워 영광군에 들어올 때까지도 이들은 전세 상황을 모르고 있었던 것이다. 아침 6시에 이미 북한 인민군은 영광읍내로 들어와 군청과 경찰서를 비롯한 관공서를 모두 접수하였다. 경찰은 함평, 영산포 방면으로 도주하였으며, 군수 이인영과 읍장 허욱 등은 북한 인민군에게 피살당했다(김석학·임종명, 1975: 283~290). 한편 영광읍에 북한 인민군이 들어오기 전 염산면에서는 산악지대에서 활동하고 있던 서해안 유격대가 7월 13일 새벽 염산면 봉남리 일대를 습격하였다. 이때 경찰 기동부대 100여 명과 접전을 벌였다(김남식, 1984: 445).[17]

한국전쟁 직전과 직후 두 번의 전투가 모두 염산면에서 벌어졌던 것이다. 이것은 모두 산악과 해안을 함께 끼고 있는 염산면의 지리적 특징에 기인했던 것으로 추정된다. 이와 더불어 한국전쟁 동안 염산면의 또 다른 특징은 다른 지역에 비해 수복이 늦었다는 점이다. 이곳이 수복된 때는 1951년 1월 21일 이후였다. 1950년 9월 28일 서울 수복 이후 다른 지역에서는 북한 인민군 및 좌익 세력들이 모두 물러났지만 염산면은 달랐다. 오히려 더 많은 좌익 세력들이 집결했던 것이다.

서울 수복 이후 영광군에는, 유엔군이 지나가다 들른 후 하루 만에 나가버렸다. 그 후 며칠 만에 남한 군경이 들어와 영광읍 외의 다른 지역들은 수복을 했으나 백수읍, 불갑면, 염산면은 여전히 좌익 세력들이 점령하고 있었다(김남식, 1984: 312).

---

[17] 이때 서해안 유격대 중 한 명이 남한 경찰에게 쫓겨 염산면 송암리 신대부락 탁○○의 집에 숨어들었다고 한다(김석학·임종명, 1975: 299~302).

현재 염산교회 집사로 있는 노병오의 증언에 의하면, 서울이 수복되었다는 것을 임자도에 있던 좌익 세력들에 의해 알게 되었다고 한다. 임자도는 당시 남한의 군경에 의해 점령되었기 때문에 좌익 세력들은 배를 타고 염산면으로 몰려들었다. 이들이 설도에 와서 하는 이야기를 듣고 그는 임자도로 피난을 갔다고 한다.[18] 따라서 다른 지역에 있던 좌익 세력들이 남한 군경에게 쫓기자 육로와 해로를 통해 수복되지 않았던 염산면으로 몰려들었던 것이다. 서울 수복 이후 염산면은 오히려 좌익 세력들의 활동 본거지가 되었다고 할 수 있다.

남한 군경은 나주에 주둔해있으면서 낮에만 왔다 가고 밤에는 좌익 세력들이 활동하였다. 이러한 상황에서 염산군의 지역민들은 남한 군경과 좌익 세력들에게 시달리다 못해 대부분 백수읍으로 피난을 갔다.[19] 이곳은 남한 군경이 접근하지 못했기 때문에 오히려 지내기에 편했다는 것이다. 좌익 세력들은 백수읍의 구수산 갓봉을 중심으로 활동하였다. 1951년 1월 남한 군경은 갓봉전투를 통해 좌익 세력들을 몰아냄으로써 염산면을 수복했던 것이다. 이러한 점들이 다른 지역과는 다른 것들이었다. 즉, 어느 지역보다도 수복이 늦었던 것이 한국전쟁기 염산면의 특징이었다.

2) 염산면 기독교인들의 학살 양상

한국전쟁 중 영광군에서 학살당한 사람들의 총수는, 1952년 3월 공보처 통계국에서 발간된 『6·25사변 피살자 명부』에 의하면 2만 500여 명에 달하며 이 중 남성이 1만 2,800여 명, 여성이 7,700여 명에 이른다.

---

18) 노병오의 증언(현재 염산교회 집사, 2003년 11월 9일자 면담).
19) 정남철 증언(염산면 야월리 거주, 남, 2003년 11월 8일자 면담).

1964년 11월 7일자 ≪기독공보≫에 따르면 3만 9,000명이 죽음을 당했다고 한다. 그리고 영광군 향토문화원장 조남식의 증언에 의하면 3만여 명에 이를 것이라고 했다(김성동, 2002: 185). 광주전남 현대사 기획위원회에서 펴낸『광주전남 현대사』에서는 3만 5,000명에 이른다고 기록되어 있다. 이를 통해 학살당한 사람들의 숫자가 적게는 약 2만 5,000에서 많게는 3만 5,000에 이르렀다고 추산할 수 있다. 나이 분포는 2세에서 93세까지 걸쳐 있다(월간조선사, 2003a: 635~707; 월간조선사, 2003b: 12~396). 당시 영광군의 인구가 16만 명임을 염두에 둔다면 거의 5분의 1에 해당되는 사람들이 한국전쟁기 동안에 학살당했던 것이다.

영광군에서도 가장 피해가 많았던 지역 가운데 하나가 염산면이었다. 공보처 기록에 의하면 염산면에서 피살당한 민간인은 대략 3,350여 명에 달한다(2002). 김석학·임종명 공저의『광복 30년』에 의하면 약 5,000명에 이르는 사람들이 염산면에서 학살당했다고 한다. 이 숫자는 대략 영광군 전체 피살자 수의 5분의 1에 해당된다.

지금까지 나와있는 공식 통계들에 대해서는 신뢰성 검증이 되지 않아 정확한 규모를 말할 수 있는 실정이 아니다. 그럼에도 불구하고 이러한 기록을 통해 얼마나 많은 민간인들이 학살당했고, 학살 장소는 어디이고, 학살 시기는 언제인지 등에 대해 어느 정도 추정해볼 수는 있다. 이를 토대로 증언, 기타 관련 자료 등을 종합하여 염산면 기독교인들의 학살 양상을 살펴보려 한다.

먼저 염산면의 기독교인들이 학살된 시기는 1950년 9월 28일 서울 수복 이후였다. 공보처 기록에 의하면 염산면에서는 6월부터 12월까지 민간인이 피살당했는데, 6월 6명, 7월 41명, 8월 608명, 9월 1,233명, 10월 1,143명, 11월 268명, 12월 51명 등이다. 이 숫자에 의하면 9월부터 10월까지 집중적으로 민간인이 피살당했다고 할 수 있다. 한국전쟁 발발 후부터 7월 22일까지 25명, 영광군에 북한 인민군이 주둔하기 시작한 7월

23일부터 9월 27일까지 1,732명, 서울이 수복된 9월 28일부터 염산군이 수복될 때까지 1,593명에 이르는 것으로 기록되어있다.

1950년 9월 유엔군이 인천 상륙에 성공하자 김일성 세력은 지주가 되는 모든 요소를 제거하라고 지시했다고 한다. 이에 각 지방에서 수감자 및 우익 인사에 대한 대량학살이 전개되었다. 염산면에서도 서울 수복 이후에 대량학살이 이루어졌다. 염산면 내에서도 야월리와 봉남리의 피해가 상대적으로 컸다. 이 지역에 위치하고 있던 야월교회와 염산교회 교인들의 피해도 클 수밖에 없었다. 야월리와 봉남리 지역민들은 유엔군 상륙 직후부터 1950년 11월 말까지 집중적으로 학살을 당했다. 야월교회의 교인들은 한 명도 남김 없이 65명 전원이 피살당했으며, 염산교회에서는 전체 교인의 3분의 2에 해당되는 77명이 좌익 세력들에 의해 학살당했다.[20] 당시 야월교회의 교인들은 대부분 야월리에 거주하는 사람들이었다. 봉남리 설도에 위치한 염산교회의 교인들은 대부분 옥실리 혹은 봉남리에 거주하는 사람들이었다.

야월리 거주민들의 피살자 수는 공보처 통계에 의하면 총 290여 명에 이른다. 당시 피살당했던 야월교회 교인들은 4개 집안의 사람들 전원이었다. 영수로 있던 김성종, 조양현과 집사 최판섭, 김병환, 정일성 등의 집안사람들이었다. 김성종의 집안에서는 부인, 아들, 며느리, 손녀까지 모두 33명, 최판섭의 집안에서는 11명, 김병환의 집안에서는 7명, 정일성의 집안에서는 13명 등이었다(배길양, 2003: 16). 이들이 야월리에서 다른 집안보다 재력 혹은 권력이 있었던 것은 아니었다. 현재 야월교회 장로로 시무하고 있는 정남철의 증언에 의하면, 당시 야월리에서 자신의 집안이 그런대로 괜찮았다고 하였으나 배를 곯을 정도였다고 했다.[21]

---

20) 1964년 11월 7일자. "오늘의 野月교회", 《기독공보》.
21) 정남철 증언(2003년 11월 9일자 면담).

이 정도라면 당시 야월리 전체 주민들의 경제 상태가 어느 수준이었는지 추정해볼 수 있을 것이다. 따라서 야월교회의 교인들도 경제적으로 능력이 있지는 않았던 것이다.

한편 염산교회 교인들은 대부분 옥실리 혹은 봉남리에 거주하는 사람들이었다. 공보처 통계에 의하면 옥실리에서 학살된 수는 총 50여 명이었다. 반면 봉남리에서 학살된 수는 거의 800여 명에 이른다. 이 중에서 염산교회 교인 77명이 학살당했다. 이들 대부분이 봉남리 지역민들이었다.

1947년 4월 염산지역 복음화를 위해 옥실리 교인들에 의해 세워진 염산교회는 설립 초기에 장로 허상이 당회장을 맡았다. 약 6개월 후인 1947년 10월 4일 제2대 교역자로 목사 원창권이 부임하였다. 그러나 그는 1949년 2월 10일 목사직을 사임하고 만다. 사임한 이유는 유격대들 때문이었다. 염산교회에 다니던 한 교인이 밤길에서 유격대원들에게 죽임을 당하고 말았다. 이 사건으로 인해 원창권은 목사직을 사임하였다.[22]

그 후 1950년 3월 10일 목사로 부임한 인물이 김방호였다. 그는 1895년 경북 경산에서 출생하였으며, 1919년 3·1만세에 참여했던 민족적인 인물이었다. 당시 그와 함께 참여했던 부친은 일제의 총에 맞아 순절하였다. 그 후 24세에 만주로 망명하여 독립군 군자금을 모집하기 위해 국내에 잠입하여 활동하던 중 기독교인이 되었다. 그 이유는 함경도 삼수와 갑산에서 개최된 어느 부흥 사경회에 참석하여 감명을 받았기 때문이었다. 그는 그 후 개성읍에 있는 한영서원을 졸업하고 충남 서천군 한산, 전북 김제, 전남 장성 등지에 있는 사숙에서 교원으로 재직하였다. 도대선 선교사의 조사, 전남 장성군 소룡리교회 장로 등을 지내다 1927

---

22) 김용시 증언(2003년 11월 9일 면담).

년 평양 장로회신학교에 입학하여 1933년 28회로 졸업하였다. 졸업 후 전남노회에서 목사 안수를 받고 전남 영광군 영광읍교회로 부임하였다. 1941년 전남 신안군 비금면 덕산교회로 부임하여 시무했으며, 그 후 전남 나주군 상촌교회 전임으로 목회를 하였다.23) 이러한 이력을 가진 그가 염산교회로 부임한 때는 1950년 3월 10일이었다. 그가 염산교회에 부임한 지 3개월 만에 한국전쟁이 일어났던 것이다.

염산교회 교인 중에서 가장 먼저 학살당한 사람이 기삼도였다. 그는 목포 고등성경학교에 재학 중이었다. 기삼도는 염산교회가 있던 설도와 옥실리 사이를 왕래하면서 김방호에게 정보를 제공하였다. 1950년 7월 23일 일요일 낮 예배를 본 후 북한 인민군의 점령으로 교회 건물을 사용할 수 없게 되자 김방호는 이튿날 신변의 위험을 느끼기도 하여 가족들과 함께 옥슬리의 김용시와 장병태의 집에 은신해있었다. 김방호는 그의 가족, 염산교회 교인들과 함께 장차의 일을 계획하고 있었는데, 기삼도가 바깥 정세를 제공해주었던 것이다.

기삼도는 김방호를 찾아와 북한 인민군이 후퇴하면서 교회 건물을 소각시켜버린 사실을 전해주면서 유엔군 환영대회를 열자고 제안하였다. 그러나 이 일은 너무 위험하다고 해서 무산되었다. 1950년 10월 8일 봉남리 설도와 옥실리를 자주 왕래하던 그를 수상히 여긴 좌익 세력들은 그를 체포하여 죽여버렸다. 그 다음으로 끌려간 사람이 염산교회 집사로 있던 노병재를 비롯한 그의 가족들이었다. 그는 나주 출신으로서 염산 설도에 와서 창고업을 해서 경제적으로 윤택한 사람이었다. 그 외에 다른 교인들은 경제적으로 다른 지역민들과 별반 차이가 없었다. 김방호 목사는 10월 26일에 끌려가서 죽임을 당했다. 염산교회 교인 중에서

---

23) 김방호와 관련된 자세한 내용에 대해서는 김수진(1981: 11~42)을 참조하기 바란다.

가장 마지막으로 피살당한 사람이 장로 허상이었다. 그때가 11월 중순이었다고 한다.24) 염산교회 교인들은 모두 10월에서 11월까지 피살당했던 것이다. 야월교회 교인들도 마찬가지였다.

이러한 이들을 학살했던 직접적인 행동대는 '생산유격대'였다고 한다. 1950년 7월 북한 인민군이 염산면을 점령하면서 다른 지역과 마찬가지로 인민위원회가 조직되었던 것으로 추정된다. 1949년 미군정과 이승만 정부가 남로당에 대한 동계 토벌작전을 벌이고 1950년 3월 남로당 최고 조직책인 김삼룡과 이주하가 체포됨으로써, 당조직은 말살되고 산악지대의 일부 유격대들만 남아있었다. 이러한 상황에서의 인민위원회 조직은 새로 건설하는 것에 가까웠다(장미승, 1990: 177).

인민위원회는 먼저 행정구역별로 서울시당을 비롯, 각 도당, 시당, 군당, 면당 등의 순서로 조직되었다. 조직 방식은 중앙에서 각 도에 위원장과 부위원장을 6~7명씩 파견하여 도당위원회를 구성하였다. 도당위원회에서 선발된 간부는 다시 하급 단위의 당위원회를, 각 리에는 세포위원회를 조직하였다. 세포위원회는 5인 이상이면 구성할 수 있었다. 당원은 구당원 위주로 심사를 거쳐 선발하였으며, 국민보도연맹 가입자는 정당원이 아닌 후보당원으로만 가입할 수 있도록 했다. 9월 초 제주도를 제외한 전 지역에 도당이 건설되었다(장미승, 1990: 177~179).

그리고 좌익에 반대하는 친이승만 세력들은 철저한 색출을 통해 숙청하였다. 이러한 업무를 담당한 곳이 정치보위국 산하의 시군 내무서와 면 분주소, 리 자위대 등이었다. 인민위원장, 당위원장이 면 자위대에 숙청자 명단을 작성하여 제출하면 이들을 숙청하는 것이 원칙이었으나, 대부분 인민위원회 위원과 자위대원들이 함께 숙청 대상자 명단을 작성하여 직접 가택 수색, 은신처 수색 등을 통해 체포, 구금시켰다(장미승, 1990:

---

24) 김용시 증언, 2003년 11월 9일 면담.

190~192). 체포, 구금 등은 주로 북한이 초기에 점령했을 때의 상황이었다. 그리고 대부분 이 당시의 상황에 대해서는 매우 긍정적으로 기억하고 있다. 염산면에 거주하는 지역민들은 다른 지역과 마찬가지로 북한 인민군에 대해서는 다음과 같이 긍정적으로 기억하고 있었다.[25]

> 인민군은 사람 하나도 안 죽였어. 참 신사적이고 사람들이 …… 학생들인디 참 신사적이고 …… 그 사람들은 여기 와서 땅굴 팠어. 방공호 주민들 나오라 해가지고. 얘기를 딱 들어보면 지그들이 학생들이었어. 그 사람들도 교인들도 있고. 그러다가 불리하게 된게 후퇴를 하게 되얏단 말이야. 후퇴를 하면 그대로 다 놔두고 가버렸어.

초기 점령 시에 이들에 대해 긍정적으로 기억하는 것은 홍창섭 의원의 발언에서 그 이유를 찾을 수 있다. 즉, "놈들이 …… 무력전에는 졌는데 사상전에는 이겨야겠다고 해서 대단히 민심을 사려고 하는 전술을 썼단 말이에요. 세 가지 원칙이 있어요. 부녀자 강간을 안 할 것, 소를 잡아먹지 않을 것, 죄 없는 사람을 잡지 않을 것. 이러한 3대 원칙하에 행동을 했단 말이에요"[26]라고 그는 그 이유에 대해 설명했다.

이에 대해 한국전쟁을 서울에서 경험했던 김성칠은, "그러나 그 정치가 허위의 선전만을 일삼고 인간을 인간으로 다루지 아니하는 그 무자비성에 있어서는 참으로 정이 떨어졌습니다"라고 당시의 상황을 객관적으로 표현했다(김성칠, 1993: 268). 즉, 이들에 대해 대부분의 사람들이 긍정적으로 기억하는 이유는, 민심을 사로잡기 위한 정책의 일환이었고 초기 점령기라 민심을 이반시키는 집단학살을 할 수도 없었으며 할 필

---

25) 김용시·김금배의 증언(2003년 11월 9일 김용시의 자택에서 면담).
26) 『북한 속기록』, 제11회 22호(1951.7.10.), 한국전쟁 전후 민간인 학살 진상규명 범국민위원회(2002: 55)에서 재인용.

요도 없었기 때문이다. 앞에서 설명했듯이 대량학살은 북한 인민군이 후퇴한 후에 일어났다.

염산면에서 집단학살의 직접적인 행동대로 나선 주체들은 생산유격대들이었다. 생산유격대들은 다른 지역의 '리' 단위에서 '자위대' 혹은 '치안대'와 같은 조직이었던 것으로 보인다. 면 단위에는 유격대와 위원회가 조직되어있었으며, 생산유격대를 지휘하는 것은 후자였고 그 하부에 지구책(오르그)이 설치되어있었다. 염산면에서는 '살인 9인위원회'가 학살 대상자 명단을 작성하고27) '생산유격대'에게 학살을 담당하게 했다고 한다. 이 '살인 9인위원회'가 인민위원회였던 것으로 추정된다.

면 위원회의 지구책이 3개의 리 생산유격대를 통괄 지휘했으며, 합동공격이 필요할 때는 함께 출동했다고 한다.28) 염산면에서는 모두 3구로 구분되어 1구는 월홍리, 반안리, 축동리였으며, 2구는 상계리, 봉남리, 3구는 송암리, 신성리, 야월리, 두우리 등이었다는 것이다. 1구 책임자는 홍 모였고, 2구는 분주소에서 직할하고, 3구는 김 모가 맡았다고 한다(김석학·임종명, 1975: 302). 생산유격대의 하부에는 유일하게 문화부장이 있어 선전·선동을 담당했다고 한다. 유격대 대원들은 마을의 20~30대 남성들이면 모두 해당되었다. 이들은 생산유격대 대장 통솔하에 학살, 총공격 등에 동원되었다. 면 위원회는 산속에 아지트를 마련해두고 사상교육 대상자들을 불러들여 교육을 시키기도 했다는 것이다.29) 그리고

---

27) 이들은 번개가 번쩍이듯 민첩하다고 해서 '번개사십부대'로 자처했다고 한다. 주요 구성원은 남로당원 출신의 탁 모, 황 모, 고 모 등이었다는 것이다(김석학·임종명, 1975: 23).

28) 강○○ 증언(전남 영광군 백수읍 명마 마을 거주, 현재 82세, 2004년 2월 4일 면담).

29) 강○○ 증언(전남 영광군 백수읍 명마 마을 거주, 현재 82세, 2004년 2월 4일 면담).

마을의 9세 이상에서 11세 이하의 어린이들을 대상으로 소년단을 조직하여 연락병 혹은 보초병 역할을 맡겼다.

이들은 남한 군경이 나타나면 휘파람 등으로 알려주는 역할을 했다고 한다(위의 증언). 좌익 세력들은 남한 군경이 나타나면 마을 사람들을 모두 끌고 산으로 올라갔다는 것이다. 이들을 방패막이로 이용했던 것으로 보인다. 이를 통해 보았을 때 마을 사람들은 생존을 위해 면 위원회의 목적에 동원되었던 것으로 보인다. 염산면의 지역민들은 서울 수복 이후 낮에는 남한 군경이, 밤에는 유격대들이 와서 괴롭혀 좌익 세력들이 점령하고 있던 백수읍으로 대부분 피난을 갔다고 한다.

생산유격대가 염산면 기독교인들을 학살했던 방법은 수장, 참살, 생매장 등이었다. 야월교회의 교인이었던 김성종, 조양현, 최판섭, 최판원, 김두석 등은 염산 설도 앞바다에 수장되었다. 수장은 해안지대가 있는 지역에서 공통적인 방법이었던 것으로 보인다(김재정·최은정·문정현, 2003: 111). 대부분 등에 돌을 묶어서 산 채로 바다에 빠트려서 수장했다. 그의 가족들은 두우리 큰북재 넘어 공동묘지에 약 직경 6m의 넓이로 큰 구덩이를 낮에 파서 밤에 손과 몸을 묶은 후 구덩이에 떠밀어 생매장시켰다고 한다. 들어가지 않으려고 하는 사람들은 칼로 찌르고 대창으로 찔러 강제로 구덩이에 밀어 넣어 매장시켰다는 것이다. 또 어떤 사람들은 낮에 바다를 파서 큰 구덩이를 만들어 바다 둠벙(웅덩이)에 밀어 넣어 수장시켰다고 한다. 비기독교인들과 함께 이들은 수장되었다. 한 구덩이에서 사체 80구를 발굴하기도 했다는 것이다. 교인 남석우는 돌에 맞아 두개골 파열로 죽었다(대한예수교장로회 야월교회, 2003: 10). 참살은 가운데 구덩이를 파고 그 둘레에 체포한 사람들을 둥그렇게 앉힌 후 일본도로 목을 치는 방법이었다. 염산면 기독교인들이 학살당한 곳은 자신이 살고 있는 지역이었다. 야월교회의 교인들이 학살당한 곳은 야월리, 야월리 뒷골짜기, 설도, 군남면 반안리, 백수읍 등이었다. 거의 자신들이 살고 있는 곳에서 죽었다. 염산교회 교인들도 수장, 참살 등의 방법에 의해 목숨을 잃었다.

염산면의 기독교인들은 앞에서 살펴본 바와 같이 경제적으로 윤택하거나 이곳 지역민들보다 더 나은 것이 없었다. 그리고 지역사회를 위해 나름대로의 역할을 했다고도 볼 수 있다. 일제 말기 신사참배 반대운동까지 지지했던 것으로 보아 그 지역민들에게 원한을 사거나 할 만한 이유는 없었다. 그럼에도 불구하고 이들은 학살을 당했다. 왜 그들은 좌익세력들에 의해 피살을 당했던 것일까? 지금까지 염산면 기독교인들의 학살 원인에 대해서는 대체적으로 다음과 같이 알려져 있다.

광주전남 현대사 기획위원회에서 펴낸 『광주전남 근현대사』에서는 "염산, 백수면 등 영광군 일대는 간척지, 염전, 넓은 농경지 등의 지리적 조건으로 몇몇 대지주 아래 수많은 소작농이 벌어먹고 사는 엄격한 계급구조를 갖고 있는 곳이기도 했다. 따라서 지배·피지배, 지주·소작농, 좌·우익 등의 치열한 대립과 갈등은 불가피한 것이다"(전남일보 광주전남 현대사 기획위원회, 1991: 244)라고 영광군의 대학살 배경을 설명하고 있다. 즉, 이러한 해석이라면 염산면 기독교인들이 학살당한 것은 지주였거나 지배계층이었기 때문이라고 생각할 수도 있다. 그러나 앞에서 살펴본 것처럼 염산면 기독교인들은 대지주도 아니었으며 그 지역민들과 마찬가지로 빈농에 속했다.

반면 기독교계에서는 야월교회의 교인 학살 원인에 대해 "1950년 9월 29일 후퇴했던 국군과 UN군이 영광읍에 진주하였다. 이에 기독교인들과 우익 인사들이 환영 행진을 하고 만세를 불렀다. 그러나 미처 후퇴하지 못한 공산군과 지방 공산당들은 인근 산속 등에 은거하고 있었고, 국군을 환영한 기독교 인사들에 대한 보복계획이 추진되었다. 그해 10월 공산당은 야월리에 난입, 교인들을 교회당에 모아놓고 석유를 뿌린 채 불을 질렀다. 이때에 조양현, 김숙현[30] 영수, 최판섭, 최재섭 집사, 그 외

여동생 최판례를 비롯, 어린아이까지 포함한 65명의 교인들이 참살되었다"(기독교대백과사전편찬위원회, 1984: 1488~1489)라고 설명하고 있다.

염산교회 교인들의 학살 원인에 대해서는 "1950년 9월 29일 후퇴했던 국군과 UN군이 영광읍에 진주하였다. 이에 기독교인들과 우익 인사들이 환영 행진을 하고 만세를 불렀다. 이때 이 일을 염산교회 청년들이 주도하였고 또 봉남리 설도 부락에서 다시 만세 집회를 주도하였다. 그러나 미처 후퇴하지 못한 공산군과 지방 공산군들은 인근 산속에 숨어 있었고, 국군을 환영한 기독교 인사에 대한 보복계획이 추진되었다(염산교회, 2003: 618)"고 규명하고 있다.

이를 종합하면 상황 판단을 하지 못했던 염산면 기독교인들이 남한 군경과 UN군을 구세주로 알고 환영하다가 결국 비인간적인 공산당들에게 교회당에 감금당한 채 숭고하게 죽음을 맞이했다는 것이다. 결국 이렇게 이야기를 전개함으로써 비인간적인 세력들에게 학살당한 기독교인들의 죽음이 얼마나 고귀한 것인지를 강조하면서 이들을 반공투사로서 자리 매김하고 있다. 그러나 염산면의 기독교인 학살 실태를 조사한 결과, 앞에서 살펴본 것처럼 이들은 UN군 환영대회를 개최할 만한 상황도 되지 못하였다. 영광군 대부분의 지역은 수복되었지만 염산면은 여전히 좌익 세력들이 점령하고 있었던 것이다. 그리고 야월교회 교인들을 교회당에 감금해놓고 불을 질러 학살한 사실도 없었다. 앞에서 살펴본 것처럼 야밤에 이들을 몰래 끌어내어 죽였던 것이다. 그렇다면 이들을 학살했던 원인은 어디에 있었을까? 이에 대해 다음과 같이 세 가지 이유로 설명할 수 있을 것이다.

첫째, 기독교인들에 대해서는 신뢰를 할 수 없었던 것이다. 한국전쟁이 발발할 때까지 교인들은 양민증 없이도 활보할 수 있었다고 한다.[31]

---

30) 영수 김성종의 오기로 보인다.

그때는 교인이라고 하면 장로가 되었던지 일반 교인이 되었던지, 성경 찬송 끼고 다니면 어디가냐 그러면 교회간다 그러면 …… 어디 가냐고도 안 해 누구냐고 물어보도 안 해 …… 그때는 교인이라고 하면 무사 통과였지.

위 증언과 같이 이승만 정부는 기독교인에 대해 매우 관대하였으며, 또한 한국전쟁 전에 기독교인들은 친이승만 세력이었기 때문이다. 그리고 기독교인들은 어떤 일을 도모할 수 있는 조직과 정보망을 갖추고 있었기 때문에 좌익 세력들의 입장에서는 믿을 수 없었다. 그것은 다음과 같은 증언에서 단적으로 나타난다. 염산교회 교인 중에서 김삼동은 이장을 지낸 적이 있던 사람에게 군복을 빌려주었다가 피살당했다. 이장을 지냈던 사람은 산속에 피신해 있다가 너무 추워서 김삼동에게 군복을 빌려 입었다. 그 군복은 김삼동이 일제 말기 노무자로 갔을 때 일본 군인들이 입던 것을 가져와서 보관하고 있던 것이었다. 그런데 이장을 지냈던 사람은 죽이지 않고 군복을 빌려준 김삼동만을 죽였다.32) 그것은 기독교인이었기 때문이었다. 그리고 기독교인이었지만 죽음을 당하지 않았던 김용시는 몇 번이나 분주소에 끌려가서 죽을 고비를 넘겼지만 순간적인 판단으로 이를 벗어났다.

그는 분주소 책임자에게 자신들의 형제가 남로당원이라고 속였던 것이다. 그리고 풀려난 후에도 생산유격대원들을 위해 돼지를 잡는 등 이들의 환심을 사서 죽음을 피할 수 있었다고 한다. 즉, 당시의 전시 상황에서는 이념적 문제보다는 아군과 적군이라는 개념밖에 없었던 것이다. 기독교인들은 서로 연락망을 가지고 있었기 때문에 언제 자신들의 적으로 돌변할지 모른다고 여겨 학살했던 것으로 보인다. 결국 기독교인들을 학살한 이유는 친이승만 정부 세력이라고 생각했기 때문이다.

---

31) 김용시 증언, 2003년 11월 9일 면담.
32) 위의 증언.

둘째, 염산면의 지리적 특징으로 인해 좌익 세력들이 이 지역으로 많이 몰려왔기 때문이었다. 맥아더의 인천 상륙작전과 함께 낙동강 전선에서 남한 군대는 ① 하동, 지리산, 남원, 전주, 계룡산, ② 광주, 담양, 군산, 공주 등의 진로를 택했기 때문에(대한민국 국방부 정훈국 전사편찬회, 1951), 영광지역은 고립되어버렸다. 퇴로를 확보하지 못한 지역 좌익 세력들은 염산면으로 몰려들었다. 공중에서 유엔군이 뿌리는 포탄으로 인해 퇴로를 확보할 수 없었던 것이다. 염산면은 북한 정치공작원들이 한국전쟁 전에 해안으로 상륙했던 것처럼 해안으로 퇴로를 확보하기가 용이한 지역이었다. 그러나 모든 육상 도주로와 해상 도주로는 그들에게 아무런 도움도 주지 못했다. 이러한 지리적 특징으로 인해 지역 좌익 세력들이 염산면에 몰리게 되어 결국 전쟁이라는 상황에서 생존의 본능으로 기독교인을 비롯한 무고한 민간인을 학살했던 것이다.

학살할 때 돌로 쳐 죽이거나 생매장, 수장, 칼로 죽이는 방법 등을 사용한 것은 이들에게 적을 죽일 만한 무기가 부족했기 때문이다. ≪월간조선≫과 인터뷰한, 백수읍 대전리에 거주하고 있는 김서용(가명)에 의하면, "인민군이 패퇴한 후 빨치산들에게는 무기가 별로 없었어요. 갓봉에 있는 빨치산 본부에도 따발총과 소련제 장총 몇 자루 그게 전부였어요. 정확히 몇 명인지 기억은 못하지만 잔존 빨치산의 숫자도 별로 안 됐어요. 경찰이 우리가 있던 갓봉을 공격해 오면 우리 소년단들이 돌을 굴려서 못 올라오게 하는 역할도 했죠"라는 증언에서도 엿볼 수 있다(김성동, 2002: 175). 즉, 당시 좌익 세력들이 자신들의 목숨을 보존하기 위해 이러한 방법들을 사용할 수밖에 없었던 것이다.

셋째, 염산면 지역이 다른 지역에 비해 수복이 늦었기 때문이었다. 당시 남한 군경은 염산면으로 들어오지 않고 나주에 주둔하고 있었다. 그들은 낮에 왔다가 밤에는 나주로 돌아가버렸다. 이러한 상황에서 유격 대원들은 생존을 위해 위험요소가 될 수 있는 사람의 가족까지 전원 학살해버렸다. 북한 인민군이 점령했을 때에는 학살자 수가 많지 않았으나 이들이 물러난 후에 학살자 수가 많았던 것은, 보복이었다기보다는[33] 남한 군경에게 쫓김을 당하고 있는 입장이었기 때문에 생존을 위해 위험요소가 될 수 있는 사람의 가족 전원을 몰살했던 것이라고 볼 수 있다. 따라서 기독교인들뿐 아니라 야월리, 봉남리 지역민들의 피해가 컸던 것은 수복이 다른 지역보다 늦었기 때문이었다. 결국 염산면의 기독교인들이 학살당한 것은 전쟁이라는 극한상황에서 서로 아군과 적군이라는 개념밖에 없었기 때문이었다.

4. '주변인' 연구를 위하여

지금까지 살펴본 결과를 요약하면 다음과 같다. 염산면에 교회가 설립된 때는 1908년이었다. 처음에 야월교회, 그 다음 염산교회 등의 순서로 설립되었다. 일제 강점기까지 염산면에는 야월교회만 세워져있었다. 해방 이후 염산교회가 설립되면서 이 지역에는 한국전쟁 직전까지 두 개의 교회가 있었던 것이다.

염산면교회는 다른 지역과 달리 민족의식이 강하고 자발적인 의지를 가진 지역민들에 의해 설립되었다. 이러한 특징이 있는 염산면교회는 지역사회에서 외부와의 정보 교환을 위한 거점 및 연락망 역할을 했고, 지역민에게 근대 교육을 제공하기 위해 간이학교 및 주일학교를 운영하고 부흥회 및 사경회를 개최하고 민족문제에도 관심을 가짐으로써 지역

---

[33] 염산면에서는 보도연맹 사건이 없었다. 염산면 축동리에 거주하는 김진환의 증언에 의하면 당시 면장이 자신의 집안사람이었던 김창환이었다. 그는 보도연맹원에 대해서 죽이지 말 것을 명했다고 한다(김진환, 염산면 축동리 거주, 남, 2003년 11월 8일 면담).

민들의 본보기가 되었다. 이와 같이 지역사회에서 염산면교회 교인들은 기독교인으로서 원칙을 저버리지 않으려고 많은 노력을 기울였다.

그리고 이들이 같은 지역에서 비기독교인들보다 경제적으로 더 나은 수준에 있는 것도 아니었다. 대부분이 빈농이었기 때문에 한국인들 사이에서는 지주-소작관계의 갈등이 없었다. 일제 강점기에 일본인 농장이 들어서게 되면서 염산면의 지역민과 일본인 간에 서로 알력이 있었다. 해방 후에도 지주-소작관계의 갈등은 보이지 않는다. 기독교인들도 대부분이 빈농이었다.

그런데 이들이 한국전쟁기 '인민해방'을 명분으로 삼았던 좌익 세력들에게 죽임을 당했던 것은 전쟁이라는 극한상황 때문이었다. 대부분 북한 인민군이 염산면에서 후퇴한 후 기독교인들이 학살당했다는 사실에서도 잘 알 수 있다. 교인들이 학살당한 이유는 첫째, 기독교인들에 대해서는 신뢰를 할 수 없었던 것이다. 당시 상황에서 이념은 명분에 불과했으며 아군과 적군이라는 개념밖에 없었던 것이다. 둘째, 염산면의 지리적 특징으로 인해 좌익 세력들이 이 지역으로 많이 몰려왔기 때문이었다. 이러한 지리적 특징으로 인해 지역 좌익 세력들이 염산면에 몰리게 되어 결국 전쟁이라는 상황에서 생존의 본능으로 기독교인들을 비롯한 무고한 민간인들을 학살했던 것이다. 셋째, 염산면 지역이 다른 지역에 비해 수복이 늦었기 때문이었다. 기독교인들뿐 아니라 야월리, 봉남리에서 피해가 컸던 이유는 수복이 다른 지역보다 늦었기 때문이었다. 결국, 염산면의 기독교인 학살은 전쟁이라는 극한상황에서 서로 아군과 적군이라는 개념 외에는 없었기 때문에 일어난 비극이었다. 앞으로 기독교인들과 같은, 지역 '주변인'의 한국전쟁 경험과 기억에 대한 연구들이 축적되어야 할 것이다.[34]

---

34) 지역 '주변인들'의 한국전쟁 경험과 기억에 대해서는 이 책의 제2부에 실린

■■■ 참고문헌

광전염전 대표. 1988. 「소금(鹽)」. ≪향맥≫, 제2호.
기독교대백과사전편찬위원회. 1984. 『기독교대백과사전』 제10권. 기독교문사.
김남식. 1984. 『남로당연구 I』. 돌베개.
김석학·임종명. 1975. 『광복 30년 3』. 전남일보사.
김성동. 2002. 「영광대학살 2만 1225명」. ≪월간조선≫, 4월호. 월간조선사.
김성칠. 1993. 『역사 앞에서』. 창작과비평사.
김수진. 1981. 『6·25 전란의 순교자들』. 대한기독교서회.
김승태·박혜진 엮음. 1994. 『내한 선교사총람』. 한국 기독교역사연구소.
김재정·최은정·문정현. 2003. 「북한점령기 무안군 복길리의 민간인 희생」. 『한국전쟁기 전남지방 '민간인 희생'에 관한 재조명』. 목포대학교 역사문화학부 전공 학술심포지엄.
김흥수. 2003. 「세계교회협의회(WCC)의 한국전쟁 성명과 공산권 교회들」. ≪한국근현대사연구≫, 봄호. 한국근현대사학회.
대한민국 국방부 정훈국 전사편찬회. 1951. 「아군진출선급적퇴로개황도」. 『한국전란일년지』.
대한예수교장로회 염산제일교회. 2002. 『2002년도 교회 일람』.
대한예수교장로회 영광읍교회. 1995. 『영광읍교회 90년사』. 영광읍교회 90년사 편찬위원회.
대한예수교장로회 전남노회. 1993. 『전남노회 칠십년사』. 글벗출판사.
박명수. 2001. 「해방 이후 한국 성결교회의 사회인식」. ≪한국 기독교와 역사≫, 제15호. 한국 기독교역사학회.
박정신. 2003. 「6·25전쟁과 한국 기독교: 기독교공동체의 동향과 변화를 중심으로」. 『한국과 6·25전쟁』. 연세대출판부.
배길양. 2003. 『야월교회 순교자이야기』. 대한예수교장로회 야월교회.
성백걸. 2001. 「류형기의 한국전쟁 인식과 교회복구·구호활동」. ≪한국 기독교와 역사≫, 제15호. 한국 기독교역사학회.
손동희. 1994. 『나의 아버지 손양원 목사』. 아가페출판사.
신영걸. 1966. 『야월도의 순교자들』. 보이스사.
안용준. 1972. 『사랑의 원자탄』. 성광문화사.

글들을 참조하기 바란다.

염산교회. 2003. 『77인의 순교자』.
영광군. 2002. 『염산면관내도』. 한국지도원.
영광군지발간편집위원회. 1998. 『영광군지』 하. 영광군.
월간조선사. 2003a. 『6·25피살자 59994명』(제1권).
_____. 2003b. 『6·25피살자 59994명』(제2권).
이덕주. 1999. 「한말 기독교인들의 선유활동에 관한 연구」. ≪한국 기독교와 역사≫, 제10호. 한국 기독교역사학회.
이승준. 2001. 「한경직 목사와 한국전쟁」. ≪한국 기독교와 역사≫, 제15호. 한국 기독교역사학회.
장미승. 1990. 「북한의 남한 점령정책」. 『한국전쟁의 이해』. 한국정치연구회 정치사분과.
전남일보 광주전남 현대사 기획위원회. 1991. 『광주전남 현대사』 1·2권. 실천문학사.
정기환. 1963. "6·25와 죽엄". ≪기독공보≫, 6월 24일자.
정보기록문서보관소 소장 자료. 1915. 「全羅南道 靈光郡 鹽山面 野月里原圖」. 조선총독부.
조승현. 1993. 「영광군의 지리적 환경」. 『영광군 문화유적 학술조사』. 전남대학교박물관·영광군.
한국교회 순교자기념사업회·총회순교자기념선교회. 『한국교회 순교유적지 순례』.
한국 기독교역사연구소. 2003. 『조선예수교장로회사기』 상(영인본).
한국전쟁 전후 민간인 학살 진상규명 범국민위원회. 2002. 『전쟁과 집단학살』.
한홍구. 2001. 「한국전쟁 전후 민간인 학살의 진실 찾기. 그 1년의 회고와 전망」, 자유·평등·연대를 위한 광주인권운동센터 주최.

제2부 주변인들의 전쟁

전장의 공간에서 '주변인'으로서의 전쟁체험   박정석

여성의 전쟁기억과 생활세계   염미경

여순사건에 대한 기억   박정석

전장의 공간에서 '주변인'으로서의 전쟁체험

1. 전쟁기억과 해석의 사이에서

전쟁은 개인과 사회에 깊은 기억을 남기고 있는 극적이고 특수한 경험의 시간이다. 이런 전쟁에 관한 기억들에는 한편으로는 제도적으로 유지되는 공식적 기억 또는 '역사'와 지배집단의 암묵적이고 은밀한 기억들이 자리하고 있으며, 다른 한편에서는 공식적인 기록과 문서에 나타난 사실들과 다른 기억들이 회상되지도 못하고 '망각'된 채 남아있다. 즉, 잊었다고 하지만 잊을 수 없는 기억으로 남아있다. 특히 역사에서 '주변인'으로서 전쟁을 체험한 사람들의 기억들은 다음 세대로 전수되지도 못한 채 단절되어버리기도 한다. 이들의 기억 중 일부는 '공식적 기억'으로 서사되지만 많은 부분은 망각되거나 '기억의 회피'가 일어난다. 기억의 회피는 회상하고 싶지 않은 과거의 사건이나 체험을 드러내지 않으려는 의식적인 노력이라 할 수 있을 것이다.

피지배자들의 기억, 특히 전쟁의 와중에서 좌익과 우익 어느 쪽에서도 보호받지 못한 채 전쟁을 경험했던 자들의 기억은 화자의 삶의 연계망 속에서 더 이상 전달되지 않는다. 그들의 기억 속의 사건은 과거에 멈추어 서있는 것처럼 표현되며 화자의 동일성이 반복해서 말해진다. 이들의 기억은 자신들의 공동체에서 학식이 있거나 높은 위치에서 대변자 역할을 하는 사람들의 '공식적 기억'과 더불어 개인들 간의 잡담 속에서 산발적으로 되풀이되는 일종의 '고립된 기억'으로도 나타난다(Bozon, 1990). 즉, 기억은 단순한 정신적 행동이 아니라 매우 사적이고 산발적인 것에서부터 공식화된 의례에 이르기까지 모든 것을 포함하는 복잡한 과정(Fentress & Wickham, 1992: x)이다.

역사가 과거에 대한 재구성이라면 기억은 현재와 결부된 현상이라 할 수 있을 것이다(Nora, 1989: 8~9). 기억과 역사가 서로에게 영향을 끼치지만 그렇다고 해서 항상 양방향으로 그 순환이 발생하는 것은 아니다. 역사는 집단기억을 통제하거나 선택적으로 재현시키는 힘 중의 하나이다. 그래서 집단기억은 항상 '역사적'인 문제로 간주된다(Watchel, 1990: 11). 전쟁경험을 이야기하는 지역사회의 구성원들은 자신들의 체험을 공간 속에서, 집단기억을 일종의 '역사적 기억'으로 이야기한다. 집단기억은 지역 정체성과 사회적 관계를 내포하고 있으며 다양한 대안들로 구성된다. 하지만 장소를 매개로 하고 있는 '지역적 기억'은 그 내용과 사회적 함의가 광범위한 반면, 역사적 인과관계나 조건에 관해 설명할 수 있는 형태를 갖추고 있지 못하다(Eidson, 2001). 그리고 지역적 기억은 기억을 구술하고 있는 주체들로 하여금 자신들이 누구인지를, 즉 정체성을 나타내는 데 있어서 중요한 통로가 된다.

기억은 사람들의 머릿속에 머물러 고정되어있는 것이 아니라 세상 속에 존재하며, 망각되기도 하고 회상되기도 한다. 특히 전쟁과 관련된 기억은 공간 또는 장소와 깊은 연관을 맺고 있다. 공간이 어떤 특별한 의미를 지니거나 방향을 내포하고 있다는 것은 그 공간이 역사적이라는 것을 의미한다(투안, 1995: 200). 그리고 장소와 집단은 동떨어져 존재하는 것이 아니라 서로의 인상을 주고받는 관계에 있다(Halbwachs, 1980: 130). 장소와 관련된 전쟁경험과 서사는 '개별적이고 구체적일 뿐만 아니라 신체적인 기억에 의해 구성'(이치로, 2002: 97)되어 나타난다.

기억은 어느 정도의 해석을 동반한다(Fentress & Wickham, 1992: 31)는 점에서 미루어 보면, 과거의 사건에 대한 현재의 기억은 화자 자신의 해석과 청자의 해석이 겹쳐져 있으며 시간이 지남에 따라 변화할 수도 있다는 것을 의미한다. 즉, 기억 속의 과거의 사건은 현재의 시점에서 작동과 재작동이 일어날 수 있다(Popular Memory Group, 1982: 243)는 것이다. 이것은 기억이 질서정연하게 배열된 것이 아니라 사회적 관계망 속에서 개인과 집단의 인지를 통해 계속해서 배열이 바뀔 수 있기 때문이다. 이 장에서는 해방 이후 여순사건을 거쳐 6·25에 이르기까지 '반란군'과 '진압군' 간에 전투가 벌어졌던 전장의 공간에 위치한 한 마을에서 마을 사람들이 '주변인'으로서 겪었던 전쟁에 대한 기억을 살펴보고자 한다.[1] 다시 말해 마을 사람들이 자신들이 기억하고 있는 과거의 전쟁체험을 현재의 입장에서 어떻게 '해석'하고 있는가를 그들의 구술을 통해 분석하고자 한다.

2. 조사 마을의 특성

조사지는 행정구역상 영암군 금정면에 속하는 남송리이다. 구체적으로 남송리 중에서도 남송 1구에 속하는 자연마을 남송리와 입석리이다. 자연마을 남송리는 입석리와 개울을 경계로 구분되지만 실제로는 하나

---

[1] 전쟁체험을 구술해준 분들의 실명과 개개인의 구술을 따로 밝히지 않는다. 여기에서 분석의 대상으로 삼은 '기억들'은 개인들이 구술한 것이지만 마을 주민이라는 집단의 기억이기 때문이다.

의 거주 단위를 이루고 있다. 행정 단위로서의 남송리는 남송 1구와 남송 2구로 나누어지며, 남송 1구는 남송리, 입석리, 지초 등 세 마을로 구성되어있다. 남송 2구는 용반, 반계, 인곡 등 세 마을을 포함한다. 지초는 남송에서 도로를 건너 영암읍 쪽 사면에 위치하고 있어 생활공간을 달리하고 있다. 반계와 용반은 지리적으로 가까운 거리에 있지만, 인곡은 산을 넘어 계곡 안쪽으로 깊숙이 들어간 곳에 독립적인 거주 공간을 이루고 있다.

마을이 언제 형성되었는지에 대해서는 명확한 기록이나 구전되는 이야기가 없다. 입석리에는 마을 입구에 입석이 있어 마을 이름이 입석리가 되었다고 하며, 조선 후기까지 5일장이 있었을 정도로 한때 번창했다고 한다. 남송리는 입석리보다 늦게 형성되어, 남송리라는 명칭보다는 입석리라는 명칭으로 더 알려져있다. 하지만 입석리는 물론 남송리의 입향조가 누구인지 어느 성씨가 먼저 들어와 정착했는지에 대한 주민들의 기억도 불명확하다. 영암군에서 편찬한『마을 유래지』(1988)에 따르면 남송리에는 1690년대에 밀양 박 씨가 정착한 이후 하동 정 씨가 1770년대에 들어왔으며, 수성 최 씨가 1820년대에 이 마을에 들어와 살기 시작했다고 한다. 다른 성씨들은 1800년대 후반에 정착했다고 한다. 성씨별 분포를 보면 박 씨와 최 씨(수성)가 10호씩이며, 다음으로 정 씨와 김 씨가 7호씩이며 다른 성씨들은 대개 1~4호씩으로 구성되어있다.

2001년 현재 남송리에는 총 47호가 살고 있으며 입석리에는 총 21호가 살고 있다. 마을에 거주하고 있는 총인구는 남송리가 105명(남 48명/여 57명)이며 입석리가 41명(남 18명/여 23명)이다.[2] 하지만 인구의 노령

---

2) 조사는 두 차례의 예비조사를 거친 후 2001년 7월 23일부터 8월 10일 사이에 이루어졌다. 마을 주민 이외에도 보건진료소장과 교회전도사 가구가 있다. 이들은 마을의 주민등록상의 주민이지만 마을 내부의 일상적 생활에서의 관계망에는 편입되지 않은 채 거리를 두고 있다.

화가 심각한 수준에 있다. 60대 이상의 인구가 남송리의 경우에는 전체 인구의 50%(53명)를 넘어서고 있으며, 입석리의 경우는 더욱 심각하여 70%(29명)를 넘어서고 있다. 마을 사람들 대부분은 미작과 더불어 고추, 담배, 수박 같은 환금작물과 감을 재배하고 있다. 그리고 교통이 편리한 점을 이용하여 식당업을 하는 사람들도 있다. 마을 앞에는 나주와 장흥을 잇는 23번 국도가 있다.

남송리를 포함하고 있는 금정면은 장흥군 유치면, 화순군 다도면, 청풍면 및 이양면 그리고 강진군 옴천면과 경계를 하고 있다. 이 지역은 국사봉(613m)이나 화학산(614m)같이 높고 험준한 산들로 이어진 지대로, 외부에서의 접근이 어려워 옛날부터 피난처나 도피처가 되었던 지역이라고 한다. 해방 이후에는 전남지역에서 일어났던 추수봉기(1946년)와 여순사건(1948년) 이후 좌익 세력들과 반란군들의 일부가 은거지로 삼았던 곳이다. 여수에서 반란을 일으켰던 14연대의 일부와 동조 세력들이 이 지역에 들어온 이후 무장투쟁이 활발해지자 이들 반란군을 진압하기 위해 경찰 병력이 수시로 드나들고 군대까지 주둔하게 된다.[3]

전쟁 당시 남송리는 지리적 위치로 말미암아 국가 또는 국가기관에 대항하는 집단들이 저항 및 피난의 공간으로 삼았던 곳이며, 반란군과 진압군이 부딪히는 전장이었다. 이런 사실은 1947년부터 1952년까지 있었던, 영암 경찰의 소탕작전에서도 잘 드러난다. 이 기간에 영암 경찰들이 벌인 전투는 대부분이 금정면 안산을 본거지로 삼고 있었던 '공비'들과의 전투였다(『영암군지』 제5절 참조).[4] 영암 지역의 좌익계 유격

---

[3] 여순사건 이후 반란군 토벌을 위해 1949년 3월 1일부로 호남지구 전투사령부가 광주에 설치된다. 호남지구 전투사령부는 5개 대대로 구성되었으며, 광주 20연대의 3개 대대가 여기에 포함되었다(국방부 전사편찬위원회, 1988: 82). 주민들은 여순사건 이후 광주 20연대가 이곳에 들어왔다고 증언한다. 광주 20연대는 이후 제4연대로 개칭한다(국방부 전사편찬위원회, 1988: 92).

대와 인민군의 일무가 주축이 되어 이곳 금정면 안산지역에 소위 '해방지구'를 만들었으며, '당 학교'를 개설하여 사회주의 사상과 유격전법 등을 가르쳤을 뿐 아니라 곳곳에 '비트'를 두고 경찰과 대치했다고 한다(오명철, 2001).

3. 전장의 공간에서

추상적 공간 또는 익숙하지 않은 낯선 공간은 경험을 통하여 익숙한 장소가 된다. 장소는 개인들의 삶과 연계되어 가치가 부여된 안식처로서 정지를 내포하고 있다. 장소는 개인들의 삶에 있어서 가치의 중심이자 경험의 대상이다(투안, 1995). 하지만 기억 속에서는 '현재'의 장소가 '과거'의 공간이 될 수도 있으며, 역으로 과거의 익숙했던 '장소'들이 현재의 낯선 '공간'이 될 수도 있다. 장소는 그곳에 살고 있는 사람들의 집단기억의 틀 속에서 펼쳐지고, 모든 집단과 집단의 행위는 특정한 장소 또는 공간의 부분과 연계되어있다. 이와 같이 장소와 집단은 서로에게 서로의 인상을 주고받으며, 장소의 세세한 부분은 그 집단들의 성원에게만 심오한 의미를 지닌다(Halbwachs, 1980: 130).

장소는 '기억'함으로써 오랜 시간 동안 지속되며 현재의 관심사에 따라 확장되거나 축소된다. 장소에 대한 기억은 삶의 표현이며, 기억을 하는 생활공동체에 의해 생성된다. 개인들의 삶에 있어서 기억을 '탐색'하는 것은 자신의 '역사'를 찾으려는 작업인 것이다. 즉, 역사와 기억은 상호 대립적인 것이 아니라 서로 뒤섞여 존재한다. 하지만 개인적 기억, 집단기억 그리고 역사는 그 경계가 불확실한 채로 공존하고 있다(Sturken,

---

4) 『영암군지』 제5절에 실린 '6·25 전후의 영암'이라는 제목의 글은 전직 경찰관이었던 조규복의 증언이다.

1997: 5). 그리고 역사가 대개 '사건' 위주로 전개된다면 기억은 주로 장소와 연계되어 서사된다고 할 수 있다(Sturken, 1997: 10; Nora, 1989: 22). 여러 형태의 장소 중에서도 마을은 그 자체가 하나의 상징을 내포하고 있는 친숙한 곳이다. 친숙하다는 것은 '과거'를 담지하고 있다는 뜻이다(투안, 2001: 207). 마을이 친숙한 것은 그곳에서 삶을 영위하고 있는 사람들의 기억의 저장고이며 현재로 이어지는 문화적 업적이 쌓여있는 장소이기 때문이다.

경계선으로서의 공간의 특징은 그 공간에 살고 있는 사람들에게 특징이 전이(남상희, 2001: 34)된다는 것이다. 이 글에서 분석의 대상으로 삼고 있는 마을은 공간적으로 여러 행정단위의 경계선상에 위치하며 산악지대로 들어가는 입구에 해당하는 곳이다. 이뿐만 아니라 조사지는 해방 직후는 물론 정부수립 이후에도 국가의 행정력이 완전히 장악하지 못한 채 낮에는 경찰이 지배하고 밤에는 '밤손님'으로 불리는 '반란군'들의 영향 아래에 있었던 곳이다.[5] 마을 사람들은 해방 이후부터 인민군이 들어오기 전까지 이 지역에서 반란군과 경찰이 적대했던 기간을 '비합시대'[6]라고 부른다. 비합시대는 구체적으로 해방 이후 1946년의 추수봉기

---

[5] 여순사건 이전에도 좌익 무장 세력으로는, 1948년 남로당과 좌익 세력들이 주동한 소위 '2·7 구국투쟁'에서 '야산대'라는 무장투쟁 방식[광주전남 현대사기획위원회(이하 위원회), 1991: 23]이 있었으며, 이후 5·10선거 반대운동을 위해 조직된 '백골대', '유격대', '인민청년군' 등의 소규모 무장대(위원회, 1991: 33)가 있었다. 이 글에서는 주민들의 구술에 따라 시기에 관계없이 무장 세력을 모두 '반란군'으로 통칭한다.

[6] '비합시대'라는 용어는 이 시기가 좌익 세력들의 비합법적인 투쟁 시기였다는 것을 의미한다. 1948년 5·10선거를 앞두고 남로당이 투쟁 노선을 비합법 무장투쟁으로 바꾼 이후 전남지역에서도 무장한 좌익 세력들의 지서 습격이 증가했을 뿐만 아니라 경찰을 피해 입산한 자들이 늘어난다(위원회, 1991: 23). 비합이라는 용어는 입산한 빨치산들이 소리가 나지 않게 치는 박수를 '비합 박수'라고 했다

로 타격을 입고 입산한 좌익 세력들과 여순사건 이후 반란군들의 일부가 마을 뒤 산악지대에 머물면서 경찰들과 대치하던 기간을 말한다. 그리고 6·25 발발 이후 인민군이 들어온 이후부터 경찰과 국군이 이 지역을 완전히 장악하기까지의 기간을 '인공시대'라 했다. 하지만 비합시대와 인공시대는 관념상의 구분으로만 그치고 전쟁과 관련된 마을 사람들의 기억 속의 시간대는 모두 비합시대로 나타난다.

비합시대는 '배합시대' 또는 '비압시대'로 발음되기도 하며 주민들 자신들도 그 구체적인 시간대와 명칭의 의미를 제대로 설명하지 못하고 있다. "그러니까 8·15해방 된 이후 좌익과 우익이 갈라져가지고, 그런 양대 사상이 대립관계에 있던 그런 시대를 비합시대라 하는 것 같은데 …… 그 글자를 무슨 자를 썼는지는 모르겠어." 이런 시간적 구분은 '지역적 기억'이 국가나 역사가들의 시기 구분과는 별도의 시간대를 지니고 있음을 나타내준다. 이들의 구술에서 '미군정기'나 '정부수립 이후' 등 해방 이후부터 6·25 발발까지의 시기 구분을 나타내는 용어는 등장하지 않는다. 이는 이 기간에 정부수립 여부나 통치권자보다는 반란군들의 존재가 지역주민들의 삶에 직접적인 영향을 미쳤다는 것을 알 수 있게 한다.

여순사건 이후 이 지역으로 들어온 반란군들은 기존의 좌익 세력들과 합세하여 장흥군 유치면에서 영암군 금정면과 화순군으로 이어지는 산악지대를 자신들의 세력권으로 장악했다. 말하자면 이 지역은 국가권력이 미치지 못하는 공간이 된 셈이다. 익숙한 장소인 마을에 '손님'들이 '주인' 노릇을 하게 됨에 따라 조사지 마을을 포함한 이 지역은 주민들에게 낯선 공간으로 변화된다. 지역주민들에게 반란군이나 경찰은 모두 '손님'일 뿐 어느 쪽도 자신들의 일상생활과는 관계를 맺지 못하는 타자

(이영식, 1988: 163)는 데서도 나타난다.

에 지나지 않았기 때문이다. "비합시대는 밤에는 밤손님들이 큰일이었어. 낮에는 경찰들이 치안만 하고 있었지. 그때는 처음에는 뭐 싸우고 그러지를 안했어. 그저 밤손님이라고만 했었지. 낮에는 조용하지. 낮에도 몇이 다니기는 했어." 경찰이 지역주민들의 안전을 보장하지 못하고 그렇다고 해서 반란군들이 지역을 완전히 장악하지도 못한 채, 마을은 양쪽의 경계선 상에서 주변지역으로 남아있었다.

경찰들은 이곳을 점령하기 어렵게 되자 경계지역으로서의 공간을 허물어버린다. 즉, 누구의 장소도 아니라는 인식을 명확히 하기 위해 거주지로서의 마을(장소)을 비거주지로 만들어버리는 방법을 택해 집들을 소각한다. "여가 제일 고약한디여. 이 동네에 집 한 채 없이 불질러불고 …… 한 채도 없이. 경찰들이 그 사람들(반란군) 못 있게 할라구." 이와 같이 비합시대로 불리는 기간 동안 이곳은 여기에도 속하지 않고 저기로 결정되지도 않은 상태인 불안정한 공간이었다. 공간의 귀속이 불확실한 것과 마찬가지로 이곳 주민들의 정체성 역시 불명확한 범주에 머물고 있었다.

전선이 형성되지 않았으면서도 '전장'이 된 공간에서 이곳의 주민들은 반란군에게 식량과 부식을 징발당했으며, 자신들의 집을 반란군들의 거점으로 내어줄 수밖에 없었다. "인자 밤손님이 드나들고 할 때는 무서웠습니다. 참말로 …… 밤에 반란군이 젊은 사람들, 이를테면 20세 전후 한 사람이 있으면 데리고 가버려요. 그리고 식량이나 필요한 것들을 털어 가버렸어." 반란군에 대한 이들의 대응은 '죽지 않기' 위해 어쩔 수 없는 행위였지만, 반란군을 진압해야 하는 경찰의 입장에서 보면 이들의 행위는 '반역'으로 간주되었다. 폭력집단으로서의 반란군과 진압군 사이에서 언제 양쪽으로부터 살해당할지 모르는 자신들의 위치를 전환시킬 수 있는 방안은 미미했다.

반란군이 자신들이 살고 있는 지역에 '함께' 살고 있다는 사실은 경찰로 하여금 이들을 항상 의심의 대상으로 바라보게 했으며, 반란군들은 이들 가운데 경찰과 연결된 '스파이'가 있지 않을까 하고 감시를 하는, 그야말로 양쪽에서 잠재적 '적'으로 간주되었다. 이들의 위치는 이들이 살고 있던 공간의 불안정성과 경계의 불명확성에서 비롯된 것이었다. "산이 있응께 바닥 반란군이 생겼다가 6·25가 되니 그 사람들 말 한마디면 죽고 살고 했어. 그리고 데리고 다니고 저 인공이 내려오기 전부터 여기에는 반란군이 있었어. 산이 많응께. 동네 반란군이제. 거 황점택이 영암 세술 사람인데 7개군 사령관이 되었어. 그러니 여기에서 뭐 한 사람들은 인제 후딱 가입해야 살제." 경찰의 힘이 미치지 못하는 불안정한 공간에서 반란군들은 지역주민들 중 일부를 자신들의 세력으로 포섭하거나 징발하기도 했다.

비합시대에는 경찰의 무장이 부실하여 대규모의 전투보다는 소규모의 정찰 또는 방어적 차원의 전투가 자주 발생했다고 한다. 하지만 일단 전투가 발생하면 주민들은 피난을 가야만 했다. 마을에 거처하고 있던 반란군들은 마을 사람들을 동원의 대상으로만 여기고 경찰을 피해 달아날 적에는 자신들만 빠져나갔다고 한다. "난리가 난다 하면 같이 한 집에서 반란군들이 같이 있었어도 자기들한테만 연락이 와서 부르면 우리에게는 말도 않고 자기들만 빠져나가 버려요. 귀신도 모르게 빠져나가." 반란군에게 있어서 마을 사람들의 위치는 보호되어야 할 '인민'에 속하지도 않았으며 그렇다고 적으로도 구분되지 않는, '나머지'로 처리되는 범주였다. 이것은 한편으로는 전장의 공간이 된, 자신들이 삶을 영위하고 있는 마을의 공간적 위치로 인하여, 다른 한편으로는 전장에서는 우리 편이 아니면 모두가 잠재적으로 '적'이라는 구분에 따라 결정된 것이었다.

경찰의 입장에서 보면 마을 사람들은 평온한 장소가 아닌 위험한 공간에서 거주하고 있는 '불순한' 사람들이었으며, 반란군의 입장에서 보면 자신들과 동지적 연대가 없는 사람들의 범주에 속하였다고 할 수 있다. 반란군들은 이 지역주민들을 근거로 식량과 물품을 조달하고 있었지만 막상 진압군과의 전투가 벌어지면 이들 주민들은 거추장스러운 존재로 전락하고 만다. 경찰을 피해 달아나면서도 지역주민들에게 경찰의 진격을 알려주기는커녕 오히려 주민들을 이용하여 시간적 거리를 확보하기도 하였다.

반란군이 득세할 동안에 지역주민들은 시공간적으로 먼 거리에 있는 국가권력보다는 자신들 바로 뒤 또는 자신들 가운데 있는 반란군의 영향력에 더 민감할 수밖에 없었다. 실제로 국가권력의 하부기관인 경찰은 영암읍내를 지키기에도 급급한 상황이었으며 낮에만 이 지역을 순찰하는 정도였지만, 반란군은 마을에 상주하기도 하고 다른 지역에서 끌고 온 경찰이나 우익의 '유가족'을 마을 사람들이 보는 가운데 이곳에서 처형하기도 했다고 한다. "저 넘어서 유가족이라 해서 잡아가지고 와서는 칼로 찔러 죽여. 7~8명씩 엮어놓고 …… 막 찔러 죽였어. 지금 우산각 있는 냇물에다, 추운 겨울날 물에 집어넣고 말하라고 꺼냈다가는 다시 물에 집어넣고 …… 말하라고 하고. 그 와중에 자기 혀를 깨물어 자진하는 사람도 있었고 …… 우리도 징한 꼴 다 겪었소."

이와 같이 반란군들은 마을 주민들로 하여금 살해의 위험을 항상 느끼게 하는 장치를 마련하여 이들의 이탈을 막고 자신들의 배후지로 남아있게 만들었다. 반란군들은 외부에서 반동분자를 잡아 와서 이 마을 주민들이 보는 가운데 심문을 하고 칼로 죽이는 과정을 보게 하여 살해 가능성을 각인시켰다. "여기는 경찰 가족이 없었는데, 경찰 가족이 있는 데는 아조 뭐냐 다 죽여. 저 사람들이. 경찰 가족이 있는 데는 반란군이 죽이고, 반란군 가족이 있는 데는 경찰들이 주목하고 그랬어. 서로 양쪽에서 서로 죽이고. 그래도 경찰들은 그렇게까지, 반란군 저것들같이 꼼꼼이 죽이진 않았어. 저것들은 아주 삼대를 멸한다고 그랬어 …… 그래도 거기서 내려온 것들(인민군)은 순하더라고. 여기서 폭도로 일어난 것들이 고로커럼 잔인했어." 언제 살해당할지 모른다는 절박감은 살해당한 '시체'와 심리적 일체감을 이루게 한다(이치로, 2002: 11). 살해하는 쪽의 폭력에 대항할 가능성을 찾을 수 없을 때는 폭력에 순응하거나 자포자기하게 되는 것이다.

1950년 10월 군경이 영암읍을 수복하면서 인민위원회를 이끌었던 좌익 세력들과 무장집단들이 산세가 험하고 전남 도당이 있던 화순 백아산과 연결되는 이곳으로 들어온다. 영암읍을 수복한 이후 군경이 월출산을 근거로 하던 빨치산들에게 습격을 가하자 빨치산들은 금정면 국사봉을 거점으로 하여 5개 군 빨치산 유격대를 형성한다.7) 즉, 이 지역은 인민군이 후퇴하면서 지역의 좌익 세력과 유격대가 집결하는 장소가 되었다.8) 외부에서 좌익 활동을 했던 사람들까지도 이곳으로 피난을 오게 된 것이다. "그 사람들이 후퇴하면서 이 부락으로 전부 후퇴를 해 왔어. 후퇴해 온 사람들이 어디 어디냐 하면 목포, 강진, 무안 그리고 완도, 진도 사람들이 이 부락으로 전부 왔어. 인민 정치를 하다가 그 사람들이 후퇴하면서 입산을 하니까 반란군이란 말을 들었지."

일상의 공간이 전장이 됨에 따라 이 지역에서 활동하고 있던 반란군은 일상의 생활 속에서 중요한 변수가 된다. 반란군 부대 명칭과 사령관에 대한 주민들의 기억은 뚜렷하다. 경찰에 대한 기억은 구체적이고 개별화되지 않은 채 '경찰'로 통칭되고 있는 것에 비해 반란군 사령관에

---

7) 5개 군 유격대의 1대 사령관이 이봉천이었으며, 당시 유격대의 주병력은 인민군 정규군으로서 미처 후퇴를 못한 이청송의 남해여단이었다고 한다. 이봉천은 유격대를 이끌고 습격을 주도하다 10월 하순 무렵 전남도당 참모부로 소환되고 후임으로 황점택이 사령관에 임명되었다(위원회, 1991: 263~264).
8) 1950년 말 영암군당이 금정면 안산에 있었으며 군서면당도 인곡 마을로 옮겨온다(오명철, 2001: 290~293).

대한 기억은 구체적인 개인에 대한 기억으로 나타난다. "우리 7개 군 (반란군) 사령관이 원래 이봉천9)인데, 그 사람이 이북 사람인가 이남 사람인가는 모른다. 이봉천이라는 사람이 사령관을 했는데 황점택10)이라는 사람이 있었어. 그 사람이 사령관 자리를 뺏기 위해 그랬는가 어쨌는가, 이봉천 부대를 다 암살시켜버리고 그때 당시 황점택이가 사령관이 되었지. 그래가지고 7개 군 사령관을 하다가 장흥(화순) 화학산 거기서 붙잡혔어. 우리가 잡을 때는 안 봤지만 여기 입석에서 마을 앞길로 총 맞아 온 그 사람(황점택)을 봤어. 황점택이는 사람이 이쁘고 잘생겼어."

이것은 폭력을 행사한 주체가 경찰은 국가기관이라는 조직체였음에 비해 반란군은 사령관을 중심으로 한 개별 단위 또는 개인들이었다는 것과 연관이 있을 것이다. 그리고 경찰은 마을 외부, 즉 영암읍 또는 면사무소가 있는 익숙한 장소에서 따로 떨어져 별도의 명칭을 부여받은 채 주둔하고 있었던 데 비해, 반란군들은 고정된 장소가 아닌 불안정한

---

9) 이봉천은 광주시당조직부장을 거쳐 금정유격대 사령관과 도당 참모를 지냈다(위원회, 1991: 260)고 한다. 그는 1948년 공산당(남로당) 영암군당 위원장으로 무장세력인 이봉천 부대를 이끌고 군서면 도갑사 부근에서 경찰들과 전투 중 부상을 입고 지하로 잠적했다가, 1950년 6·25 이후 전라남도 인민위원회 부위원장이 된다. 그 후 지리산과 백운산 등지에서 활약하다가 3지구 사령관 황점택이 생포되어 사망하자 영암군당 위원장으로 활동했다고 한다. 그의 마지막 행방은 1951년 10월 이후 알 수 없다고 한다(영암군지편찬위원회, 1998: 353).

10) 황점택은 1950년 인민군이 영암지역에 진주한 7월 24일 결성된 영암군 인민위원회의 당책으로 선임된다. 당시 그의 나이는 26세였다고 한다. 해방 이후 좌익운동에 가담하여 민청 영암위원장을 지냈으며, 남로당이 불법화되자 유치 일대에서 유격대 활동을 했다고 한다. 이봉천에 이어 5개 군 유격대의 2대 사령관이 되었으며(위원회, 1991: 260), 1951년 7월 5일 나주군 다도면 행정리 아지트에서 부상당한 채 체포되어 연행 중 금정면 연보리 앞에서 사망한다(영암군지편찬위원회, 1998: 359).

공간에서 소규모로 움직이고 있었다는 것을 은유한다. 장소는 고정된 이미지로 남아있지만 공간에서 움직이던 부대는 불안정한 이미지를 간직한 채 개별적이고 구체적인 사물이나 사람으로 기억된다.

반란군과 진압군 사이에서의 삶은 일상의 생활이 전장이었다. 전투가 발생하면 젊은 남자들은 물론 부녀자들과 노인들도 피난을 다녀야 했다. 이들의 기억에서 마을 바깥으로의 피난 경험은 공간상의 이동과 얽혀있다. 피난은 항상 자신이 살던 마을을 중심으로 왕복 이동을 한다. "남송리 뒤 세류 모욕이라는 데서 살았는데, 비합시대에 피난을 나주 영산포로 갔어. 거기서 살다가 세골 건너 공산면으로 갔어. 피난 아주 몇 군데를 다녔어. 그래가지고 남의 자판 걷어서는 못 살겠다고 도로 그 모양으로 해서 들어온다고 들어와서는, 세류까지는 못 가고 남송리 위쪽 반계 마을로 들어와서는 고개를 넘어 다니며 농사를 지었어. (경찰이) 거기서 안 살면 죽인다 해서 거기에 집을 하나 사가지고 고개를 넘어 다니며 농사를 짓다가, 또 (반란군이) 넘어 다니며 농사를 지으면 죽인다 해서 새로 산 집을 두고 (세류에) 천막을 치고 농사를 지었어. 그랬는데 여기 새로 산 집에 불을 질러버렸어. 그래가지고 소개를 당했어. 천막을 지어 농사를 짓다가 거기서도 쫓겨나 다도면 신기리 친척집에 가서 조금 살다가 다시 영산포 구산이라는 마을 친척집에 살다가 해 먹을 것이 없어 도로 들어와서 살다가 보니 어떻게 되어 가지고 이런 집에서 살고 있어. 얼척 없었지 …… 아주 얼척이 없었어."

위험한 공간에서 가족이 생명을 걸고 외부로 나가도 일가친척이 없는 사람들은 당장 연명을 해야 된다는 생활상의 문제 때문에 외부로의 이주가 쉽지 않았다고 한다. "그러니까 딴 곳으로 안전지대로 나가 살면 되는데 여기서 어디로 나가야 할지를 모르고 살던 고향을 지키고 살다보니까 어쩔 수 없었어." 마을 사람들의 외부로의 이주는 양쪽에서 감시를 받고 있었다. 이 지역에서 다른 지역으로의 이주는 반란군의 영향권에서 경찰의 영향권으로 들어가는 것을 의미했다. "우리가 쫓겨 나와가지고 객지에 와서 살면 헌병대 사람들이 도로 들어가야 한다고 하고, 또 밤사람 반란군이 (떠나면) 죽인다고 하니 그런 데서 살았어. 피난을 나가면 죽인다고 하고 한번 나가면 못 들어오고, 떠나가 버리고, 못 들어오고 그랬어." 한편으로는 반란군들이 자신들에 관한 정보를 경찰에 유출시킬 것이라는 염려 때문에 감시를 하고 있어, 지역주민들이 이곳을 벗어나 가족 전체가 이주하는 것은 어려운 일이었다. 그리고 다른 한편으로 금정, 안산을 중심으로 한 지역이 반란군의 영향력 아래에 있었기 때문에 이 지역 사람들이 외부로 나가면 경찰들이 반란군의 일원으로 간주하여 취조를 했다고 한다. 이것이 실제였든 아니면 들리는 풍문이었든 전장의 공간에서 사람들을 벗어나지 못하게 하는 하나의 전략이었던 셈이다.

4. '주변인'으로서

전장에서 적과 아군은 물리적으로 분리되어 타자로서의 적이 명백히 드러난다. 하지만 전선이 아닌 곳에서 전장이 되어버린 이곳에서는 '타자'들만 존재하는 상황이 된다. 이곳의 주민들은 '우리'가 누구인지가 타자에 의해 결정되어야 하는 위치에 있었다. 어느 쪽에서도 완전한 '내부인'으로 받아들여지지 않은 채, 명시적으로든 암묵적으로든 '내부의 적'으로 간주되었다. 전장의 상황에 따라 '그들'의 타자가 되는, 주체가 아닌 항상 타자의 '타자'로 정의될 수밖에 없었던 것이다. 특히 전쟁체험 중 신체에 관한 기억들은 구체적이며 개별적으로 나타난다. 그뿐만 아니라 맥락과 상황에 따라 '고립된 기억'으로 구술된다. 이와 같이 과거의 사건에 대한 이야기들은 집단뿐만 아니라 이야기를 하는 자신들의 정체성을 확립하고 넓은 사회적 연계망 속에 자신을 어디에 위치시킬 것인가를 말하는 것이다(Buckser, 1999: 2).

일상의 생활영역이 전장의 공간이 되어버림에 따라 이 공간 속에 사는 사람들은 신체적으로 구속되고 전투원이 아니면서도 전투원에 해당하는 '군율'의 지배를 받게 된다. 즉, 일상의 공간이 전장의 공간이 된다는 것은 모든 사람들이 병사가 될 가능성이 있음을 의미한다(이치로, 2002: 34). 반란군이 마을에 주둔하면서 마을은 반란군들에게 물품뿐만 아니라 인력까지도 동원해야 하는 배후지가 된다. "요 마을에 주둔을 며칠간 했지. 그랬다가 차츰 물러났지 …… 여기에 와서 (반란군이) 모두 방을 뺏어 잠을 자니, 주인들은 방에서 자지를 못하고. 반란군들은 또 청년들에게 입산자라 해서 영장을 보내. 그때는 소환장이라 했는데 …… 영장을 내 보내면 받고 가야 했어. 안 가면 반동으로 몰려. 그러니까 거기 가서 조서 받아, 거기 군대에 있어야 했어. 입대를 한 셈이지."

전투원으로 동원을 하기에는 너무 어리거나 나이가 많은 사람들은 전투를 지원하는 비전투원 부대로 동원되었다. "나도 소환을 당했지. 여기 부락 청년들이 모인 민청이라고 있었거든. 민청을 후비군[11]이라고 그래. 후비군에서 소환을 시키면 거기에 들어가 보충대에서 직장부대로 분리가 돼. 한 15명가량 …… 내가 아는 사람들이 상당히 갔었지. 거기서는 내가 나이가 제일 어렸어(당시 18세). 거기에 영암 군당 참모부라는 데가 있어. 거기에서 배출시키더만. 거기가 삼삼부대인데, 일반기관 통신과가 있고 정보부가 있어. 여러 부서 있었어. 나는 통신과라는 데로 분리되었어."

---

11) 후비군(後備軍)은 일본이 근대사회로 진입하면서 국민 일반에게 병역을 부과하고자 1873년에 도입한 징병제도의 일부이다. 이 징병령에 따라 20세 이상의 신체 건강한 남자는 상비군(常備軍)으로 편입되고, 여기에 속하지 않는 장정들은 제1, 제2 후비군으로 편성되었다(고지, 2001: 52~56).

전쟁 초기에는 일단 동원이 되었더라도 가정 형편이 어려운 자들에 대해서는 일종의 동원 해제가 있었다고 한다. "거기서(민청) 근무를 하는데, 내 가정 형편이 부모가 행방불명이고 동생이 많아 가정을 돌볼 사람이 필요하다고 부락에서 진정을 올렸더만. 참모부에서 기록부를 만들어 빨간 글씨로 십자로 그려 넣은 것을 주면서 '이것을 가지고 다니라'고 그러더만. 그런데 그것을 가지고 다니다가 경찰한테 잡히면 젠장 입산자라 할까봐 찢어 불태워 없애버리고 내 나름대로 피난을 다녔지." 이처럼 지역주민들을 강제로 동원할 정도로 반란군이 마을을 비롯한 주변지역을 사실상 지배하고 있었을 뿐 아니라 일상생활과 전장이 분리되지 않은 채 일상 그 자체가 전장이고 군율의 지배가 일상이었던 시기였다고 할 수 있다.

반란군이 장악했던 시절에 그들의 영향력 아래에 있었던 이 지역주민들은 군경이 영암읍을 수복하고 반란군을 몰아오자 군경을 피해 피난을 가야만 했었다. 피난은 좌익으로서 적극적으로 활동했거나 동조했던 사람뿐만 아니라 단지 그곳에 살았던 모든 사람들에게 해당되었다. 진압작전이 전개되면서 반란군이 득세했던 지역의 주민들은 잠재적 '적'으로 간주되어 진압의 대상이 되었다. "해병대[12]가 그때 여기를 들어오게 되었는데, 영암하고 강진하고 사이 재에서 반란군들이 잠복하고 있다가 …… 올라오다가 해병대들이 당해버렸어. 그래가꼬 그 앙심으로

---

[12] 1951년 1월 17일 금정면 연보리에서는 해병대의 척후병이 빨치산에 저격당하자 이 마을 주민은 물론 피난민까지 학살당하고 마을 전체가 소각된다(위원회, 1991: 265). 이 사건에 앞서 덕진면 영보리에서 금정면 연보리로 넘어가는 고지에서 해병대 272부대원 3명이 공비 민청연대에 의해 전사한 사건이 있었다(영암군지편찬위원회, 1998: 359). 『영암군지』에는 이 사건이 1950년 11월 3일로 기록되어있지만, 이 부분을 기술한 저자의 또 다른 미발표 자료인 「영암의 맥과 경찰전사」에는 1952년 2월(날짜 미상)에 발생한 것으로 되어있다.

해서 요 금방 불 다 질러블고 사람 무작호니 많이 죽여버렸제. 그때는 해병대가 뭐 애기들이고 뭐고 엥기면 엥기는 대로 다 갈겨버렸어." 이 지역에 살았던 사람들은 군경의 토벌작전 시 잡히면 즉결처분으로 죽임을 당할 수밖에 없었다(위원회, 1991: 263)고 한다. 자기 땅에 살면서도 '적'이었던 셈이다.

군경으로 이루어진 진압군을 피하는 길은 반란군이 있는 산속으로 가는 길뿐이었다. 이 마을의 청년들이 몇 명이나 입산을 했으며 반동으로 숙청을 당했는지는 정확히 알려져있지 않다. "몇 사람이 입산을 했는지는 정확히 알 수가 없는데 …… 거기에 가입된 사람들은 (나중에) 연좌제 기록부에 올라 그 사람들이 취직할 때 모두 지장이 많았어." 이곳에 거주했던 많은 사람들이 전쟁기간 동안 이주를 했으며 살아서 지금 증언을 하는 사람들은 당시 나이가 어렸거나 여성으로, 대부분 가족과 함께 이쪽저쪽으로 피난을 다녔던 사람들로서 입산자의 행방에 대해서는 자세히 알지 못하고 있다. 입산자들과 그들의 가족은 마을 주민들의 기억 속에서도 남아있지 않은 주변인 중의 주변인으로 잊혀져있는 존재이다.

전장에서의 동원은 동원에 응하지 않으면 살해당할 수 있다는 위협을 동반하고 있다. 동원을 회피하는 방법은 주변인으로 남아 피난을 다니거나, 아니면 어느 한쪽으로 소속을 확실하게 하여 살해당할지도 모른다는 강박관념에서 벗어나 전투원으로서 죽음에 맞서는 것이다. 적과 타자가 명확하지 않은 상황에서 자신의 정체성을 신체적으로 확인하는 방식은 자신의 위치를 고정시키거나 변화시킴으로써 타자가 누구인지를 결정하는 것이다. "경찰들이 들어오면 내빼고 또 저 사람들이 입산자를 치면 내빼 다녀 …… 왜 그러냐 하면 경찰들이 쫓으면 중간에서 총 안 맞으려고 그렇게 피난 다니다가, 그때가 2월쯤 되었을 거야. 정보를 들으니 (군인과 경찰이) 영암에 진주해 왔다는 이야기가 들리더만. 그래서 여기 사는 사람들이 (마을 바깥으로) 많이 나갔다. 그런데 그때는 나가다가 반란군 산사람들에게 붙잡히면 반동이라고 죽여. 정보를 알린다고 해서. 그때는 무지간히 죽여버렸어." 소속이 정해지지 않았다는 것은 죽음의 위험 속에서도 제 목소리를 내지 못하는, 정체성의 박탈을 의미한다.

주민들은 자신들의 정체성의 경계를 내세울 수 있는 수단이나 언어를 가지고 있지 못했다. 그들의 정체성은 이념이나 이데올로기가 아닌 타인의 언어와 폭력에 의해 신체화되고 있었다. 마을 사람들은 '경찰이 오면 경찰을 잘 상대해야 하고 또 밤에 반란군이 오면 어쩔 수 없이' 따라야 하는 가변적 위치에 있었다. 전투원이 될 나이의 젊은 남자들은 경찰이나 반란군 어느 쪽에서든 감시의 대상이거나 동원될 수 있는 위험에 처해있었다. 전장에서는 적이 곧 타자이다. 하지만 적과 타자가 일치하지 않는 전장에서 개인의 정체성은 어느 쪽으로 동원되느냐에 따라 결정된다.

반란군이 지역의 젊은이들을 전장에 동원한 것과 유사하게 경찰 쪽에서도 전장 동원을 했다. 일상의 장소가 전장의 공간이 됨으로써 이곳에 거주하는 사람들은 어느 쪽에서도 동원을 할 수 있는, 동원과 진압의 '대상' 집단이었던 셈이다. "경찰이 진주해 들어오면서 청년단이 모집되고 의경도 소집되고 그랬어. 글을 모르는 사람들은 청년단이고, 중학교라도 발 디뎠다고 하면 의경대로 소집되었어. 그래가지고 훈련받고 전투에 참가했지. 좋은 총은 없고 …… M1이란 것은 거시기하거든. 분대장이나 소대장밖에 못 짊어졌어. 소대장이나 그런 사람들은 칼빈이나 M1 그런 것을 짊어지고 …… 우리 편 의경들은 옛날에 일본 놈 단발총 구식 그것 짊어졌어." 경찰 쪽으로 전장 동원된 사람들은 국가폭력의 하부기관으로서 경찰을 보조하는 역할을 했다.

이들의 전장 동원은 폭력의 도구화로 이어졌다. 가족이나 친지가 살해당한 기억을 안고 있는 자들은 전장에서 폭력을 행사할 수 있는 단체의 성원이 됨으로써 '적'을 합법적으로 살해할 수 있게 된다. "그러니까 우리는 처음에 창설될 때는 여러 부대가 있었어. 금호부대라는 부대는 광주, 나주, 화순 등 외지에서 온 사람들이 많았어. 그 사람들은 백골부대, 가난한 부대여. 금호부대라는 사람들은 말하자면 악질들이었어. 여기 지방에서는 황룡부대, 청룡부대, 백룡부대 등 3개 부대가 창설되었는데 한 부대마다 약 50명씩으로 총 150명 정도였다." 동원의 대상에서 동원된 전투원이 된다는 것은 타자와 나를 확실하게 분류해주는 경계선이 설정되었음을 뜻한다.

하지만 경찰과 같은 편에 서서 적을 바라보고 있어도 경찰 내부에서는 이들에 대해 의심을 풀지 않고 항상 감시를 하고 있었다. "마을에 청년들이 있으면 그 사람들이 좋게 안 봐. 그러니까 경찰에서는, 정부에서는 반란군하고 내통한다고 …… 반란군들은 경찰들하고 정보기관이 되어 합세한다고 …… 그래서 미움받어. 우리가 (백룡부대로) 지서에 있을 때도 외출을 안 보내줘. 한 달에 한 번씩이나 한 2시간 정도로 외출을 보내. 가서 자고 오라는 소리는 안 해. 자게 되면 그 사람들(반란군) 만날까 봐서 …… 그 사람들 편이 누구냐 하면 모두 이 지역에서 형제간도 있을 것이고 그러니 만나게 마련이지." 경찰의 하부기관으로 편입된 이후 진압군의 내부에 있으면서도 또다시 '타자'로 분류된 것이다.

전투 시 의경대는 경찰들과 함께 투입된다. 이들이 '작전'을 다닌 곳은 마을 경계를 넘어 지역 간의 경계를 이루는 공간이었다. 이들의 역할은 공간에 대한 지리 지식을 바탕으로 주로 반란군의 진입로와 퇴로를 막는 것이었다. 자신들과 전투를 했던 적의 부대 명칭에 대한 기억은 전쟁체험에서 주요한 부분을 차지하고 있다. "입산자들 그 사람들이, 인민군 낙오된 사람들이 …… 백두산부대라 하든가 호랑이부대[13]라 하든가

---

13) 이청송의 남해여단은 '공공부대', '3·3부대'로 불렸으며, 황점택 산하의 유격부대에는 '호랑이부대'로 불리는 부대가 있었다고 한다(위원회, 1991: 262, 264).

하는 부대가 있었다. 지리산부대도 있었다. 그런 사람들은 전부 인민군들이 아니고, 인민군 몇에 낙오된 사람들이 있었고 지방 사람들이 자청해서 인민군이다 했지." 주변인으로서 그들의 삶과 죽음에 직접적으로 영향을 미치는 세력에 대한 정보와 지식은 생존수단의 한 방편이었다고 할 수 있을 것이다.

좌익에 가담해서 활동을 했던 전력이 있었던 사람들은 경찰에 자수한 후 반란군을 색출하는 데 앞잡이 노릇을 한 '멸공대'14)에 가입하거나 가족들을 두고 산으로 피신할 수밖에 없었다. 이곳에서의 피난은 경찰을 비롯한 진압군을 피해서 달아나는 것이었다. 말하자면 이들은 국가로부터 보호를 받는 '국민'들이 아니라 자기 땅에서 국가기관의 폭력의 대상이 된 셈이다. 전장의 공간에서 군율의 근원이 이중적이었다는 것은 주민들이 '주변인'이 될 수밖에 없는 상황을 제공하였다. 한쪽의 군율에 적극적으로 순응한다는 것은 다른 한쪽에서 보면 '반동'으로, 또 다른 한쪽에서는 반란군 동조자로 분류가 되는 상황이었다. 명확한 타자가 되지 못한 채 자기 땅에 살면서도 주인이 되지 못하고 주변인으로서 '피난'을 다녀야만 했다.

이들 중에서도 여성과 어린이들은 상대적으로 더욱더 열악한 위치에 있었다. 여성과 어린이들은 전투원으로 동원되지는 않았지만 누구에게도 보호를 받지 못하고 생존 그 자체를 자신들에게만 의존해야 하는, 주변인 중에서도 주변인으로 남아있었다. 피난 와중에 공동체로서의 마을은 허물어지고 대신에 가족과 피붙이에 대한 유대는 더욱 깊어진다. 피난 그 자체가 집단으로 이루어진 것이 아니라 가족 구성원 또는

---

14) 멸공대는 남로당원이었거나 유격대원으로 활약했던 자들이 자수하여 경찰의 전위대 역할을 했던 사람들이다. 이들 중 일부는 나중에 경찰로 특채되기도 한다(영암군지편찬위원회, 1998: 358; 오명철, 2001: 311~327).

개인의 역량과 운명에 의존할 수밖에 없는 상황이었다. "나는 우리 아들, 지금 53살 먹은 놈, 꽉 업고 다녔는데. 2살 먹은 놈 업고 9살 먹은 딸은 걸리고. 시아재하고 시어머니하고 그렇게 피난을 다녔어. 내가 죽겄응께 아무것도 생각이 없어. 곁에 사람까지 생각할 수가 없어. 식구들하고 다니다가 누구 만나면 같이 이야기하다가 또 바쁘게 내빼면 다 헤어져 도망가고 …… 여럿이 다니다가는 죽은께." 공동체로서의 터전 구실을 했던 마을은 허물어지고 타자들의 공간이 되어, 주인이었던 그들은 원자화된 개인으로 흩어져서 피난 다니는 신세로 전락해버린 것이다.

전장에서의 피난은 삶과 죽음의 경계 사이에서 정체성을 오로지 자신의 신체에만 국한시키는 경험으로 이끈다. 죽음이 일상화된 공간에서 삶을 영위한다는 것은 타인의 생명이나 죽음에 대해서는 무감각하게 할 수밖에 없게 하였다. 이런 와중에서 갓난아이는 피난 속에서 또 다른 폭력의 대상이 되었다. 죽음과 폭력이 일상화된 공간에서 다른 사람의 생명에 대해서는 무감각해지고 말 그대로 '주변인'이 될 수밖에 없었던 것이다. "사람 죽는 일이 보통 일이 아닙디다. 여럿이 있는 데서 애가 우니 곁에 있는 사람은 너 땀시 죽겄다 허고. 여럿이 죽잖이 너나 죽으라고 …… 우리 아가도 (죽으라고) 솜을 몰아넣은께 애가 건덕건덕이 흐니 …… 숨을 못 쉬거슨께. 못 보겄응께 도로 끄집어냈당께. 그 뒤로는 너하고 나하고 죽자 하고 (따로) 피난다녔제. 어디 가서 애기 업고 나 혼자 가서 (피난)하고 …… 식구까정 죽일라고 …… 곁에 사람 죽으면 어짤 것이오." 이와 같이 피난 중에는 다른 사람들의 생명 보존을 위해서 갓난아이를 동반한 여성은 피난민 대열에서 떨어져 나올 수밖에 없었다. 전장의 공간에서는 도덕이나 윤리 같은 일상의 규범은 무시되고, 산다는 것이 절체절명의 수단이자 목적이 되었던 셈이다.

반란군이 머물렀던 지역에서 살았던 주민들은 경찰이 진주하면 눈치

껏 피난을 가든지 아니면 무력을 소지하고 있는 반란군을 따라다닐 수밖에 없었다고 한다. "우리는 피난 가면 인공들을 따라가제. 인공들 안 따라가면 경찰들한테, 개들한테 죽어. 그러니까 따라가느라고 그 사람들을 따라가는데 …… 앞장서서 가던 집안 시아재 되는 양반이 애기를 목에다 걸치고 이불 짊어지고 가다가, '제수씨! 저것들이 개들이여, 개! 낯바닥이 번들번들하요. 경찰이제 인공 아니요.' 그래서 우리는 뒷걸음질해서 저 (안산에 있는) 석동 산중으로 빠져버렸어. 그래가지고 조금 있으니 우당탕 기관총으로 막 지져대버리더만. 올라오는 사람들을 잡아가고 …… 그 통에 많이 죽었어." 경찰들은 이 지역의 주민들과 반란군을 구별하지 않고(또는 구별이 불가능하여) '적'으로 간주했다고 할 수 있다. 주민들 또한 경찰들을 '타자'로 간주하여 이들과 경계를 구분하였다. 상대방에 대한 이런 인식은, 위의 구술에서처럼 경찰들이 인민군 복장을 하고 작전에 나서서 난민을 유인하기도 하는 상황으로 전개되기도 했다.

피난을 다니면서 가장 큰 문제는 추위와 식량이었다. 끊임없는 기아의 공포는 정신적·육체적 황폐로 나타난다(Langer, 1991: 25). 굶주림과 결부된 기억은 맥락과 상황에 관계없이 아주 상세하고 구체적으로 기술된다. "굴속에 가서 거시기 파고 …… 숯굴속에 묵었다가 옹글고 앉았다가 배고픈께 밥을 지저갖고 와서 쪽박에다 한 양판 퍼가지고 와서 소금하고 …… 그래도 다디달고 맛있소. 나중에는 반란군이 나락에다 불질러붓서. 그래가지고 타진 놈, 그놈 홀타 갖고, 도구질해서 그놈 먹고 …… 논에 가서 피 훌터다가, 도구질해서 쩌서, 안 굶어 죽을라꼬, 그놈 밥도 해먹고, 죽도 해먹고, 또 쑥도 뜯어다가, 몽글게 삶아서 쑥떡도 해먹고, 산에 가서 대너물 그거 우려가꼬, 죽도 쒀먹고, 감자대도 먹고, 안 묵은 것이 없소 …… 그래도 찔긴 목숨이라고. 지금 사람들은 몰라." 전쟁체험에 대한 기억이 신체화된 경우에는 지금 이곳에서 구술을 하고 있지만 상황은 항상 그때 그곳으로 돌아간다. 그래서 화자 자신의 경험세계는 다른 사람과 공유할 수 없는 영역으로 남는다. 이런 화자의 인식은 구술을 하면서 청자를 향해 이런 것들을 이해 못할 것이라는 전제를 하면서 공유 불가를 외친다. 구술을 하면 할수록 그 경험의 의미가 파편화되어가기도 한다.

마을이라는 익숙한 장소를 떠나 피난을 다니던 마을 사람들은 '안정된' 장소에 적응해나가면서 자신들의 신체화된 정체성을 되돌아볼 여유가 생겨나게 된다. "여섯 달이나······ 피난을 다니는 동안 땡땡 얼고 눈 맞고 신도 없이. 털맥이신을 신고 다니다가 없으면 맨발로 다녔지라. 옷도 입은 놈 벗으면 이가 더글더글 그라고. 앉으면 이 잡고······ 그리고 살아서 그렁께 내 꼴이, 꼴이 머시오? 그래서 영암으로 간께는 신 신고 버떡버떡 댕기고 아조 그러드만. 워매 이러고 산디.······" 경찰과 국군이 이 지역을 불안정하고 낯선 공간에서 '안정된' 대한민국 국토의 일부로 평정한 이후에도 자기 땅에서 피난민이 된 이들은 곧바로 마을로 귀향하지 못하고, 마을 외곽에 머물면서 낮으로만 농사를 지으러 드나드는 전이기간을 가진다. 아직도 마을은 '위험한 공간'으로 남아있기 때문에 '안정된 장소'로 인지되기 위해서는 불안정한 공간에 익숙해질 수 있는 시간이 필요했던 셈이다.

마을 사람들이 전쟁의 공간에서 주변인으로서 겪었던 전쟁체험은 이들의 기억 속에서 망각되거나 잊혀진 것으로 간주된 채 남아있다. 공식화된 기록이나 역사와는 달리 자신들을 비롯해서 누구도 '기억 꺼내기'에 관심을 보이지 않았던 탓이다. 주변인으로서 겪은, 전쟁에 대한 신체화되고 개별화된 기억들은 고립된 채 남아있다가 다음 세대와 단절된다. 이런 사실은, 전쟁을 겪은 적이 없는 세대들은 '전쟁'에 대한 객관화된 지식은 가지고 있지만 '지역적 기억'이 없다는 데서 잘 드러난다. 30대 중반인 한 정보제공자는 다음과 같이 아버지의 죽음과 관련된 '사실'만을 들려준다. "아버지가 동네 구장을 하다가 반란군에게 밀고했다고 경찰에 붙들려가 돌아가셨는데, 그 후 할아버지는 경찰들을 도왔다고 밤사람들이 내려와 죽였다고 들었다." 아버지와 할아버지가 어느 편에 의해 죽임을 당했다는 것만을 기억하고 있을 뿐 그 자세한 내용은 알지 못하고 있었다.

그뿐만 아니라 자신들이 주변인으로서 체험하고 겪은 전쟁에 대해서 원망의 대상을 상실하고 있다. 전쟁 시기 어쩔 수 없었던 상황은 현재의 기억 속에서도 어쩔 수 없는 것으로 나타나고 있다. "원망해서 뭐 하거시오. 어따 하소연할 때도 없는디. 원망해도 어따 디고 …… 참 피를 토하고 죽겄어. 아조 나 한 일을 생각하면. 그러지만 어따 원망하고, 내 사주가 이러고 거슥한께 남편 잃고 이 고생을 한갑다 그랬어요." 전쟁 당시 전장의 공간이 된 자신의 땅에서 자신들의 의지와 상관없이 반란군과 진압군 양쪽으로부터 전장에 동원되거나 이쪽 또는 저쪽에도 소속되지 못하고 피난을 다녔던 것과 마찬가지로, 전쟁 이후에도 전쟁의 책임을 물을 수 있는 '타자'를 찾지 못하고 있다.

5. 전쟁과 기억투쟁

과거의 사건과 죽은 자는 살아있는 자의 '기억' 속에서 재현된다. 그리고 기억은 회상과 망각 사이에서 끊임없이 변화한다. 즉, 기억은 지속적으로 변형될 수 있으며 고의적인 조작과 왜곡의 대상이 될 수 있을 뿐 아니라, 오랜 시간 동안 잠재되었다가도 주기적으로 재생될 수도 있다. 한 사회 안에 그리고 개인들 간에 유사하거나 서로 다른 여러 개의 기억이 존재한다는 것은 기억이 투쟁의 산물이며 권력관계의 대상이라는 것을 말해준다. 기억은 역사와는 달리 '사건들'에 대한 연대기적 개요가 불명확한 반면, 세부적인 것에 대해서는 산발적으로 명확성을 드러내는 특징이 있다.

한국전쟁 당시 반란군과 진압군 사이의 틈바구니 속에서 주민들의 생존은 말 그대로 삶의 가능성을 확보하는 데 있었다. 이들에게 있어서 정체성은 이데올로기나 계층에 따른 구별이 아니라 오로지 신체적인 것에 매달려있었다. 전장이 되어버린 공간에서 주변인으로서의 정체성은 폭력과 죽음에 대항할 수 있는 권력이나 언어를 갖지 못하고 있었음을 뜻한다. 반란군이 자신들이 삶의 장소에 들어온 이후 그 장소는 불안정하고 위험한 공간으로 인식되었을 뿐만 아니라, 그곳에 살고 있는 주민들의 정체성 또한 이쪽도 아니고 저쪽도 아닌 의심스러운 존재로 전락한다. 즉, 이들의 정체성은 자신들 스스로에 의해 확인되고 정의되는 것이 아니라 타자들에 의해 결정되었다.

폭력에 대항할 수 있는 힘의 부재는 개인들로 하여금 이쪽저쪽의 권력에 동원되든지 아니면 익숙한 장소에서 위험한 공간으로 피난하는 것으로 나타난다. 공동체를 떠나 원자화된 개인은 자기 보존의 본능에 의지할 수밖에 없다. 전장의 공간에서 개인들은 도덕과 윤리가 아닌 전장의 법칙, 즉 군율의 지배를 받는다. 군인이 아니면서 전장의 공간에서 군율의 지배를 받는다는 것은, 언제 살해당할지 모른다는 강박관념과 함께 이중으로 동원될 수 있다는 위험을 안고 있음을 의미한다. 전장의 공간에서 살아남은 자들의 기억은 항상 공간 또는 장소와 연관되어 구술된다. 안전하고 익숙했던 장소가 외부세력의 개입으로 인해 전장이 되고 따라서 불안정하고 위험한 공간이 되었다는 사실은 자신들의 정체성 결정에 있어서 주요한 변수가 되었던 것이다.

위험한 공간 안에서 거주하고 있던 주민들은 모두 위험한 범주의 사람으로 간주되어 불안정한 공간과 함께 '진압'되어야 할 대상이 된다. 이런 인식은 위험한 공간에 위치하고 있는 마을을 전소시켜 거주지를 없애버리거나 아예 거주를 못하게 전 주민을 이주시켜버리는 작전으로 나타난다. 그리고 극단적인 경우에는 집단학살로 '진압'당한다. 전장의 공간에서 주변인으로서 할 수 있었던 유일한 방안은 피난을 가는 것이었다. 하지만 그 피난은 경찰의 영향력 아래에 있는 '안전한' 공간이 아니라 경찰의 영향력이 미치지 못하는 또 다른 불안정한 공간으로의 이동이었을 뿐이었다.

전쟁에 관한 기억에는 역사나 기념비로 표상되는 국가적 기억뿐만 아니라 지역적 기억이 공존하고 있으며, 지역적 기억에는 다시 지역의 대표자들이 전유하고 있는 '공식적 기억'과 산발적이고 일상적인 대화 속에서 신체화된 기억으로 나타나는 '고립된 기억'이 혼재해있다. 따라서 전쟁에 대한 기억을 보다 명료한 모습으로 파악하기 위해서는 과거에 대한 기록으로서의 역사와 현재의 기억에 대한 상호 이해가 있어야 할 것이다. 연대기적인 역사 서술 못지않게 집단기억의 회상과 서사에 대한 해석 또한 전쟁에 대한 이해를 돕는 데 유용한 통로가 될 수 있을 것이다. 왜냐하면 국가 기념의 대상이 되고 있는 신성화된 충혼탑이나 전쟁사에 쓰인 기록들이 산 자들에게 더 이상 환기되지 않은 채 냉담한 기념비주의로 쇠퇴하는 반면, 대중들의 기억은 현재의 공간에서 지금 자신이 어디 있는지를 확인하는 통로가 될 수 있기 때문이다.

■■■ 참고문헌

국방부 전사편찬위원회. 1988. 『비정규전사(1945~1960)』. 국방부.
남상희. 2001. 『공간과 시간을 통해 본 도시와 생애사 연구』. 한울.
다키 고지. 2001. 『전쟁론』. 지명관 옮김. 소화.
박정석. 2003. 「전장의 공간에서 '주변인'으로서의 전쟁체험」. 《호남문화연구》, 제32
  ·33집. 호남문화연구소.
영암군. 1988. 『마을 유래지』. 영암군.
영암군지편찬위원회. 1998. 『영암군지』(상). 영암군.

오명철. 2001. 『나는 입을 열어 말한다』. 호남문화사.
이영식. 1988. 『빨치산』. 행림출판사.
이치로 도미야마. 2002. 『전장의 기억』. 임성모 옮김. 이산.
전남일보 광주전남 현대사 기획위원회. 1991. 『광주전남 현대사』 2. 실천문학사.
투안 이-푸. 1995. 『공간과 장소』. 구동회·심승희 옮김. 대윤.

Bozon, Michel. 1990. "The Collapse of Memory: The Case of Farm Workers" in Marie-Noëlle Bourguet, Lucette Valenci & Nathan Wachtel(eds.). *Between Memory and History*. London: Harwood Academic Publishers.

Buckser, Andrew. 1999. "Modern Identities and the Creation of History: Stories of Rescue among the Jews of Denmark." *Anthropological Quarterly*, 72(1).

Eidson, John. 2001. "Which Past for Whom? Memory in a German Community during the Era of Nation Building." *Ethos*, 28(4).

Fentress, James and Chris Wickham. 1992. *Social Memory*. Oxford & Cambridge: Blackwell Publishers.

Halbwachs, Maurice. 1980. *The Collective Memory*. New York: Haper & Row Publishers.

Langer, Lawrence L. 1991. *Holocaust Testimonies: The Ruins of Memory*. New Haven and London: Yale University Press.

Nora, Pierre. 1989. "Between Memory and History." *Representations*, 26.

Popular Memory Group. 1982. "Popular Memory: Theory, Politics, Method." in Richard Johnson, Gregor McLennan, Bill Schwarz & David Sutton(eds.). *Making Histories*. Minneapolis: University of Minnesota Press.

Sturken, Marita. 1997. *Tangled Memories*. Berkeley and Los Angeles: University of California Press.

Wachtel, Nathan. 1990. "Introduction" in Marie-Noëlle Bourguet, Lucette Valenci & Nathan Wachtel(eds.). *Between Memory and History*. London: Harwood Academic Publishers.

여성의 전쟁기억과 생활세계

1. 여성의 구술생애사에 주목하면서

　최근 들어 지방사회 연구에서, 지방공동체의 정치구조뿐만 아니라 사회구조, 인구변동, 경제발전, 문화가치 및 생활문화의 변동 등 다각적인 측면에서 우리가 생활하고 있는 지방사회와 지방민의 모습이 어떻게 만들어져왔고 변화해왔는가를 연구해야 한다는 문제 제기가 설득력 있게 받아들여지고 있다. 이러한 흐름 속에서 문헌자료만으로는 지방의 역사와 생활문화를 이해하기 힘들다는 인식이 공유되면서 다양한 형태의 자료를 수집하기 위한 움직임이 확산되고 있다. 여기에는 일반 지방민의 생활문화나 역사적 경험에 관한 것은 대부분 문헌자료로 남아있지 않고, 일제시대나 전쟁 당시의 문서자료도 부족하고 그나마 남아있는 자료의 대다수가 관변 자료이며, 그러한 자료마저 일본이나 미국 혹은 러시아에 소장되어있다는 점이 그 배경으로 작용하였다. 그러면 어떻게 기록되지 않은 역사 자료를 수집하여 지역사 혹은 지방사를 재구성할 것인가. 이와 관련해, 우리가 관심을 기울여야 할 새로운 대상은 바로 생활사

분야이며 이를 위해서는 구술자료와 같은 자료원(資料源)의 확대가 필요하다는 문제 제기에 주목할 필요가 있다.[1] 인류학계에서는 1990년대 중반부터 서구의 구술사 이론이 소개되면서 현지조사에 기초한 구술사 연구가 활발하게 이루어졌고 생활문화사나 일상생활사에 대한 서술도 함께 진행되었다[2]. 이러한 구술사 연구는 여성 연구에도 적극 수용되었는데, 여성의 경험에 대한 구술생애사[3]적 접근이 주로 시도되었다.

이러한 맥락에서 한국사회 내부에서 아래로부터 한국전쟁을 연구할 필요성도 커졌는데, 개인적 구술증언과 생애사, 가족사를 통해 한국전쟁 과정을 재구성하고 지방민들의 역사 이해를 살펴보려는 시도들이 역사학, 인류학, 사회학 내에서 수행되어왔다(윤택림, 1997, 1999, 2003a; 박찬승, 2000; 정진상, 2000; 염미경, 2003a, 2003b; 표인주 외, 2003). 이 장에서는 한국전쟁을 경험한 여성들의 구술생애사를 통해 여성이 한국전쟁을 어떻게 기억해내고 있는가를 살펴보려고 한다. 가족 성원으로서 그리고 마을 성원으로서 여성의 경험과 기억을 통해 개개인의 삶, 성별, 마을 차원에서 한국전쟁이 어떠한 의미를 지니는지를 고찰하고자 한다. 이 글이 여성의 구술생애사에 주목하는 이유는, 한 개인의 살아온 이야기 속에는 특정 사건이나 경험에 대한 증언이 포함되기도 하며, 비록 개인의 기억에 의존한 것이지만 집단과 사회의 구성원으로서의 개인이 기억

---

1) 이해준, 「근현대 지방사료 수집의 방향과 과제」, 제20회 국사편찬위원회 사료조사위원회 발표 요지(2001)를 참조하기 바란다.
2) 윤택림, "구술사 특집: 성과와 한계-역사학, 인류학", ≪교수신문≫, 2005.3.28.
3) 구술생애사는 한 개인이 태어나서부터 현재까지 살아온 경험을 현재로 불러내어 서술하는 것으로, 한 개인의 살아온 이야기이기 때문에 그 안에는 자신이 직접, 간접 경험한 특정 사건에 대한 구술증언도 포함될 수 있다. 구술생애사는 사적 자료로서뿐만 아니라 자기진술 내지 자기표현적 성격을 가지고 있다(윤택림, 2003b: 120).

한 것이므로 구술증언과 마찬가지로 구술생애사 혹은 생애이야기도 중요한 구술자료라는 인식의 연장선상에 있기 때문이다. 특히 이 글에서는 구술자료를 텍스트로 하여 구술과 개인의 표현이나 주관적 경험이면서 동시에 그러한 경험이 사회구조 및 역사적 사실에 영향을 받고, 다시 사회문화적 구조에 영향을 미친다는 관점에서 여성의 개인 생애사를 구성하고자 한다. 이때 여성들이 공적 기억, 즉 당대의 사회·문화적인 틀을 어떻게 반영하면서 자신의 사적 기억을 구성해나가는지에 주목하는데, 이를 통해 여성 경험의 사회적 구성뿐만 아니라 여성의 주체적 행위성을 엿볼 수 있을 것이다.

'한국의 모스크바' 혹은 '빨갱이 마을'로 낙인찍힌 전남 강진군 S마을 사례를 중심으로 그리고 여성들의 구술생애사를 통해, 이 글에서는 여성에게 한국전쟁은 무엇이었으며 그것이 여성의 삶에 어떤 의미를 지니는지를 살펴보고자 한다.[4]

조사 마을은 광주에서 버스로 두 시간 가량 떨어진 곳에 위치하며, 해남 윤 씨로 13대를 이어오고 있는 동족촌이자, 주민들의 전통적인 사회적 신분과 관련지어 성격을 규정하자면 반촌에 해당된다. 현재도 여전히 마을 주민의 70% 이상이 해남 윤 씨이며, 실제 거주자는 이에 미치지 못하지만 현재 총 128가구로 구성되어 있고, 이 중 3분의 2가량이 농가이다. 조사 마을의 해남 윤 씨 가문은 강진의 대표적인 양반 가문으로, 식민지 시기 사회주의 노선에 기반하여 민족해방운동에 참여했고 해방 이후에도 사회주의 노선을 견지함으로써 좌익 활동가들을 배출하

---

4) 본 연구자는 해남 윤 씨 가문의 한국전쟁 경험 연구(2003b: 113~144)에서 전쟁 당시 좌익 활동으로 남편을 잃은 과부들의 구술자료를 지역사회 권력구조의 변화 관점에서 활용한 바 있다. 그러나 여성들의 구술의 차이나 구술 분석에서 젠더는 중요하게 고려하지 않았다. 이러한 인식의 연장선상에서 이 글은 전쟁 연구에서 여성의 경험을 드러내고 그것의 의미를 이해하려는 시도의 하나임을 밝혀둔다.

였으며, 좌우익 대립구도 속에서 '좌익 또는 빨갱이 가문'으로 낙인찍혔다. 더욱이 동족촌인 탓에 마을 사람들은 좌익 활동 유무에 관계없이 국민보도연맹 건이나 군경 작전에 의해 학살당한 사례가 많은 마을이다. 그리고 전쟁 이후 이들은 강한 반공 이데올로기 속에서 모든 것을 침묵하면서 체제에 순응하는 것이 최선이라고 생각하면서 살아왔다.

조사 마을이 식민지 시기와 해방 이후 한국전쟁까지의 시기, 그리고 전쟁이라는 격동기에서 어떠한 대응과 경험을 하였는지에 대해서는 이미 연구한 바 있으며(염미경, 2003b), 이때 전쟁 당시 좌익 활동으로 남편을 잃은 과부들의 구술자료 가운데 일부가 활용되었다. 그러나 당시에는 여성들의 구술에서의 차이나 구술 분석에서 젠더 요인을 중요하게 고려하지 않았다. 이 글은 전쟁 연구에서 여성의 경험에 초점을 맞춰 그것의 의미를 이해하려는 시도이다. 좀더 구체적으로, 이 글에서는 좌익 지도자의 아내가 아닌, '빨갱이' 마을로 낙인찍힌 마을의 좌익 관련 피학살자 여성 유족들의 구술생애사를 통해 일제 강점, 해방, 한국전쟁이라는 격변기 속에서 '빨갱이 마을'이 겪은 경험과 가족생활과 그것이 이후 여성의 삶에 어떤 변화를 가져왔는지를 살펴본다.

2. 전쟁기억과 젠더, 그리고 구술생애사적 접근

역사 연구, 특히 구술생애사의 구성에서 중요한 지점은 문화와 기억 간의 상호작용이다. 이것은 구술사 면접이 기억에 의존하고 있고, 기억은 과거를 기록하기 위한 하나의 주관적 도구인 동시에 항상 현재와 개인의 심리를 기반으로 하여 형성된다는 점과 관련된다. 이와 관련해 나오미(Naomi, 1999)는 사회적·문화적 기억, 구술사, 기억 작업을 포괄하려는 시도를 하면서 다음과 같은 점들을 강조한다. 즉, 상당한 망각 작업

없이 '기억 작업'은 존재하지 않는다(Passerini, 1983: 196). 무엇이 기억되고 무엇이 망각되는가는 서로 관련되어있고 망각은 종종 사회적으로 조직된다. 기억할 만한 가치가 있는 것, 기억되는 것은 보다 큰 사회적 힘들에 의해 규정되고 규제될 수 있고 권위 있는 담론들을 통해 구조화되고 유지된다(Naomi, 1999: 3). 비록 기억들이 심리적으로, 개인적으로 독특한 측면들을 가질지라도 그것들은 사회적 측면을 갖고 있고, 연구자들은 이에 주목해야 한다. 기억들의 사회적 측면, 심리적 측면, 개인적 측면은 불균등하지만 그것들은 서로 중첩될 수 있고 모순될 수 있으며 서로 지지할 수도 있다. 기억과 망각은 이러한 분석 틀 내에서 해석될 수 있다는 것이다(염미경, 2003a: 31).

개인이 기억을 구성하는 방식은 과거에 대한 인식의 문제와 관련된다. 대중기억연구회(Popular Memory Group, 1998[1982])에 따르면 기억의 사회적 생산은 공적 재현과 사적 기억의 두 가지 방식으로 일어나는데, 역사의 공적 재현에서는 과거에 대한 여러 해석들의 경합을 통해 지배적인 기억이 나타난다. 이때 지배적인 기억의 재현은 국가기구들에 의해 공식적인 역사 속에서 계속 형식화되고 재생산되지만, 공식적인 기억과 삶의 경험에서부터 오는 사적 기억 사이에는 잠재적인 괴리가 있다(윤택림, 2003a: 46~47). 즉, 사적 기억은 개인 또는 집단 개념에 영향을 미치는 지배 기억을 반영하고 동시에 대항 기억을 생산한다.

기억은 사적이건 공적이건 재현 형태상 기본적으로 문헌과 구술, 그 외에 박물관, 기념비 같은 공간과 지형지물의 경관으로 나누어질 수 있다(윤택림, 2003a: 47, 58). 기억의 공적 재현은 대부분 문헌 형태를 가지고 있으나 사적 기억은 많은 경우 문헌 형태를 취하지 못하고 침묵되어 왔다. 즉, 기존의 역사 자료가 문자화된 기록에 의존하고 있다면 구술자료는 말로 표현된 기록에 의존하고 있다.[5] 구술자료는 주로 비공식적 역사로 정의되지만 그것이 기록 형태로 제시될 때 공식 역사에 대한 새로운 해석을 가능하게 한다. 이러한 측면에서 많은 사적 기억들이 드러날 수 있는 방식은 구술 형태이기 때문에 구술은 사적 기억을 재현하는 주요한 기제라고 볼 수 있다(윤택림, 2003a: 47). 이때 사적 기억들과 동일한 사건에 대한 기억과 해석은 젠더, 계층, 연령(혹은 인생주기에서 해석자가 처한 상황), 인종, 교육 등 여러 요인에 따라 달라질 수 있다(염미경, 2003). 이 글은 이러한 요인들 가운데 젠더 요인을 고려하여 여성의 전쟁기억과 해석에 주목하는데, 특히 여성의 개인 생애사6)에 초점을 맞추고자 한다.

개인 생애사는 한 개인의 지나온 삶을 자신의 말로 이야기한 기록을 말하며, 어디에 비중을 두는가에 따라 자료로서 생애사(life history)로 바라보는 관점과 텍스트로서 생애사(life story)로 바라보는 관점이 있다(유철인, 1990). 전자는 과거 사실의 기록이라는 점을 강조하고 후자는 자기 경험의 표현이라는 점을 강조한다(유철인, 1996). 자료로서 생애사를 바라보는 관점은 역사적 사실을 강조하고 문서화된 기록을 보완하는 것과 관련되

---

5) 노래나 연설, 인터뷰, 공식·비공식의 각종 담화들은 모두 유익한 구술자료가 되며, 생활사, 자기 보고, 개인적 독백, 생활 이야기, 생애 증언, 메모, 유언장 등도 중요한 구술자료가 될 수 있다.
6) 구술자료 수집을 위한 심층면접 방법은 그 목적과 형태에 따라 크게 개인 생애사와 개인 생애의 특정 시기나 국면에 대한 증언 획득을 목적으로 하는 단일 쟁점에 대한 면접으로 대별된다. 개인 생애사는 개인이 태어나면서부터 현재까지 살아온 경험을 현재로 불러내서 서술하며, 단일 쟁점에 대한 면접은 대체로 개인이 살아오면서 겪은 역사적 사건에 대한 경험을 현재로 불러내어 서술하는 구술 증언을 포함한다. 생애사의 중요한 서술 내용은 생애에서 중심적인 요소, 사건, 체험, 믿음 등이다. 사람들이 평생을 살아오면서 열심히 노력한 점과 그 결과가 무엇이고 그들이 어디에 가장 깊은 가치를 두고 살았는지, 무엇을 이루고 싶었는지, 어디서 그들의 삶이 깨졌는지, 어떤 과정을 거쳐 그들의 삶이 다시 회복되었는지에 관한 것들이 된다(나승만, 2000).

며, 텍스트로서 생애사를 바라보는 관점은 구술자 개인의 표현이나 주관적인 경험 자체를 하나의 역사 내지는 문화 간의 상호작용으로 인지하는 것과 관련된다.

여성의 구술생애사적 연구에서는 이야기 속에서 일관되지 않은 진술이나 침묵에 대해서 주의를 기울여야 한다. 이는 시간은 현재의 자기 모습을 통해 과거를 이해하고 정당화하며 미래를 전망한다는 것과 관련되며, 구술의 구조나 방식은 특정한 사회·문화적 맥락에 따라 달라지기 때문이다. 이와 관련해 유철인(1990)은 한국 사람들, 특히 여성들의 이야기 방식은 자신의 이야기를 정당화하고 듣는 사람이 그것을 인정하고 공감해주기를 바라는 신세타령의 특징을 지닌다고 본다. 그러면 '빨갱이 마을'인 S마을 여성들의 이야기 방식도 이러한 신세타령 방식으로 나타나는가? 한국전쟁은 전쟁을 경험한 사람들의 생애에 큰 영향을 미친 역사적 사건임에 틀림없다. 그러면 S마을 여성들은 전쟁을 어떻게 이해하고 있는가? 이 글에서는 이러한 질문을 중심으로 여성의 전쟁경험과 기억을 다루려고 한다.

여성의 구술생애사 연구에서는 역사적 과정이 어떻게 여성의 삶에 영향을 미치고 과거를 정의하는 데 있어서 기억이 하나의 필수적 매개체가 될 수 있는가, 젠더가 어떻게 다양한 형태의 관계를 만드는가, 그리고 어떻게 사람들이 변화하는 사회문화적 생활 속에서 생존해왔고 그것은 또한 가족과 친족 이야기 속에 어떻게 반영되는가를 고려할 필요가 있다. 이러한 문제의식과 함께 점차 전쟁 연구에서 무시된 영역들 가운데 하나로 젠더를 인식하기 시작했고, 역사에서 여성을 발견하고 과거 여성들의 위치를 해석하기 위해 여성주의의 새로운 형태들이 발전하게 된다(Summerfield, 1998). 특히 가족사에서 유산에 대한 연구는 역사에 대한 전망을 확대시키는 동시에 상이한 수준의 문화적 현상들을 관찰할 수 있도록 한다. 가족이나 친족의 이야기를 연구하는 것은 가족

연대의 상대적 중요성뿐만 아니라 특정 가족 내에서 젠더 역할의 변화를 보여줄 수 있다. 그것은 또한 연구자들이 왜 과거를 계속해서 논의해야 하며, 어떻게 역사적 시기 구분이 이루어지는지를 알 수 있게 한다. 이때 구술자료는 젠더, 계급, 인종, 교육이나 문화에 의해 부정되는 사회집단들의 역사들을 이해하기 위해 중요한 지지 자료가 될 수 있다.

이와 관련해 구르비츠(Gurewitsch, 1998)는 홀로코스트 생존자들의 증언을 기록함으로써 유태인 여성들의 젠더 정체성 형성과 그 변화를 포착하고자 했고, 이를 통해 여성의 홀로코스트 경험이 젠더와 가족 내에서의 역할에 의해 규정된다는 것을 보여주었다. 제2차세계대전과 관련해서는 전쟁이 여성에게 미친 영향에 초점이 맞춰져왔는데, 이들 연구들은 크게 두 가지 견해에 기반하고 있다. 하나는 전쟁이 여성의 근대성을 앞당겼다는 것이고, 다른 하나는 전쟁이 여성을 전통적인 생활 스타일 속으로 복귀하게 만들었다는 것이다(Summerfield, 1998: 253). 전쟁 중의 여성 생활을 재구성하는 것은 제2차세계대전에 대한 여성의 개인적 경험과 주관적 이해에 대한 것이고, 그것은 또한 역사와 표현된 기억에 대한 것이며, 젠더에 의해 관통된 일련의 관계들을 포함한다. 이것들은 현재와 미래, 사적인 것과 공적인 것, 기억과 문화 간의 소통을 포함한다. 서머필드(Summerfield, 1998)는 제2차세계대전 당시 여성의 경험과 그 기억들에 대한 문제의식을 여성, 전쟁, 사회적 변화에 대한 것과, 역사적 자원으로서 개인적 증언에 관계된 것, 기억의 생산에 대한 것, 젠더와 기억에 대한 것 등을 중심으로 밝혀보고자 하였다(염미경, 2003: 33~34).[7]

---

[7] 일본에서는, 위안부들의 구술에 기반하여 군위안부 여성의 전쟁 피해자로서의 전쟁경험을 통해 역사 속에 묻혀버렸을지도 모르는 가해의 실상을 보여주고 있는 요시미의 연구(1995)가 주목할 만하다(廣川禎秀, 1996: 30).

그러면 한국 여성들은 한국전쟁을 어떻게 경험하고 그것에 대해서 어떻게 기억하고 있을까. 이와 관련하여 중요한 시사점을 주고 있는 연구로 윤택림의 연구(2003a)가 있다. 윤택림은 기존의 한국전쟁에 대한 사례 연구에서 여성의 경험이 다루어지지 않고 있음을 비판하면서, 전쟁에서 여성을 가시화하고 여성의 경험에서 나오는 하나의 새로운 역사 해석을 제시하기 위해, 연구자의 사례 마을인 한 '빨갱이 마을'의 좌익 지도자 아내들의 구술생애사에 드러나는 한국전쟁의 의미를 분석하려는 시도를 하였다. 이때 윤택림은 무엇이 침묵되고 있는가에 주목했고, 좌익 지도자 아내들의 구술생애사에서 인공(人共)과 남편이 생략되고 있음에 주목하였는데, 윤택림은 이를, 이들 여성들에게 한국전쟁 중 인공 이야기, 인공 시 남편의 좌익 활동은 말해서는 안 되는 금기였고, 남편들이 좌익 지도자들이었기 때문에 전후 반공사회에서 남편에 대한 기억은 잊고 싶은, 금지된 기억이었을 것이라고 해석하고 있다(윤택림, 2003a: 241~242). 또한 이들 좌익 지도자 아내들의 생애사에서 나타난 또 하나의 특징으로 서술의 중심이 자식이라는 것을 보여주고 있고, 이들에게 한국전쟁 경험은 자신의 가족 해체와 함께 마을 내에서의 지도적인 사회적 위치를 앗아가고 '빨갱이' 가족이 되는 등 계층적 하락을 의미했다는 것, 여성 가장으로서 자립적인 생계부양자로서 적극적인 삶을 살게 만든 결정적인 계기가 된 것으로 해석하였다. 그러면 이 글의 사례에서는 어떻게 나타날 것인가.

이를 살펴보기 위해 이 글에서는 다섯 여성들의 구술생애사 자료를 분석 대상으로 하였는데, 조사는 2001년부터 2년여에 걸쳐 수 차례의 방문조사를 통해 이루어졌다. 조사 대상 여성들 가운데 두 분은 80대이고 나머지 세 분은 70대 중반으로, 전통적인 양반 가문으로서의 정통성은 약했지만 구한말과 일제 강점하에서 경제적으로 지주, 자산가로 성장한 집안 출신이거나 그러한 집안으로 시집온 여성들이다. 또한 이들 가운데 세 분은 조사 마을로 시집와서 좌익 관련이1)ㅏ 국민보도연맹 건으로 남편을 잃고 지금까지 홀로 살아온 분이고(박 씨 할머니, 위 씨 할머니, 조 씨 할머니), 한 분은 조사 마을의 대표적인 좌익 활동가의 여동생으로, 인근 마을로 시집갔으나 국민보도연맹 건으로 남편이 죽은 후 자녀와 함께 조사 마을로 돌아와 살고 있는 분[윤 씨 할머니(1)]이며, 다른 한 분은 조사 마을 출신으로 좌익과 관련하여 가족 성원을 잃은 분[윤 씨 할머니(2)]이다. 이 글의 사례 여성들 모두 좌익 관련 여성 유족이라고 할 수 있다.

여성들의 구술생애사 면접과 관련하여 특기할 만한 점은 조사 대상 여성들이 옛 용어나 사투리를 사용하고 있었지만 비교적 정돈되고 논리적인 언어로 자신의 경험과 기억을 이야기하고 있다는 점이다. 이는 조사 대상 여성들이 양반 가문 출신이거나 양반 가문으로 시집온 다른 마을의 양반가문 출신으로서, 비록 제대로 된 공식 교육은 받지 못했지만 전통적인 유교적 양반 가문의 가정교육을 받았거나 일제시대부터 야학 활동이 활발하게 이루어져 국한문을 배울 수 있었던 마을에서 생활했던 것에서 유추해볼 수 있는데, 이는 이들의 구술 내용에서도 어느 정도 확인된다.

구술생애사 자료의 활용은 지역별 현지조사와 함께 전체 조사 대상 구술자 면접을 통해 수집된 구술자료의 녹취문을 작성한 후8) 녹취문의 구술 내용을 원형 그대로 인용하는 방식으로 구술자료를 활용하되, 현재 사용하지 않는 용어나 사투리 중 이해하기 힘들다고 판단된 경우 괄

---

8) 이렇게 하여 수집된 구술자료의 일부는 염미경(2003)에 수록되었는데, 주요 구술자는 6·25 당시 마을에 거주했던 사람들로서 좌익 활동가의 직계 가족 성원, 국민보도연맹으로 희생된 남편이나 가족을 둔 증언자, 그리고 6·25 당시 가족 성원을 잃지는 않았지만 마을에 거주하면서 지켜본 사람들이었으며, 녹취문은 원형 그대로 작성하였다. 이 글은 다섯 여성들의 구술생애사 자료를 중심으로 구성되었고, 필요한 경우 다른 조사 대상자들의 구술 내용도 참조하였다.

호를 이용하여 풀어주는 방식을 택했다.9)

3. 여성의 결혼, 남편, 그리고 가족

여성의 정체성은 지역, 계층, 교육, 젠더 이데올로기, 개인의 성격적 차이, 다양한 삶의 경험에 의해 형성된다. 현재의 관점에서 자신의 삶을 돌아보는 구술생애사는 개인과 사회와의 상호작용 가운데 젠더에 의해 자아가 구성되어가는 과정을 보여주며, 인간의 삶과 사고에서 젠더가 중요한 변수라는 것을 보여준다. 이는 젠더에 의해 동일한 사건에 대한 경험이 다르게 해석되기 때문이다. 그렇다고 해서 동일한 사건이 모든 여성들에게 동일하게 경험된다는 것은 아니다. 이것은 이 글의 조사 대상 여성들에게서도 나타난다. 여성의 통합되고 보편적인 역사적 경험은 없다. 오직 특정 사회집단의 성원으로서 여성의 다양한 경험이 있을 뿐이다. 어느 사회에서든지 각 여성은 단순히 한 특정 사회범주의 성원일 뿐만 아니라 공존하고 경쟁하는 많은 사회집단과 관계에서 나오는 독특한 여성적인 시선이기 때문이다(윤형숙, 1995).

앞에서 언급한 바와 같이, 이 글의 사례 마을은 일제 강점시대부터

---

9) 여성의 구술생애사와 가족사 자료 활용에서 필자의 문제의식을 중심으로 구술 내용을 선택했다는 의도성을 완전하게 배제할 수는 없다. 이러한 문제는 이 글에서 활용한 구술자료가 기본적으로 가족과 마을 수준의 전쟁경험과 기억에 관한 구술자료로 수집되었다는 것에서 비롯된다. 이것은 그동안 한국 여성의 역할이 사회적으로 가시화되지 않고, 어머니로서 혹은 아내로서의 역할처럼 가족의 틀 안에서나 남성과의 관계에서 규정받거나 일본군위안부 문제처럼 민족적 의미를 가질 때에만 존재 의미를 획득했다는 구조적 문제인식에서 볼 때, 가족과 마을공동체, 그리고 민족국가의 틀 내에서 여성의 전쟁경험과 기억을 다루는 이 글의 문제는 어느 정도 극복될 수 있다고 본다.

민족해방운동 전신에서 좌익운동단체에 관여해온 대표적인 반촌이자 동족촌으로, 마을 사람들의 대부분이 좌우익 개념을 갖고 있었던 것은 아니지만 해방이 되면서 마을에서 영향력 있고 학식 있는 인물들이 좌익 노선에서 활동을 하게 되면서, 마을 사람들은 자연스럽게 "좌익 활동을 하면 평등하고 좋은 세상이 온다는 신념"을 갖게 된다(염미경, 2003b: 131~132). 이 마을의 대표적인 좌익 활동가들은 부농 출신으로 식민지체제하에 해외에서 신교육을 경험하고 사회주의 사상을 수용한 양반 가문의 자제들이었기 때문에 마을 내에서 이들의 영향력은 대단했다. 그러면 이 양반 가문 출신의 여성, 그리고 이 가문으로 시집온 다른 마을 양반 가문 출신의 여성들은 어떠했는가? 이 글의 조사 대상 여성들을 통해서 볼 때, 같은 집안의 남성들이 고등교육을 이수하였던 데 반해 여성들은 제대로 된 공식 교육을 받지 못했다. 부농 출신인 조 씨 할머니만 소학교(초등학교)를 졸업했을 뿐 다른 여성들은 공식 교육을 받지 못했다. 좌익 활동가 집안 출신의 여성 유족 두 분은 다음과 같이 말한다.

큰집 오라버니가 야학 교사를 했는데 오라버니가 일제 때 끌려 다니곤 했다. …… 내가 10대 때 야학에 다녔다. 오라버니보다 밑 세대들이 야학을 가르쳤고, 나는 힘든 세상에 살아서 낮에는 바다에 나가 일하고 저녁에는 너무 피곤해서 공부를 많이 하지는 못했다. 그래서 국문도 깨우치지 못해 대강 알고 있을 뿐이다[윤 씨 할머니(1)와의 면접].

우리 세대에는 보통 집안에서는 아들만 보통학교 보내고 여자들은 학교에 보내지 않았어. 그래서 아저씨들이 야학을 지어 가지고 (쌀을) 조금씩 걷고 해서 그걸 팔아서 집을 하나 지어서 야학이라고 해놓고 거기서 가르쳤고 나도 12살 때 야학에 다녔어요. …… 여자도 모르면 큰일이라고 집안 아저씨들이 서울에서 학교에 다녔었는데 방학 때 내려와서 공부 가르치고 그래서 그때 국문과 한문도 배우고, 작문도 해서 대충대충 다 해요. 조금 배웠지요. 그때 일본 사람들이 아무 잘못 없는데 공산주의 공부 한다고 못 하게 쫓아다녔지요. 지서의 순경들이 뭐 배운가 조사하고 아저 씨들을 잡아다가 고문시키고 매 때리고 병신 되게 만들고 했지요. 그 뒤 해방되면 좋을 줄 알았는데, 그 뒤로는 젊은 학생들, 그 아까운 사람들 공산주의 한다고 못쓰게 만들어불고…… 참말로 세상이 왜 이런가[윤 씨 할머니(2)와의 면접].

이와 같이 양반 가문 출신 여성들은 공식 교육을 받을 기회부터 상실하였지만, 다행스럽게 조사 마을에서는 일제시대부터 야학 활동이 활발하게 이루어져서 여성들의 경우 국문과 한문을 배울 수 있었다. 또한 유교 전통의 가부장적 사회질서 속에서 자연스럽게 유교적 가부장제 이데올로기와 정절 이데올로기를 내면화하였는데, 사례 여성 유족들은 경제활동 수행 여부에 관계없이 남자는 여자와 다르며, 우월하다는 전통적 젠더 이데올로기를 갖고 있었다.

여자는 남자 조심을 해야 하고 여자 할 일은 여자가 하고, 남자가 할 일은 남자가 해야지. 요새는 여자가 남자를 주무르니 남자들이 불쌍해라. 남자가 더 세야 하는데 요새는 여자 세상이야. 결혼하면 남자들이 불쌍해. 전에는 남자가 이러라면 이러고 저러라면 저랬는데, 나는 34살이 되도록 시아버지가 살아계셨는데 한번도 앞문으로 들어간 적이 없어. 요새는 앞문으로도 들어가고 뒷문으로도 들어가고 여자 세상이여. …… 여자라서 억울하지만 어쩔 것이여. 나는 시집살이도 안 했어. 우리 시아버지만 그렇게 무서웠지. 우리 시어머니는 천사여라, 천사여. 우리 시어머니는 딸 다섯 낳고 아들 하나 낳는데, (그 아들이) 23살에 죽었는데 어쩔 것이여. 그런 양반도 살았는데, 나도 살아야지 어쩔 것이여(위 씨 할머니와의 면접).

특히 정절 이데올로기도 강하게 보이는데, 조사 대상 여성 유족들 모두 남편을 잃은 후 홀로 자식을 키우며 지금까지 살아온 경우에 속한다.

이늘의 성소의식은 가족과 친지들에 의해서 강요된 것이었다기보다는 스스로 내면화시켜 선택한 경우로, 전통적인 유교적 양반 가문의 가정교육에서 기인한 것이라고 볼 수 있는 동시에, 양반 마을의 성원으로서의 집단적 정체성이 작용한 것으로 볼 수 있다. 이것은 역사 연구, 특히 구술생애사의 구성에서 중요한 지점은 문화와 기억 간의 상호작용이며 구술생애사 면접이 기억에 의존하고 있으며 기억은 항상 현재와 개인의 심리를 기반으로 하여 형성된다는 점과 관련된다. 따라서 비록 기억들이 심리적·개인적으로 독특한 측면들을 가질지라도 그것들은 사회적 측면을 갖고 있고, 연구자들은 이에 주목해야 하는 것이다.

> 여기는 마을이 원체 좋아서 …… 여자들 꽃다운 나이에 혼자되잖아요. 할 말은 아니지만 꽃다운 나이에 혼자되면 타 성 같으면 다른 남자들이 얻어서 살라고 하잖아요. 그런데 여기서는 절대 없어요. 생전 혼자 살면서 문 잠그고 잔 적이 없어요. 타 성 같은 데서는 여자들 혼자 살면 남자들이 범하고 그랬는데 여기는 그런 게 전혀 없어요. 그렇게 이 마을이 좋은 마을이요. 지금도 …… 양반들이라서 …… 남편 죽고 자식들 죽은 거만 빼놓고는 없어. 타 성들 사는 데 가보면 거기는 잘 몰라 …… 백사(아랫마을, 민촌) 같은 데나 그런 데는 시끄럼 났을 거요. 타 성만 사니까(박 씨 할머니와의 면접).

한편 한국 여성들에게 혼인은 삶에 있어서 중요한 계기가 되는데, 조사 대상 여성 유족들의 배우자 선택 과정을 보아도 어느 정도 알 수 있다. 1950년 음력 2월에 사례 마을로 시집오게 된 조 씨 할머니의 예를 들어보기로 한다.

> 그때는 우리 친정에서 들어본께는 한집안에서 운동하다가 작은 아버지가 죽었다고 한다고 그르드만. 그런 소리가 들리드만. 우리 동네가 고모가

여기에서 시집을 왔어. 그래서 자기 친정으로 나를 시집을 보내줄라고 애를 썼어. 그래서 내가 여기로 시집을 왔어. 여기가 양반이고 우리 한양 조씨도 양반이고. 그랑께, 양반에 속해서 여기로 (시집을) 보냈제. 엄마(어머니)는 여기가 밭이 많고 길쌈하고 고생 많이 시킨다고 나를 (시집) 안 보낼라고 그랬어. 그래도 감히 서방님(조 씨 할머니의 아버지) 말씀을 거역하지 못하제. 여자가. 그래서 할 수 없이 여기로 왔어. 나는 그냥 보내니까 (시집) 가나보다 하고 왔어(조 씨 할머니와의 면접).

당시는 외혼제를 기본으로 하는데, 양반 가문에서는 신분적 위세를 신분내혼으로 유지하려는 경향이 있고 폐쇄된 전통사회에서는 지역내혼 관행이 두드러진다(염미경, 2003b: 119). 좌익 관련 여성 유족들의 경우도 반촌이자 강진지역의 대표적인 양반 가문으로 시집온 경우이다. 이에 대해서는 박 씨 할머니와의 면접 내용에서도 나타난다.

> 당시 혼인문제는 양반집안끼리 했으며 양반이 아니면 혼인을 시키지 않았다. 지금도 결혼할 때 양반 마을에서는 존재한다고 생각한다. …… 밀양 박 씨로 우리 친정은 장흥서는 알아주는 집안이었고 여기가 또 해남 윤 씨 양반이고 해서 이리 혼사도 했고(박 씨 할머니와의 면접).

그러면 20대에 홀로된 이들 여성 유족들에게 남편은 어떤 존재였을까. 그리고 남편의 죽음을 어떻게 기억하고 있을까. 이를 여성 유족들의 구술을 중심으로 살펴보면 다음과 같다.

> 특별한 좌익 활동을 하지 않았고 남편을 빼앗긴 피해자일 뿐이다. 큰 부자도 없고 크게 가난한 사람도 없고 평화로운 마을이었는데 …… 여자들이 거의 포기하고 사는 상태였다. 여기는 드센 여자는 없고 다 순한 여자들만 있어서 그렇게 나서서 하지는 않았어요(박 씨 할머니와의 면접).

남편은 그렇게 번번한 사람이 아니었고, 지금 세상이면 시집오지도 않았을 것이다. 쇠죽솥에 빠져 죽을 뻔한 것만 봐도 그렇다. 좌익 사상이 있었던 것이 아니다. 죽인 사람들도 죽이고 사람을 잘못 죽였다고 했다. …… 요즘 사람들은 잘 모르겠지만 보도연맹이라는 것이 있었다. 남편은 보도연맹에 가입했었는데 경찰들이 후퇴하면서 죽였다. 경찰들이 새벽에 훈련한다고 (남편을) 불렀다. 어느 날 경찰들이 새벽에 나오라고 했다. 남편은 저녁에 잠들면서 지금 자면 새벽에 못 일어나, 훈련에 못 가면 큰일이라고 그러기에 내가 깨워줄 테니 자라고 말하고 잠들었는데, 내가 새벽에 깨워주지 못했고 아침에 일어나보니 남편은 나가고 없었다. 그날 그렇게 나간 후 남편은 돌아오지 않았다. 그래서 어떻게 죽은지도 모른다[윤 씨 할머니(1)와의 면접].

보도연맹에 가입 안 하고 도망가다가도 죽고 가입해서도 죽고 그랬다. 남편은 인민군들이 들어왔다가 도망가고 순경들이 들어와서 죽였어(위 씨 할머니와의 면접).

이와 같이 윤 씨 할머니(1)의 경우 그다지 많지 않은 남편에 대한 기억을 떠올리며 깊은 시름에 잠겼다. 좌익 관련 가족 성원이 희생된 후 가족생활은 어떠했을까. 더욱이 가장인 남편이 희생된 뒤 여성 유족들의 경제생활은 어떠했을까.

땅만 파먹고 살았다. 남들은 남편이 그렇게 억울하게 죽었는데 집에만 있냐고 구박해서 한 번 따라만 가봤지 그 후에는 그냥 집에서 농사만 지었다(박 씨 할머니와의 면접).

6·25 난리와 남편이 죽고 고생하며 살았다. 아무것도 없이 쑥이며 풀을 뜯어 죽을 써먹으며 살았다. 아이들을 혼자서 키웠는데 요즘과 달리 그 세상에는 국민학교(초등학교)도 납부금을 내고 다녀야 했다. 국민학교 납부금이 없을 정도였고 도시락도 못 싸주니 아이들이 학교에서 점심때면 집까지 달려와 찬 죽으로 점심을 때웠다. 작은딸이 무척 똑똑했는데 중학교

만이라도 보내달라고 했다. 그러나 딸들을 못 가르쳐서 시집도 변변하게
보내지 못했다. 큰딸은 그래도 (시집을) 잘 보냈는데 사위가 병으로 일찍
죽었고 작은딸은 사위가 술만 먹다 교통사고로 죽었다. 그래서 딸들도 고
생 많이 했다. …… 남편이 죽으니 집이고 논이고 다 없어지고 생각하면 징
글맞다[윤 씨 할머니(1)와의 면접].

바지락을 캐서 여기서 20리나 되는 대덕재를 넘어 팔아서 살았다. 한
해는 설이 되었는데 설을 지낼 것이 하나도 없었다. 바지락을 캐 팔러 갔는
데, 그날 바지락 값이 비싸서 쌀도 사고 땔감도 사서 설을 보낼 수 있었던
적이 있다. …… 6·25 때 나처럼 가족을 잃은 사람들은 고생했다. 나처럼 그
렇게 살았다[윤 씨 할머니(1)와의 면접].

남편 죽은 뒤 평범하게 살았죠. 아들 하나와. 6·25 때 아들이 세 살이었
거든. 전쟁 끝나고 참말로 그냥 그렇게 살았어요. …… 하늘만 쳐다보고, 한
번 쳐다보고, 두 번 쳐다보고…… (박 씨 할머니와의 면접).

6·25 끝나고 생계는 그럭저럭 먹고 살았어라. 농사짓고 논 조금 있는
것 가지고. …… 6·25 후에 힘들어도 어쩔 것이오. 그렇게 살아야지. 아들
하나 잘되면 쓰겠다 하고 살았어. 억울하지만 어쩔 것이오(위 씨 할머니와
의 면접).

조사 대상 마을의 여성들은 모두 양반 가문의 자손이었지만 남성들과
달리 교육 기회로부터 배제되었고 야학마저도 일제의 탄압으로 제한되
면서 공식 교육을 받지 못했으며, 결혼하기 전 순종적인 아내와 며느리
로서의 교육을 받았을 뿐이었다. 이처럼 교육을 제대로 받을 수 없었던
여성들은 남편이나 가족 성원들이 학살당하고 나서 본인들이 가족 생존
에 있어 절대적인 역할을 맡게 되면서 생계를 위해 생활전선에 뛰어들
어야 했고, 빈곤 상태를 벗어날 만한 기반이 되는 기술이나 지식을 배울
수 있는 기회나 사회 경험 없이 가족 생계의 부양자로서 고단한 삶을

살아왔다.10) 이 과정에서 남성은 부양자이고 여성은 피부양자라는 유교적 성별 이데올로기는 해체되어간 것으로 볼 수 있다. 그럼에도 불구하고 여성들은 유교 전통의 가족주의적 사고 때문에 자신의 고통을 당연한 것으로 받아들였으며 자신의 팔자라고 생각하면서 살아왔다.

남편이 학살당하고 혼자된 이후에도 여성 유족들에 대한 유교적 가부장제 질서의 강요는 여전했는데, 인습에 따라 시댁에 의탁해 살거나 남편 없는 시집에서 생계를 유지해야 했기 때문에 몸가짐은 수녀처럼 하면서 경제적 빈곤에 대항하기 위한 실질적 부양자 역할을 하고, 시부모를 섬기고 아이를 길러야 했다. 이처럼 부계혈통 중심의 가족제도는 경제사회적으로 어려운 시기에도 자연스럽게 유지되었음을 알 수 있다.

더욱이 조사 대상 여성들에서 알 수 있듯이, 여성들은 양반 가문에서 태어나 다른 양반 가문으로 시집와서 재가에 대한 생각 없이 과부로 살아가야 했다. 전통적으로 여자는 시집을 가면 그 집 귀신이 되어야 한다는 가부장적 사고로 인해 여성의 재가는 쉽지 않았다고 볼 수 있다. 더욱이 구술자들은 재가할 생각조차 하지 않았고 현재까지 혼자 살아온 것을 자신의 '팔자'라고 표현했지만, 은연중에 재가한 여성에 대해 좋지 않은 인식을 갖고 있음을 알 수 있다. 조사 대상 여성들은 양반 가문의 자손인 탓에 가정 내에서 유교의 가부장제 이데올로기와 정절 이데올로기를 철저하게 학습해온 여성들이었다. 따라서 공적 영역에서 배제된 채, 먹고살

---

10) 이임하(2000)에 따르면, 『대한민국통계연감』에 조사된 미망인 수는 1952년을 기준으로 40세 미만이 13만 1,100명, 40세 이상 16만 2,752명 등 총 29만 3,852명이고, 『보건사회통계연보』에서 조사된 전쟁미망인을 포함한 미망인 수는 대략 50만 명 내외이다. 이들 미망인 중 70% 이상은 빈곤 상태에 있었고 약 80% 정도가 국졸 미만의 학력으로, 자신의 빈곤을 벗어나기 위한 구체적인 방도를 마련하기에 충분한 지식을 갖추지 못했다. 특히 미망인 중 45% 정도는 학교를 전혀 다닌 적이 없는 문맹자들이었다(이령경, 2003: 52; 이임하, 2000: 19).

기에도 힘들었던 생활 속에서 침묵과 회피로 삶을 살아야 했다.

4. 좌익 관련 여성 유족의 전쟁기억과 전쟁 이후의 생존전략

1) 마을공동체 내에서 공유되는 학살 기억, 그리고 침묵

구술자들은 남편이 학살당한 이후 가족 생존에 있어 일정한 역할을 맡게 되었다. 한국전쟁이 끝나고 살아남은 여성들이 느꼈던 가장 큰 피해는 남편, 형제, 부모가 죽었다는 것이다. 남편이나 가족 성원 중 남성의 죽음은 가부장제 사회에서 여성들이 갖는 지지 기반과 자원이 박탈되었다는 것뿐 아니라, 혼자된 여성은 이제 남성 중심의 가부장적 친족관계와 노동의 교환관계에서 단절되었다는 것을 의미했다. 이와 함께 이령경(2003)은 좌익 관련 여성 유족은 빨갱이 가족이라는 이유로 공동체 안에서 경계의 대상이었고 좌익과 관련되어 아버지나 남편이 죽음으로써 부계 중심의 친족체계에서 친족사회와 단절되었다고 지적한다(이령경, 2003: 54, 73). 그러나 조사 마을의 경우는 마을 구성원 대다수가 좌익과 관련하여 피해를 당한 탓에 이런 양상은 보이지 않았다. 여기에는 조사 마을이 해남 윤 씨 동족 마을인 점이 작용하였다. 따라서 전쟁 당시 학살 기억은 마을공동체가 공유하고 있었으며 단지 그동안 침묵해왔을 뿐이었다. 더욱이 여성들은 공적 영역에서 배제되어왔기 때문에 가족이나 남편이 왜 끌려가야 했는지, 왜 죽어야 했는지 정확히 알지 못했고, 자신들이 겪어야 했던 고통에 대해 나름대로 평가와 해석을 할 수 있는 기회도 갖지 못했다. 이러한 상황에서 빨갱이나 국민보도연맹이 무엇인지도 몰랐고 군인이나 경찰도 빨갱이나 반란군도 이들에게는 그

저 무서운 존재였을 뿐이었다.

　그때 당시 너무나 배운 것도 없고 한마을에서 좌지우지하는 사람이 '이것이 좋은 것이다'라고 하니까 좋은 것이구나 하고 따라갔는데, 마을 구성의 특성상 타 성은 없고 해남 윤 씨 동족촌이어서 그 위에서 우두머리 하신 분이 촌수가 아재도 되고 할아버지도 되고 형님도 되고 그래서, 그분이 그쪽으로 머리를 써서 그런 분 따라서 그랬지, 좌익이 무엇인지 우익이 무엇인지 모르고 그렇게 피해를 많이 보았다. …… 정치가 무엇인지 좌익이 무엇인지 빨갱이가 무엇인지 모른 채 희생만 당했다. 빨갱이로 몰려서 당시 남자들이 집집마다 한 명 혹은 두 명이 총살을 당했죠(박 씨 할머니와의 면접).

　같은 일가만 살면 다 같이 살잖아요. 그니깐 피해를 많이 본다잖아요. 다른 데는 일가가 아니니까 뭐 하자고 하면 같이 안 하고 하니까. 인민군들이 들어와도 시키는 대로나 하고. 근데 여기는 피해가 많았지. 그때 당시 윤순달 씨라는 양반이 '하늘에 거미집(전깃줄)이 처지고 땅에는 바둑판(농지정리)이 처질 것이다'라고 했는데 실제로 전기가 들어왔고 농지정리가 이루어졌다. …… 그런 머리를 가지고 있는 사람인데 안 따를 수가 없죠. 글도 그렇게 잘하셨다고 하드만. 그때 당시에 머리가 완전히 천재여서 모르는 것이 없고. …… 이북으로 넘어갔지만은 …… (박 씨 할머니와의 면접).

　6·25 …… 생각하고 싶지도 않아. 무서운게 벌벌 떨고만 다녔어. 사람들은 다 도망가고 그랬어. 그러다 잡히고 죽고 그랬다. 순경이 죽였어. 인민군에게 피해당한 것 없어. 근데 그런 것들도 못쓰고 저런 것들도 못써. 세상이 다 못써. 윤가현(좌익 활동가) 그 사람 때문에 그랬어. 그 사람도 죽어야 써(위 씨 할머니와의 면접).

　전쟁이 끝난 후 좌익 관련 피학살자 유족들은 연좌제[11] 등으로 인해 억울함과 원통함을 밖으로 표현하지 못한 채 사회관계 속에서는 침묵으로 일관하면서 한으로만 간직하고 살아왔다. 더욱이 가족의 생계를 걱정하며 삶을 유지해온 여성들에게 한국전쟁에 대한 기억은 하나의 한계상황이었다.

우리가 계속 학교도 다니고 중학교, 대학교도 나왔을 것인디. 나와봤자 가산만 탕진해버리고 취직도 안 된다고 그래 안 해버리고 그랬지. 누구한테 가서 호소를 할 것이여. 우리 마을에 경찰관 한 명도 없어. 인제 겨우 되어서 그때 연루 잘 안 된 사람에 한해서 서기관도 시키고 했다고 하더만(좌익 활동가 직계가족과의 면접).

시어머니 시아버지도 역시 자식이(면접 대상자의 남편) 좌익이라는 이유로 엄청난 고초를 겪었다. 시어머니는 끌려가서 거기서 반병신이 돼서 나왔고 80년대에 시어머니가 나라에서 억울한 공산주의 누명을 쓴 사람들을 벗겨준다고 하여 오라고 했으나 두 번은 속지 않는다면서 수면제를 복용하여 사흘 만에 깨어났다. 나중에 들은 이야기로는 죄 없는 사람은 무마시켜준다고 했는데 그렇게 됐는지 안 됐는지는 잘 모르겠다. …… 무엇을 하고 싶어도 호적에 낙인이 찍혀졌다. 그 낙인이 찍혀있기 때문에 '나는 안돼. 아, 나는 안돼 우리는 안돼' 하는 생각에 시작도 못한 일들도 많다. '우리 자식들만큼은 그러한 일이 없어야 할 텐데' 하는 생각을 했다. 지금은 그렇지는 않을 것이다(박 씨 할머니와의 면접).

대체로 일상생활을 함께하고 있는 마을, 그것도 동족마을 사람들이 한국전쟁 당시 발생했던 학살 기억이나 경험을 공개적으로 드러내는 일은 매우 드물다. 어떤 식으로든지 호혜적 관계를 맺고 살아가고 있는 상황에서 이미 '과거'가 되어버린 경험이나 기억을 들추어내는 일은 오히려

---

11) 연좌제의 영향에 대해서는 염미경(2003b: 139~140)을 참조하기 바란다.

무용하거나 유해할 수 있기 때문이다. 즉, 과거의 전쟁이 현재의 생활 속에 묻혀있다고 할 수 있다.12) 사람들이 어떤 경험은 망각하고 어떤 경험은 회상하는지, 그리고 과거 경험에 대해 어떤 해석을 내려야 하는지는 다른 삶들과의 관계 속에서 결정하는 경향이 있기 때문이다(Thelen, 1989: 122). 따라서 사람들은 마을에서 원한이나 갈등 때문에 살상이나 폭력 행위가 일어났던 것이 아니라 '시대' 속에서 발생할 수밖에 없었던 외적 원인에 그 책임을 돌린다. 그러나 전쟁 중에 가족이나 본인이 희생당했거나 학살당한 경우에는 구체적인 이름은 물론 폭력을 불러온 원인과 갈등의 배경을 비교적 상세히 구술한다. 이들에게 있어서 전쟁은 '덮어야' 할 과거의 사건이 아니라 가족들의 죽음 및 개인적 상흔으로 남아있는 현재진행형이기 때문이다. 따라서 전쟁기억은 자신들이 처했던 상황과 현재의 위치에 따라 얽히고설키어 나타난다. 더욱이 역사에서 '주변인'으로서 전쟁을 체험한 사람들의 기억은 다음 세대로 전수되지도 못한 채 단절되어버리기도 한다. 이들의 기억 가운데 일부는 '공식적 기억'으로 서사되지만 많은 부분은 망각되거나 '기억의 회피'가 일어난다. 기억의 회피는 회상하고 싶지 않은 과거의 사건이나 체험을 드러내지 않으려는 의식적인 노력이라 할 수 있을 것이다. 이러한 측면은 이 글의 조사대상 여성들에게서도 일정하게 나타난다.

인간의 역사는 기억의 전수 과정이며 이것은 또 하나의 투쟁 과정을

---

12) 이때 마을 사람들의 '기억하기'를 어떻게 볼 것인가의 문제도 중요하다. '한마을 사람', '일가'라는 정체성 형성에는 무엇을 기억하는 것도 중요하지만 무엇을 잊는지, 그리고 어떻게 잊는지도 중요하다. 마을 사람들의 구술 또는 과거에 대한 이야기는 곧바로 그들의 '과거'에 접근하지는 않는다. 그들의 사회적 기억과 공유하고 있는 지식의 많은 부분은 말해지지 않거나 기록되지 않은 채 '격리'되어 암묵적으로 남아있기 때문이다. 따라서 기억의 정확성 못지않게 중요한 것은 기억의 사회적 차원을 밝히는 것이 된다(Thelen, 1989).

동반한다고 하지만, 조사 대상 여성들, 특히 부양해줄 자식이 없어 혼자
서 여생을 살아온 여성들은 자녀들에게 전쟁기억을 전수할 수도 없었고,
모든 것을 개인의 몫으로 돌리고 혼자 아파하면서 사회적으로 기억을
억압당하고 침묵을 지켜왔다.

2) 좌익 관련 여성 유족들의 전쟁 이후의 생존전략

(1) 국가 주도 개발정책에의 동참

대체로 좌익 관련 여성 유족들의 전쟁 이후 생존전략은 전후 반공체
제에 적응하고 순응하는 것이었다. 남성 유족들이 관(官)과 친분을 돈독
히 하는 처세를 익혔다면,[13] 조사 마을의 대다수 여성들은 몸으로 체득
한 말조심을 삶의 지혜로 하여 박정희 정권에 대해 동의와 방관의 자세
로 임해왔다. 그러나 예외적으로 박정희 군사정권의 반공 이데올로기와
결합된 개발정책하에서 국가 주도 발전과정에 적극적으로 참여한 여성
이 있는데, 1970년대 새마을운동에 참여하여 새마을 부녀지도자의 길을
걸어온 여성(조 씨 할머니)의 경우이다. 이 여성 유족의 친정 집안은 부농
이었는데, 전쟁 당시 우익으로 몰려 좌익에 의해 부모와 남자형제들 모
두 희생당한 경우이다.

친정 오빠들도 대학 다니고 그러니까 그러지도 안 한디 우익이라고 이
름을 지어주더만. 그런디 나중에는 6·25가 일어나고 좌익 사상 어떻게 해

---

[13] 조사 마을의 전쟁경험은 '국가권력에 의해 당했다'고 하는 피해의식과 함께
'공산당 마을'이라고 낙인찍혀있기 때문에 '조금이라고 밉보이면 안 된다'는
생각에서, 마을 사람들은 각종 정부정책에 더욱 협력하는 태도를 보였고 조사
마을은 여당 지지 성향을 갖게 된다. 마을 사람들은 자신들이 좌익이거나 지배정
권에 반대하는 사람들이 아니라는 증명을 하기 위해 계속해서 노력해야 했다(염
미경, 2003b: 137~138).

서 재산을 다 가져가녀난. 그러고는 우리 엄마가 좋은께 우리 엄마 몫으로 논 닷 마지기를 주더만. 동네에서 자기들 마음대로 그러더라고. …… 부모님은 6·25 때 8월에 돌아가셨어. 부락 사람들이 좌익 사람이어서. …… 우리 아버지는 우익이라고 해서 인민재판까지 회부됐었지. 말하자면 공직생활도 안 해보고 그냥 있는 재산 열심히 해서 사 보태서 논도 늘어나고 그랬는디. 그라대. 내가 생각해도 어디 가서 도둑질 한 번 안 해보고. 임오년, 흉년 때도 쌀을 30가마니나 부락에 내놓고 부락 이장한테 알아서 다 나눠 주라고 그랬는디. …… 그러니까 인민재판에서 이겼어. 그것도 소용없드만. 그냥 가서 죽여버리더만. 8월 열이렛날이 제사여. 어머니는 스물하룻날. 다 그랬어. 우리가 7남매인데 동생들이랑 다 죽고 오빠하고 나하고 삼남매만 살았는디, 다 돌아가시고 인자 나만 남았어.

우익 활동을 했다는 이유로 희생된 친정 집안 경험을 함께 가진 이 여성 유족은 1970년대 새마을운동에 참여하여 박정희 정권의 개발정책에 적극 부응하는 길을 걸어왔다. 이 여성 유족이 새마을사업에 참여하고 부녀회장을 하게 된 계기를 보면 다음과 같다.

박 정권이 시작되면서 나를 부녀회장을 시키려고 촉진회장, 지서장, 면장이 와서 우리 시아버님한테 와서 나를 부녀회장을 시켜달라고 몇 번을 그래서, '누가 혼자된 며느리를 부녀회장 하라고 하겠어' 그랬는데, 계속 와서 해라, 해라 하니까 나중에 나무에 올라가서 나중에는 흔드는 격이 되면 안 된다고 그러니까 그렇게 안 할 것이라고. 그래서 결국에는 승낙을 해줬지.

이 여성 유족은 1962년부터 20년간 부녀회장을 하였고 남편의 형제는 새마을사업을 추진할 당시 마을 이장을 하였다. 이로 인해 이 여성의 집안은 국가권력에 추수적인 태도로 반공체제에 적응하였다. 마을 단위를 비롯해 면 단위의 부녀회장을 역임한 이 여성 유족의 부녀회 경험을 살펴보기로 한다.

뭐든 적게 쓰고 적게 해서 저축하고 뭐이든지 새마을사업을 해서 부녀회 돈도 좀 만들고. 국가에서 지원해주는 거 하나도 없었어. 지원해준 것 있어도 자기들이 다 씹어 먹고. …… 어떤 사람이 그러대. '이래서 하우스 재배한다고 해서 국가에서 지원해주는 게 있다'고, 그러니까 내가 '우따, 말도 마쇼에. 말만 그렇고 건덕지 없어.' 그러니까 시아재가 '돈 나오면 나 좀 줘.' 그래서 '뭔 돈이 나온다요.' 그러니까 '아무튼 돈 나오면 나 좀 줘.' 그래서 '돈 나오면 다 줄께요.' 그랬어. 근디 누가 돈을 줄 것이요. 조금 돈이 될 만하면 즈그들이(자기들이) 다 먹어버리제. 어디서 돈이 나오겠어. 그릇 하나도 뭐하나. …… 근디(그런데) 나중에 부녀회장 한 사람은 없는 것이 없습디다. 우리들 할 때는 뭐 하나도 없어. 잘하면 잘한다고 냄비나 한 조각 주고, 살 탔다고 술 한 잔 안 줘. 여편네들인께 모지란 듯하고 내버려 둬 버리제. 그런 것도 안 해봤어.

이처럼 이 여성 유족의 경우 다른 여성들과 달리 남성들처럼 공적 영역에서 활동을 해왔고 박정희 정권의 정책에 적극적으로 참여해왔음에도 불구하고, 남성들과 다른 대우를 받았음을 알 수 있다.

(2) 체념하는 순응적 삶의 선택

앞에서 지적한 바와 같이, 대부분의 조사 대상 여성 유족들은 다른 유족 당사자들이 학살 문제에 대해 내면화된 반공 이데올로기의 피해의식으로 나름대로의 처세로 군사정권에 대해 침묵으로 일관해왔던 것처럼, 그 당시 학살에 대해 말해줄 대상도 들어줄 상대도 없이 단절된 채 여생을 살아왔다. 더욱이 여성들은 가족이라는 사적 가부장제에 안착해 자신들의 경험을 은폐한다. MBC의 <이제는 말할 수 있다>에서 방영된 국민보도연맹에 관련한 것은 조사 대상인 마을공동체 내에서 공유되어온 전쟁기억을 마을 주민들이 말할 수 있는 계기를 제공하였다.

여성들은 당시 한국전쟁이 그녀들의 운명에 결정적인 작용을 하여 어쩔 수 없이 이렇게 되었다는 인식을 하였다. 즉, 한국전쟁이라는 외부의 힘에 의해 자신의 인생이 그렇게 되어 억울하지만 누구를 탓하지 않고 모든 것을 자신의 운명으로 돌린 채 체념하면서 사는 순응적인 삶의 양상을 드러낸다. 한국전쟁으로 인해 여성들은 가족을 잃고 자신의 인생이 꼬이는 억울함과 서러움을 참고 견뎌야 했다. 이러한 현실에서 여성들은 이 고통을 운명으로 돌린 채 체념하는 순응적인 삶의 방식을 선택하게 된다. 그러나 그들 시대의 고통은 힘겹게 견디며 살지라도 자식만은 그것을 벗어나 행복하게 살기를 기대했지만, 자식들의 삶도 그다지 행복하지 못했다.

한편, 조사 마을 여성들의 전쟁기억에서 인공과 남편은 생략되어있지 않다. 윤택림의 연구(2003a: 41)에 의하면 사례 마을 여성들의 서술에서 한국전쟁 중 인공 이야기, 인공 시 남편의 좌익 활동은 말해서는 안 되는 금기로 나타나지만, 이 글의 사례 마을 여성들에게는 그렇지 않다는 사실을 확인할 수 있다. 남편의 좌익 활동에 대해서는 그다지 숨기지 않지만 그 세부적인 활동에 대해서는 그다지 표현하지 않았다. 이는 한편으로 여성들이 의도적으로 침묵하고 있는 것으로 볼 수 있지만, 다른 한편으로 여성들이 남편이 하는 바깥일에 그다지 관심이 없었고 좌우익 활동에 대한 이해가 부족했기 때문인 것으로 볼 수도 있다. 더욱이 윤택림의 연구(2003a: 243)와 달리, 이 글의 조사 대상 여성들은 남편에 대한 증오 내지는 한도 그다지 없으며, 맏아들에 대한 특별한 의존의식, 과부가 된 어머니와 맏아들이 가족관계의 축이 되어 가족의 생존과 사회적 계층 상승에 주도적 역할을 해왔다는 점도 잘 나타나지 않는다. 이에 대해서는 전통적으로 여성들이 주로 사적 영역에 머물렀던, 가부장제 가족이라는 틀 속에 존재했다는 점, 따라서 공적 영역에 대한 관심이 적었다는 점, 그리고 여성들이 시집온 지 얼마 되지 않아 남편을 잃었기 때문에 남편에 대한 기억들이 많지 않은 점들을 이유로 들 수 있다.14)

전쟁이 끝난 후 좌익 관련 피학살자 유족들은 연좌제 등을 통해 사회적으로 소외당하면서 일상적으로 내재된 반공 이데올로기 속에서 살아남기 위한 생존전략으로 체념과 순응의 삶을 선택했고, 조사 대상 여성들의 대다수도 이를 선택했다. 유족들은 억울함과 원통함을 밖으로 표현하지 못한 채 사회관계 속에서는 침묵하면서 지울 수 없는 한으로만 간직하고 살아왔다. 특히 모든 생활영역이 사적 영역으로 한정되어있었던 좌익 관련 여성 유족들은 학살에 대해서는 어떤 가치판단도 보류한 채, 여성 구술자들 대부분은 학살의 책임을 시대를 잘못 태어난 탓이거나 자신들의 팔자 소관으로 돌린다. 부모형제와 남편이 학살당한 것도 자신의 팔자 탓이고, "세월을 못 타고났으니 우리만 억울하지"라는 말대로 죽은 사람과 살아서 힘들게 고생한 사람만 억울하다는 것이다. 이는 "'내 팔자다'라고 생각하고 살아왔다. 참말로 그냥 그렇게 살았어요 하늘만 쳐다보고, 한 번 쳐다보고, 두 번 쳐다보고." …… "어쩔 것이요 고생 많이 하게 태어난 운명을. …… 도망갈 생각은 해본 적도 없어." "힘들어도 어쩔 것이여. 그렇게 살아야지. 아들 하나 잘되면 좋겠다고 하고 살았어." "전쟁이 없었다면 얼마나 좋겠소 잘 벌고 편히 살 수도 있었는데." 등과 같은 조사 대상 여성들의 구술에서 어느 정도 볼 수 있고, 그 이면에는 허무의식이 내재해있다.15)

---

14) 이 점은 윤택림의 연구에서 대상으로 한 여성들은 좌익 지도자의 아내였던 데 반해 이 글의 조사 대상 여성은 좌익 마을의 평범한 여성이었다는 점도 작용했다고 보는데, 이에 대해서는 좀더 심층적인 조사가 필요하다고 본다.
15) 이러한 조사 대상 여성들이 가진 허무의식의 근원과 관련하여, 구술생애사 면접 당시 이들이 고령이었다는 점, 전쟁 이후 좌익 관련 유족으로서 살아가야

(3) 고통과 빈곤의 악순환

죽을힘을 다하면서 견뎌온 여성 구술자들은 홀로 빈곤 상태에서 살아오고 있고, 부양해줄 가족이 없는 여성 유족들[윤 씨 할머니(1), 윤 씨 할머니(2), 위 씨 할머니 등]은 생활보호대상자로 선정되어 정부로부터 약간의 도움을 받으면서 살아오고 있다. 그리고 남편이나 가족 성원이 좌익으로 규정되어 학살당한 후 집안의 남은 식구들은 연좌제로 시달려야 했다. 여성 구술자들은 연좌제 피해에 대해 다음과 같이 구술한다.

무엇을 하고 싶어도 호적에 낙인이 찍혀졌다. 그 낙인이 찍혀있기 때문에 '나는 안돼. 아, 나는 안돼, 우리는 안돼' 하는 생각에 시작도 못한 일들이 많다. '우리 자식들만큼은 그러한 일이 없어야 할 텐데……' 하는 생각을 했다(박 씨 할머니와의 면접).

대체로 연좌제가 폐지된 1980년 이후에도 좌익 관련 유족들의 연좌제 피해는 계속되었고, 학교 등 공공기관을 통해 시행되었던 반공교육과 각종 공안사건 등의 영향으로 일상적으로 반공 이데올로기가 내재화된 사회에서 생존하기 위해서는 학살의 기억과 고통을 부정하거나 침묵해야 했다(이령경, 2003). 유족들은 자신들의 전쟁경험을 자식에게는 표현하지 않았는데, 이는 전쟁경험을 지닌 부모 세대나 전후 세대 모두에게 빨갱이라는 개념이 하나의 콤플렉스로 작용했기 때문이라고 볼 수 있다. 좌익 관련 피학살자 유족의 대부분은 연좌제16)에 의해 정치적 공간에서 배제당해왔다. 그 가운데 좌익 관련 피학살자 남성 유족들은 군, 경찰과 같은

했던 자식들에게 '짐'을 안겨줌으로써 자식의 삶도 평탄치 못했고, 이로 인해 자식과의 관계도 원만하지 못했던 점도 작용했을 것으로 본다.

16) 연좌제로 인한 마을 사람들의 피해 경험에 대해서는 염미경(2003b: 139~140)을 참조하기 바란다.

직종으로는 진출하지 않는 것으로 연좌제의 사슬을 스스로가 적극적으로 회피하기도 하였다. 그러면 조사 마을의 여성 구술자들은 어떠했을까?

여성 구술자들 가운데 연좌제 피해에 대해 이야기하신 분은 박 씨 할머니뿐이었다. 다른 여성 구술자들은 연좌제 피해에 대해 거의 이야기하지 않았다. 여성은 전쟁, 학살 같은 직접적인 폭력 외에도 가부장제와 군사주의, 반공 이데올로기에 의한 배제와 차별이라는 불평등과 고통을 받아왔다. 하지만 좌익 관련 여성 유족의 경우는 우리 사회의 가부장제적 사고 때문에 공적 영역에서는 완전히 배제되었으므로, 아예 직업 선택의 기회조차 가지지 못한 채 자신의 고통을 당연한 것으로 받아들이며 연좌제의 차별을 느끼지 못한 채 살아왔다. 이들은 연좌제의 피해를 입지 않았던 것이 아니라 제한적으로 열려있던 정치적 공간에서조차 완전히 배제되었던 것이다. 그리고 좌익 관련 여성 유족들은 군대 혹은 군사화의 지속을 위한 물질적·정신적 동원 대상으로 타자화될 뿐 제한된 시민권 획득의 기회조차 주어지지 않았다. 정치적 배제 외에 좌익 관련 여성 유족들이 겪어야 했던 구조적 폭력 중에는 경제적 고통이 으뜸이었다. 80세의 고령에도 부업이나 농사일을 해야만 생계유지가 가능할 정도의 빈곤의 악순환 아래에서 최저빈곤층을 이루고 있는 형편이다. 좌익 관련 여성 유족의 경우 공적 영역에서 배제된 채 먹고살기에도 힘들었던 생활 속에서 자신들의 정체성과 기억은 단절되었다. 이런 정체성과 기억의 단절은 여성 유족들에게 집단적 허무의식과 가치관의 혼란을 빚기도 했다. 이들이 겪은 학살의 고통은 기억 밑바닥에 회한과 침묵의 소리로만 남아있는 것이다.

우리는 어릴 때라 집안 어른들이 주요 좌익 활동가들이었다는 것을 몰랐고 어른들도 그런 이야기 해주지도 않고…… 그런 것으로 인해 우리는 계속 요시찰을 당했제. 우리는 요시찰 가족이여. 우리가 이런 이야기 할 수 없었제. 그란니(그런데) <이제는 말할 수 있다> 그런 데에서 방송에 나오고 하니까 말할 수 있게 된 것이지. 몇 년 전만 하더라도 정기적으로 봄, 가을이면 보안대에서 오든지, 경찰서 형사계에서 오든지 의례껏(으레) 와서 그냥 돌아보고 간 사람도 있고, 쓰잘대기(쓸데)없는 것 물어보고 간 사람도 있고 …… 연좌제 폐지한다고 했지만 그래도 남아있어서 …… (좌익 활동가의 직계 가족 성원의 구술).

연좌제의 적용은 좌익 관련 가족이나 마을 사람들에게 전쟁이 계속되고 있음을 느끼게 해주었을 뿐만 아니라, 선대 혹은 가족의 과거 좌익 경력 때문에 자손들이 불이익을 당하는 것을 지켜보면서 과거를 더욱 한스럽게 여기게 만들었다. 여성들의 입장에서 볼 때 연좌제로 인한 피해 경험은 자신의 선택에 의한 것이 아니라 남편을 비롯한 집안 남성들의 선택 때문이었지만, 이것은 이후 여성들에게 고통과 빈곤을 안겨줌으로써 여성들의 삶에 절대적인 영향을 미쳤다. 그럼에도 불구하고 여성들은 이를 남편 잘못 만나 비롯된 자신의 팔자 탓으로 여기는 경향을 보인다. 결국 전쟁은 여성들로 하여금 가족 해체는 물론 계층의 하락을 경험하게 했고, 남편 없이 가장으로서 가계를 유지해나가야 하는 상황을 감내하게 했다. 윤택림(2003a: 245)의 연구 대상이었던 좌익 지도자의 아내들은 열심히 일해 자식들을 공부시키고 혼인시키는가 하면, 맏아들과 함께 계층 상승의 주도적 역할을 한 것으로 나타난다. 그러나 이 글의 조사 대상 여성들은 그렇게 하지 못했다. 조사 대상 여성들은 전쟁 이후 가정의 생계자로서 빈곤과 반공 이데올로기에 의해 모진 고통을 겪어야 했고, 한 분을 제외하고는 모두 가난으로 인해 자식들을 교육시키지 못했으며 또한 자식들에게 가난까지 대물림해야만 했다. 그리고 양반 가문 출신의 여성들이었던 조사 대상 여성들은 20대에 남편을 잃고 평생을 홀로 살아온, 가부장제의 실제적인 피해자이기도 했다.

5. 여성주의 시각을 위하여

이 글에서는 여성은 역사의 주체에서 배제되어왔기 때문에 이들의 전쟁경험이 침묵되어졌다는 인식하에, 한 좌익 마을 여성들의 구술생애사 자료를 통해 여성의 전쟁경험과 기억을 드러내고자 하였다. 이 글에서 다룬 반촌 마을의 좌익 관련 전쟁경험을 가진 여성들의 구술생애사에서 주목할 만한 것은 이들의 정체성 형성에서 유교 전통의 가족주의 이데올로기가 두드러진다는 점이며, 자신의 삶이나 자신을 평가하는 데 팔자를 중요한 요인으로 생각하고 있다는 점이다.

여성 유족의 경우 그들이 겪은 학살 경험은 직접적인 폭력으로써 가시적으로 드러나지만, 전쟁과 학살 이후 그 고통을 그대로 간직한 채 그들이 겪어야 했던 반공 이데올로기, 구조적, 문화적 구속은 상대적으로 잘 드러나지도, 별로 주목받지도 못했다. 더욱이 여성들은 자신의 삶을 남성의 관점에서 바라보고 남성 중심적으로 만들어진 언어로 이해하고 설명하는 경향이 크고(윤택림, 1995; 조혜정, 1988; 윤형숙, 1995), 가부장적인 사회에서 여성이 자신의 특수한 경험을 자신의 관점으로 설명할 수 있는 틀과 언어를 갖거나 개발할 수 있는 가능성은 그리 크지 않다. 이때 자발적 자기표현인 동시에 자기확인이라고 볼 수 있는 구술생애사는 여성들의 경험과 관점을 나타내주는 중요한 형식이 될 수 있다. 그렇다고 구술생애사를 활용하는 것 자체가 여성주의적 입장을 보장해주는 것은 아니다. 여성의 경험을 드러내는 것과 그것을 여성주의의 시각에서 객관화하는 작업이 상호작용해야 한다. 단순히 남성들이 빠트린 여성의 삶을 기록하여 여성에 관한 자료를 보충하는 역할을 하는 여성 생애사 연구가 아니라, 여성의 삶과 사회·역사적 사건의 상호작용, 여성이 자신의 사회적 정체성을 모색해가는 과정 등에 대한 연구를 통해 개인과 역사와 사회와의 관계에 대한 근본적이고 이론적인 문제들이 제기되어야 한다.

여성 경험이 자신의 경험을 어떻게 표현하도록 할 수 있을 것인가? 여성이 자신이 겪은 경험의 특수성과 중요성을 인식하지 못하고 그것을 되도록 사회적으로 용인된 규범과 언어에 맞추어 설명하려 할 때 어떻게 여성 자신의 목소리를 복원해줄 것인가? 또한 여성들이 때로는 남성들의 지배적 입장을 반영하고, 때로는 그것과 상치되는 자신의 직접적인 경험을 반영하는 상호 모순되는 이야기를 하는 경우에 이를 어떠한 측면에서 들을 것인가 하는 것에 대해 신중한 전략과 분석이 필요하다(윤형숙, 1995: 114). 이와 함께 여성의 경험을 중심으로 새로운 사회·문화 질서의 모색을 목적으로 한 연구 작업들이 보다 축적될 필요가 있다.

■■■ 참고문헌

나승만. 2000. 「민중생애담조사법」, 《역사민속학》, 제9호(1). 한국역사민속학회.
박찬인. 2000. 「한국전쟁과 진도 동족마을 세등리의 비극」. 역사문제연구소 《역사와 현실》, 제38호.
염미경. 2003a. 「전쟁 연구와 구술사」. 표인주·염미경·박정석 외. 『전쟁과 사람들: 아래로부터의 한국전쟁 연구』. 한울.
_____. 2003b. 「전쟁과 지역권력구조의 변화」. 표인주·염미경·박정석 외. 『전쟁과 사람들: 아래로부터의 한국전쟁 연구』. 한울.
유철인. 1990. 「생애사와 신세타령 - 자료와 텍스트의 문제-」. 《한국문화인류학》, 22.
_____. 1996. 「어쩔 수 없이 미군과 결혼하게 되었다」. 《한국문화인류학》, 29-2.
_____. 1998. 「물질하는 것도 머리싸움: 제주 해녀의 생애이야기」. 《한국문화인류학》, 31-1.
_____. 2001. 「구술된 기억으로서의 증언 채록과 해석」. 『근·현대 사료의 이해와 수집·활용 방안』. 제20회 국사편찬위원회 사료조사위원회의 발표 요지.
윤택림. 1995. 「지방. 여성. 역사: 여성주의적 시각에서 본 지방사 연구」. 《한국 여성

학》, 제11집. 27~46
_____. 1997. 「구술사와 지방민의 역사적 경험 재현: 충남 예산 시양리의 박형호씨 구술 증언을 중심으로」. 《한국문화인류학》, 30-2.
_____. 「6·25와 유씨 가족」. 제31차 한국문화인류학회 전국대회 발표논문집.
_____. 2001. 「한국 근현대사 속의 농촌여성의 삶과 역사 이해: 충남 서산 대동리의 여성 구술생애사를 중심으로」. 《사회와 역사》, 59집. 한국 사회사학회.
_____. 2003a. 『인류학자의 과거여행』. 역사비평사.
_____. 2003b. 「한국학 연구방법의 모색: 문화기술지적 방법을 중심으로」. 《정신문화연구》, 제26권 1호.
윤형숙. 1994. 「생애사 연구의 발달과 방법론적 쟁점들」, 『배종무 총장 퇴임기념 사학논총』.
_____. 1995. 「여성생애사연구방법론」. 《여성 연구》, 3권 1호. 목포대학교 여성문제연구소. 99~116쪽.
이령경. 2003. 「한국전쟁 전후 좌익 관련 여성 유족의 경험 연구」. 성공회대학교 시민사회복지대학원 석사논문.
이선영. 2002. 「일본군 위안부 '생존자' 증언의 방법론적 고찰 - 증언의 텍스트화와 의미부여를 중심으로-」. 서울대 여성학협동과정 석사학위논문.
이수연. 1998. 「문화연구와 페미니즘」. 정재철 편. 『문화연구이론』. 한나래.
이용기. 2001. 「마을에서의 한국전쟁 경험과 그 기억: 경기도의 한 '모스크바' 마을사례를 중심으로」. 《역사문제연구》, 제6호. 역사비평사.
이임하. 2000. 「한국전쟁이 여성생활에 미친 영향」. 《역사연구》, 제8호. 역사학연구소
이해준. 2001. 「근현대 지방사료 수집의 방향과 과제」. 제20회 국사편찬위원회 사료조사위원회 발표요지.
정진상. 2000. 「해방직후 사회신분제 유제의 해체: 경남 진양군 두 마을 사례연구」. 지승종·김준형·허권수·정진상·박재홍 공저. 『근대사회변동과 양반』. 아세아문화사.
조혜정. 1988. 「한국 가부장제에 관한 해석적 분석: 생활세계를 중심으로」. 『한국의 여성과 남성 4』. 문학과지성사.
최기자. 2001. 「여성주의 역사쓰기를 위한 여성 '빨치산' 구술생애사 연구」. 한양대 대학원 여성학협동과정 석사학위논문.
표인주·염미경·박정석 외 공저. 2003. 『전쟁과 사람들: 아래로부터의 한국전쟁 연구』. 한울.
함한희. 2000. 「구술사와 문화연구」. 《한국문화인류학》, 33-1.
吉見義明. 1995. 『從軍慰安婦』. 岩波新書.

Allessndro Portelli. 1998[1979]. "What makes Oral History Different." *The Oral History Reader*. pp.67~68.

Gollanz. 1943. *War Factory*. London.

Gurewitsch. Brama(ed.). 1998. *Mothers, Sisters, Resisters: Oral Histories of Women Who Survived the Holocaust*. The University of Alabama Press. Tuscaloosa and London.

Naomi Norquay. 1999(Winter/Spring). "Identity and Forgetting." *Oral History Review*, 26/1

Passerini Luisa. 1998[1979]. "Work Ideology and Consensus under Italian Fascism." *The Oral History Reader*. pp.53~63.

Popular Memory Group. 1998[1982]. "Popular memory - Theory, Politics, Method-." *The Oral History Reader*. pp.75~86.

Summerfield, Penny. 1998. *Reconstructing Women's Wartime Lives: Discourse and Subjectivity in Oral Histories of the Second World War*. Manchester and New York: Manchester Univ. Press.

Thelen, David. 1989. "Memory and American History," *Journal of American History*, 75(4)

White. 1998[1994]. "Marking Absences Holocaust Testimony and History." *The Oral History Reader*, pp.172~182.

The New York Times. 2001.3.10.

여순사건에 대한 기억

1. '사실'로서의 여순사건, 기억에 대한 '해석'

'여순사건'은 발생 초기부터 정치적 입장에서 반대세력을 탄압하고 반공주의를 부추기기 위하여 이용되어왔으며(김득중, 2000a), 명칭과 발발 원인, 그 전개 과정에 대해서는 아직까지 논의가 분분한 실정이다(안종철, 1991; 정청주, 1998; 홍영기, 1999; 황남준, 1987 등). 그럼에도 불구하고 여순사건은 발발 이후 대규모의 진압작전과 그 전개 방식 그리고 6·25 이후까지 진압작전이 지속적으로 확대되었다는 점에서, 내분에서 내전으로 이어지는 일련의 전쟁 과정이라 할 수 있다.[1] 따라서 여순사건과 그 이후 6·25로 이어지는 가운데 반란군과 진압군들이 일반인들에게 행

---

1) 전쟁에 대한 정의는 다양하지만, "인간에게만 나타나는 문화적 현상으로, 개인적인 행동이 아니라 집단적 속성"(Carneiro, 1994: 6)이라는 점은 분명하다. 전쟁과 내분을 구분하자면, 전쟁이 '정치공동체들 간의 무장된 전투'인 반면, 내분은 '한 정치공동체 내부에서 발생하는 무장된 전투의 한 형태'(Otterbein, 1973: 923~924) 라 할 수 있다. 하지만 여순사건은 그 이후 6·25로 이어진다는 점에서 한마디로 내분 또는 전쟁으로 규정할 수 없는 일련의 '사건'이다.

한 폭력행위는 '전쟁폭력'의 관점2)에서 이해되어야 할 것이다.

전쟁폭력, 그것도 국가기구에 의해 이루어진 폭력에 대한 개인적·집단적 고통은 그 기억의 담지자들에게 벗어날 수 없는 상흔으로 남는다. 여순사건을 경험한 사람들 역시 폭력의 상흔으로부터 완전하게 벗어나려고 하지 않을 뿐 아니라, 과거에 대한 증언을 쉽사리 하지 못하게끔 심리적으로 닫혀있다. 전쟁폭력을 경험한 생존자들은 일상생활에서도 자신들이 겪은 잔학행위에 대해 쉽게 일반화할 수 없는 사회적 경험을 내포하고 있다. 이들이 겪은 잔학행위에 대한 기억과 해석은 '억누를 수 없는 경험'에 대한 개인들의 서사형식으로 표현되고, 이들 서사로부터 폭력으로 인한 사회적 고통의 실체에 다가설 수 있을 것이다(Kleinman, Das & Lock, 1998).

사회적 고통은 집단적, 상호 주관적 또는 개인적 맥락 속에서 경험되며, 사회적 중재와 변형의 한 과정이 되기도 한다. 전쟁경험의 집단적 양식은 개인적 인식과 표현의 내용을 결정한다. 그리고 집단적 양식은 때로는 공개적으로, 때로는 간접적으로 가르치고 배우게 된다. 고통의 사회적 경험의 두 측면, 즉 집단적 양식과 상호 주관적 과정은 시간과 장소에 따라 그 문화적 의미가 달라짐으로써 새로운 모양으로 나타날 수 있다(Kleinman & Kleinman, 1998). 하지만 잔악한 사건의 일반화 또는 연대기적 서술은 폭력의 희생자와 경험자들이 겪은 사적 영역을 무시할 우려가 있다. 따라서 전쟁폭력에 대한 사회적 경험을 올바로 이해하기 위해서는 개인들이 겪은 폭력의 차이를 인식하는 것이 중요하다.

실제로 여순사건의 경험자 또는 관찰자들은 '사실'로서의 여순사건을 서로 다르게 인지하고 있는 경우가 있다. 처한 상황에 따라 여순사건을

---

2) 전쟁의 특징은 조직화된 폭력이지만, 그렇다고 조직화된 폭력 모두가 전쟁은 아니다(Reyna, 1994: 30). 그러나 "전쟁폭력이 모든 폭력의 근저에 있다"(다키 고지, 2001: 37)는 말은 폭력 중에서도 전쟁으로 인한 또는 전쟁을 빙자한 폭력이 인간에게 미치는 그 파괴적인 힘과 잔인성이 가장 적나라하다는 의미일 것이다.

다르게 경험했기 때문이다. 따라서 개인이 경험한 사건 또는 일화를 분석하기 위해서는 폭력이 지속된 기간, 본질과 내용 그리고 억압자들의 역할과 희생자들이 이용할 수 있었던 방어 자원들을 개인의 구체적 구술을 통해 파악할 필요가 있다. 이런 문제들에 대한 심층적 분석이 이루어진 다음에 개별 잔학행위가 발생했던 역사적, 지리적, 문화적, 정치적 맥락 속에서 폭력의 경험에 대한 기억을 제대로 이해할 수 있을 것이다. 기억, 특히 전쟁폭력에 대한 기억은 공허한 상태에서 발생하는 것이 아니라 대개 개인적 기억은 감정을 통해 걸러지고 또 집단경험을 통해서도 걸러지기 때문이다(Hirsch, 1995: 14). 즉, 개인의 기억을 제대로 파악하기 위해서는 그들의 정치적 성향과 사회경제적 위치, 가족적 유대감 등을 함께 고려해야 한다.

전쟁폭력으로 인한 죽음은 살아있는 자들의 삶과도 연결되어있다. 죽은 자로 인해 산 자들이 겪게 되는 사회적 고통은 망각이나 침묵으로 치유될 수 있는 문제가 아니다. 과거의 고통을 새롭게 하거나 재현하기 위해, 그리고 그로부터 자유롭게 되기를 희망하는 기념비만으로는 희생자들과 생존자들의 사회적 고통을 대변할 수 없다. 이들은 결코 과거로부터 '자유롭고자' 하는 것이 아니기 때문이다(Langer, 1998: 55). 과거에 무슨 일이 있었는지를 현재에 이야기하는 것은 과거를 어떻게 보아야 하는지를 결정할 뿐만 아니라, 현재에 역사가 무엇을 의미하는지를 결정하기도 한다.[3] 나아가 미래의 행위에 영향을 미칠 수도 있다. 과거의 사건을 어떻게 회상하는가 하는 것은, 우리가 무엇을 해야 하며 어떻게 살아야 하는지를 알려주는 텍스트이다. 따라서 기억은 정치적 현상이며

---

3) 최근 여순사건 당시의 폭력행위로 인한 고통과 희생을 시각적 영상으로 표현한 MBC의 <이제는 말할 수 있다>(1999.10.17. 방송)와 영화 <애기섬>이 논란의 대상이 되고 있는 것을 봐도, 과거의 기억을 현재화하는 작업은 단순한 개인적 회상이나 치유의 문제가 아니라 '역사적' 문제라는 것을 말해준다(≪월간조선≫, 2002년 9월호, 2001년 10~12월호, 2002년 3월호와 11월호 참조).

정치적 이해에서 가장 중요한 부분이기도 하다(Hirsch, 1995: 10).

이 장에서는 순천지역에서 여순사건을 직접 경험한 사람들 입장에서 겪은 전쟁폭력의 구체적 사례와 여순사건 희생자 유가족으로서 겪었던 전쟁폭력에 대한 간접경험 및 기억에 대한 '해석'을 보여줄 것이다. 여순사건은 해방 이후 정부가 수립된 지 불과 2개월 만에 발생했다는 점과 군대(제14연대) 내부에서 '반란'으로 시작되었다는 점에서 정부의 정통성을 뒤흔든 '사건'이었음에도 불구하고, 정작 사건 자체에 대한 기록과 연구는 많지 않은 편이다. 또 신문 기사 같은 1차자료의 부정확성과 관련 증언기록 등의 미비 때문에 사건에 대한 접근조차 어렵다(김득중, 1999). 이런 상황에서 여순사건을 경험한 사람들의 구술자료는 무엇보다 중요한 자료원이 될 수 있을 것이다. 다음에서는 여순사건을 직접 또는 간접으로 경험한 사람들의 구술자료를 중심으로 여순사건 발발 당시의 상황, 여순사건 이후 한국전쟁으로 이어지는 기간 동안에 일어난 전쟁폭력의 양상, 여순사건으로 희생당한 사람들의 유족들이 겪었던 사회적 고통을 분석하고자 한다.[4]

2. 여순사건: 반란과 진압

여순사건이 일어나게 된 배경과 원인에 대해서는 여러 가지 설이 있다. 직접적인 원인으로는 여수 주둔 14연대 내부의 좌익 세력 결집, 군(국방경비대)과 경찰의 갈등, 남로당의 침투와 숙군작업 등을, 간접적인

---

[4] 이 글의 바탕이 되는 자료는 두 차례의 예비조사와 2002년 12월 9일부터 14일까지의 본조사를 통해 수집되었다. 본조사 후 미비한 점은 서신과 전화 통화로 보충했다. 자료조사는 순천시 현대백년사 편찬준비위원회 모임인 순우회 및 여순사건 유족협의회, 대한민국상이군경회를 중심으로 이루어졌다. 이 글에 나오는 사람들의 이름은 기존 문헌에서 공개된 이름을 제외하고는 모두 가명이다.

원인으로는 전남 동부지방의 정치 상황 등을 들고 있다. 여순사건의 성격에 대해서도 제주도 4·3사건을 진압하기 위해 14연대의 일부 병력을 파견하기로 하자 군 내 좌익 세력이 돌발적으로 사건을 일으켰는지, 아니면 사전에 남로당과 연계된 계획된 봉기인지에 대해서도 논란이 계속되고 있다(김득중, 2000a; 안종철, 1997, 1998; 정석균, 1999; 홍영기, 1999; 황남준, 1987).

그러나 여순사건을 주동한 사람들 대부분이 현장에서 처형당했거나 빨치산으로 활동하다 사살당했기 때문에 사건 발발과 전개에 관한 당사자들의 증언은 남아있지 않다. 그래서 여순사건의 발발 원인과 반란군 측의 진행 과정에 대해서는 여러 가지 정황을 미루어 짐작하는 수준에 그치고 있다. 최근 들어 여순사건에 관한 민간인 증언이 다수 채록되고 있지만,5) 증언자들 대다수가 사건의 피해자들로서 사건을 직접 주동하거나 반란군을 이끈 주도적 인물이 아니어서 여순사건에 대한 반란군 측 정황증거를 파악하기란 쉽지 않다.

여순사건은 1948년 10월 19일 밤에 여수 신월리에 주둔하고 있던 국군경비대 제14연대의 좌익계 병사들이 주동하여 일어난 '반란'으로 시작된다.6) 제14연대 소속 반란군과 그 동조 세력들은 20일 여수와 순천

---

5) 여순사건에 대해서는 당시 민간인, 공무원, 경찰, 14연대 장병 및 남로당 간부로 활동했던 사람들의 증언이 일부 이루어지고 있다. 발간된 증언 자료로는 김계유(1991), (사)여수지역사회연구소(이하 여사연), 『여순사건실태조사보고서』 제1집(1998), 『순천시사(정치사회편)』(1997) 제3절, 『지역과 전망(제5집)』(1992) 등이 있다.

6) '반란'이라는 명칭은 여순사건 발발 이후 곧바로 나온 정부 측 담화에서 시작되어 여수순천'반란' 사건, 여·순'반란' 사건, 여순'반란', 14연대 '반란', 여순 국방경비대 '반란' 등으로 여순사건이 일부 군 병력 또는 좌익 세력들의 반란사건으로 발발했음을 강조하고 있다(정석균, 1999: 정청주, 1998: 홍영기, 1999). 여순사건의 공식 명칭은 '여수·순천 10·19사건'이다(교육부, 1996: 197). 여순사건과 관련된 국회속기록과 담화문 자료와 신문 자료는 홍영기(2001)와 여수지역사회

을 점령하고, 21일에는 인근 벌교, 보성, 고흥, 광양, 구례를 거쳐 22일에는 곡성까지 점령하기에 이른다. 정부는 20일부터 진압작전에 돌입하고, 21일 반군토벌사령부를 설치하여 3개 여단 11개 대대 병력 및 기갑연대와 항공대가 투입되어 전면적인 진압작전에 돌입한다. 22일에는 여순지구에 계엄령이 선포되고, 23일에 순천 그리고 27일에는 여수를 진압군이 탈환함으로써 표면적으로 여순사건은 일단락된다. 하지만 무장한 반란군과 폭동군들은 지리산과 주변 산악지대로 도피하여 유격부대 형태로 남아있다가 6·25가 발발하자 남부군의 주력부대가 된다[광주·전남 현대사 기획위원회(이하 위원회), 1991; 국방부 전사편찬위원회, 1988; 안종철, 1997; 황남준, 1987].

이 기간에 반란군 및 진압군에 의한 민간인 학살이 행해졌다. 여순사건의 진원지이자 가장 오랫동안 반란군과 진압군이 접전을 벌였던 여수의 경우가 가장 심했으며, 순천의 경우도 이에 못지않다. 1948년 11월 기준으로 순천지역의 사망자는 1,135명, 행불자는 818명에 달한다(국방부 전사편찬위원회, 161; 황남준, 474). 하지만 진압작전은 반란군 주력부대를 진압한 후에도 계속 진행되었으며, 6·25 이후까지도 반란군 동조자와 부역자에 대한 처벌이 있었다는 점에서 피해자의 숫자는 이보다 훨씬 많을 것으로 짐작된다. 또한 고문을 당하거나 「국가보안법」과 연좌제 등으로 인한 육체적·정신적 피해는 수치로 계산할 수 없는 부분으로 남아있다.

반란군에 의해 살해된 사람들 중에는 경찰 혹은 우익 인사들이 많고, 또 대부분 비참한 죽임을 당했다.[7] 이것은 여수·순천지역 경찰 및 청년

연구소(1998, 1999)를 참조하기 바란다.
7) 반란군에게 처형된 일부 우익 인사들의 죄목은 친일파라는 것과 노동자의 피를 빨아먹는 지주계급이라는 것이었다. 그러나 반란군에 처형되었다는 이유로 일부 인사들의 과거 행적에 대한 평가는 묻혀있다. 여수에서 반란군에 의해 학살당한 우익 인사 김영준(김석학·임종명, 1975: 61)은 해방 전 친일자본을 바탕으로 조선

단원들과 좌익 세력들 간에 잠재되어있던 반감과 갈등 요인이 이 사건에 이르러 폭발했음을 보여준다. 반란군들이 경찰과 우익 인사들을 '반동분자'로 몰아서 처형한 폭력적 행위는 곧이어 진압군으로 들어온 군인과 경찰 그리고 청년단원들이 '반란군 및 그 동조자'들에 대해 더욱 처참한 보복적 폭력행위를 가하는 것을 당연하게 만들었다. 폭력이 더 큰 폭력을 불러온 셈이다. 반란군에 대한 보복심리와 권력의 부도덕성은 반란군과의 접전 후에 진행된 진압작전에서 민간인 대량학살8)로 나타난다.

경찰과 우익 인사에 대한 폭력과 살상은 반란군을 주도했던 14연대 장병들의 사회적 배경과도 관련이 있을 것이다. 여순사건을 일으킨 제14연대는 국방경비대 소속으로 여수를 중심으로 편성된 부대였다. 국방경비대는 정식 군대로 창설된 것이 아니라 미 군정청의 주도로 모병된 부대로, '경찰예비대' 또는 '향토경비대'의 성격에 가까웠다고 할 수 있다(안종철, 1998; 이효춘, 1986). 여수지역에서 14연대에 입대한 장병들은 배고픔을 면하기 위해 자원입대하거나 간단한 신체검사 후 소집을 받아 입대했다고 한다(여사연, 1998: 215, 221). 그러니 경제적으로 먹고살 만한 사람이나 어느 정도 교육을 받은 사람, 직장에 다니는 사람은 입대하지 않았다고 할 수 있다. 이와 같은 사회적 배경과 정치적 입장 차이로 인해 경찰과 경비대 사이의 공공연한 질시와 반목은 더러 무력충돌로 이어지기도 했다.9)

고무공업연맹 부회장 등을 역임하고 태평양전쟁 시기에 비행기를 헌납했던 인물이다(김인덕, 1991: 48 각주 6)과 정근식 외, 1995: 71~76).
8) 대량학살이란 '정당한 법적 절차나 재판 절차를 거치지 않고서 국가권력 및 그와 연관된 권력체가 정치적 이유에 의해 자신과 적대하는 비무장 민간인 집단을 일방적이고 의도적으로 살해하는 것'을 말한다(김동춘, 2000: 205).
9) 군과 경찰의 대표적인 무력충돌은 1947년 6월에 발생한 영암사건과 1948년 7월에 발생한 함평사건이 있다. 그리고 1948년 9월 24일 구례에서 발생한 14연대 소속 장병과 경찰 간에 벌어진 사건(안종철, 1998: 368)으로 인하여 여순사건

미 군정청이 국방경비대를 창설한 목적은 주한미군 철수에 대비하여 반공국가의 권력 기반으로써 군대를 염두에 둔 것이었으나, 모병을 통해 창설하다 보니 사회적으로 하층민이거나 좌익 관련자로 수배를 받던 자들이 검거를 피해 입대하기도 했다(안종철, 1997: 747~749; 황남준). 여순사건 이전에도 14연대 내부에서는 휴식시간에 인민군 노래를 부르기도 했다고 한다. 그리고 경찰에 대한 반감 때문에 경찰을 '검둥이'라 비하하면서 휴가 중에 경찰서를 부수고 왔다는 이야기가 자랑거리가 되고 경비대의 누군가가 경찰에 맞고 왔다는 이야기가 나돌면 전부대가 동조하여 나서기도 했다(여수지역사회연구소, 1998: 180; 위원회, 1991: 106). 14연대가 반란을 일으켰을 때도 부대 내 사병들은 군인과 경찰 간에 싸움이 났으리라고 짐작했다고 한다.

여순사건이 일어날 당시 남로당 순천군당 간부로 있었던 윤기남과 심명섭(가명)의 증언에 따르면, 남로당 순천군당에는 당조직 외에 농민동맹, 여맹, 학생조직, 민주청년동맹(민애청), 노조 등의 세력이 있었다고 한다. 남로당부는 경찰에 대한 일일 동향보고를 받을 정도로 조직원들이 곳곳에서 활동하고 있어 오히려 '경찰서가 포위된' 상태에 있었다. 윤기남은 여순사건이 남로당과 연계 없이 자연 발생적으로 일어난 후에 남로당이 수습 차원에서 개입하게 되었다고 증언한다. 이런 주장의 근거로 당시 미소 공동위원회가 결렬되어 소련 군대가 철수를 결정한 뒤라 미군도 곧 철수할 것이라고 가정하고, 미군 철수 이후의 대책으로 총선을 대비하여 무력투쟁이 아닌 평화노선으로 나아가고 있었다는 것을 들고 있다. 즉, 총선에 대비하여 당세를 확장하는 시기였으며, 미군이 철수하지 않고 남북 분단 상황이 고착되는 것을 염려하던 상황이라고 했다. 따라서 여순사건은 군 내부 '숙군작업'에 불안감을 느낀 14연대 내

발발 무렵까지 14연대 병사들 간에는 경찰에 보복하자는 분위기가 있었다고 한다(여수지역사회연구소, 1998: 180).

좌익 세력이 제주 진압작전에 동원되는 것을 틈타 반란을 일으켰다는 설명이다(순천시사, 1997: 제3절).

또 여순사건이 발발하기 약 1개월 전부터 14연대의 1개 대대가 출동할 것이라는 소문이 나돌았음에도 불구하고, 사건 발발 초기의 지휘체계와 남로당과의 관계가 명확하지 않았다(순천시사, 1997: 제3절)는 것은 사전에 반란 세력과 남로당 간의 공조 또는 치밀한 계획은 없었다고 추정하는 근거가 된다. 사건 발생 후에도 병사들 중 일부는 지휘부대를 따라 순천에 도보로 갔다가 도중에 상급 지휘관을 잃고 다른 부대를 찾아 헤매다 경찰에 잡히거나(여수지역사회연구소, 1998: 216), 부대를 이탈하여 고향으로 갔다가 진압군에 잡혀 형무소 생활을 했다는 증언(여수지역사회연구소, 1998: 221)으로 미루어 보아, 여순사건 발발 초기에는 반란군의 주력부대를 제외하고는 일사불란한 지휘체계 없이 우왕좌왕했던 것 같다. <사례 1>은 여순사건 당시 14연대 내 병영 건물 공사를 하고 있던 한 토건회사 사장의 구술이다.

<사례 1> 김여순(남 87세)[10]

여순사건 발발 무렵 여수 제14연대 막사 공사는 호남토건 회사가 맡고 있었다. 당시 14연대에서는 구식 38총을 칼빈이나 M1으로 교체하던 중이어서, 무기를 보관할 무기고와 영외 여러 곳에 장교 숙소를 짓고 있었다. 영내 무기고와 영외 장교 숙소 공사를 자신의 회사에서 맡고 있었기 때문에 14연대의 내부 사정에 민감할 수밖에 없었다. 사건이 발발했던 10월 19일 당시 조선은행(현 한국은행) 여수지점장이었던 장형의 집으로 11시 반경부터 새벽 1시 반경에 이르기까지 거의 30분 간격으로 4차례나 전화로, "군인들이 올라와서 술을 먹고 난동을 부린다", "군인과 경찰들 간에 마찰이 생겨 총을 난사한다", 그리고 "군인들이 역전에 파견을 나왔

으며 여수 신항으로 무기를 접수하러 간다"는 소식을 전달받았다.
　밤중에 몇 차례 전화를 받고 병기고 건축 공사가 염려되어 새벽 4시경에 도보로 14연대 부대로 들어갔다. 당시 부대 내에는 위병도 없고 여기저기에 불이 나있었으며, 사무실 내 물품들이 흩어져있었을 뿐 아니라 벽에는 "이범석 타도, 이승만 타도"라는 벽보가 붙어있었다. 부대에서 집으로 돌아오는 도중에 보니 경비대의 후방참모(군수참모)였던 최O순 중위가 내의만 입은 채 병사 4명에게 붙들려 가고 있었다. 그런 와중에도 건설공사가 걱정이 되어 최O순 중위에게 공사를 어떻게 할 것이냐고 물었다. 그러자 "지금은 아무 말도 못 드리겠으니 알아서 하라"고 하면서 끌려가고 말았다.
　여수 신항에는 그때 제주 4·3사건 진압을 위해 파병되는 14연대 1개 대대의 모든 장비와 군량을 실은 4,000톤 급 군함(LST)이 대기 중이었다. 반란이 일어나자 이튿날 출동하기 위해 시내 여관에 머물고 있던 장교 130여 명이 신월리 본대로 들어가다가 여수 수산학교 뒤쪽에서 반란군과 조우하여 몰살당했다. 장교들 권총으로는 장총을 당할 수 없었던 것이다. 최O순 중위도 여수 수산학교에서 피신하다가 그 어름에서 만난 사병 4명에게 끌려가는 척하면서 여수 역전에서 창고 사이로 빠져나와, 병사들과 함께 신항으로 가서는 제주도 출동을 위해 무기를 적재하고 있던 군함(LST)에 올라타고는 총을 겨누어 부산으로 뱃머리를 돌리라고 하여 부산으로 갔다고 한다. 그렇게 해서 군함에 적재되어있던 무기와 군수품이 반란군에 넘어가는 것을 막았다고 했다.[11]
　그 후 최O순 중위는 육군본부에서 대전 형무소장으로 임명되어 대위 계급장을 달고 진압군이 내려올 때 수습대원으로 내려왔다가, 조선은행에서 정보제공자와 다시 만나 그간의 사정을 이야기해주었다고 했다. 신월리 부대 본부에 들렀다 오는 길에 정복 입은 경찰관과 민간인들이 잡혀가는 것을 목격했다. 한민당의 '바도롬(전주 또는 자금책)'이었던 천일고무 사장이 시청 앞에서 총살당하는 것을 직접 보기도 했다. 반란군들은 집집마다 수색하여 동네 사람들을 전부 운동장에 모아놓고 민간인의 도움을 받아 '추려내는' 작업을 한다. 정보제공자도 거기서 팬티 바람으로 잡혀 앉아있다가, "지금 불이 나서 불을 꺼야 한다. 우선 공무원들 있으면 나오라"는 소리를 듣고는 반란군이 공무원들에게 행정업무를 시킬 것이라 짐작하고 손을 들고 나갔다. 그렇게 해서 나온 사람이 20여 명으로 모두 '선무대'라 적힌 완장을 받아 차고는 불을 끄고 나서 반란군들에게서 빠져나왔다고 했다.

진압군이 들어온 후에는 여수시에서 주관하여 부흥당을 조직했는데 거기에 선발되어 참여했다. 진압군 역시 반란군과 마찬가지로 동네 사람들을 다 몰아내어 학교 운동장에 모이게 한 다음, 헌병대와 부흥단원들을 1m 간격으로 세워놓고 그 사이로 사람들을 지나가게 했다. 지나갈 때 손짓한 사람들은 대기하고 있던 진압군이 자동차에 태워 어디론가 싣고 갔다. 부흥당에서 일한 사람들은 대략 10~20여 명 정도였으며, 꽤 오랜 기간을 출근하듯이 다녔다. 한 번은 잡혀와있는 사람들 중에 잘 아는 권씨 성의 여자 은행원이 있어 내보낸 적도 있다. 하지만 한번 반란군 동조자로 몰린 사람은 어떻게 할 수가 없었다. 헌병들에게 그 사람은 가담하지 않았다고 얘기해도 한번 반란군으로 추려지면 그것으로 그만이었다. "민간이 사상적으로 좌익 사상이 있어가지고 우익을 손짓하면 반란군이 잡아다 없애버렸고, 진압군이 와갖고 반란군에 가세하던 놈들을 손짓하면 잡아가. 양쪽에서 피차가 …… 하메 많은 희생을 시킨 거여."

---

10) 정보제공자는 순천이 고향으로 해방 전에 공업학교를 졸업하고 일본과 만주에서 토건회사에 근무하다가 1946년부터 여수에서 건축설계사무소와 토건사업을 했다. 여순사건 당시 그의 부친은 순천시장이었으며 큰형은 조선은행 여수지점장을 하고 있었다. 형은 임기응변으로 반란군에게 소액만을 내주고 은행자금 대부분을 온전하게 보관했다는 공로를 인정받아 반란군이 진압된 후 표창장을 받았다는 기록(김석학·임종명, 1975: 69~72)이 있지만, 정보제공자는 그의 형이 이 일로 인해 경찰서에 불려가 반란군에게 동조했다는 죄목으로 심한 고초를 당했다고 말했다.

<사례 1>이 여순사건 당시 14연대 내부와 외부에서 일어난 상황을 직접 경험한 사례라면, <사례 2>는 여순사건 발발 이후 순천지역에서 반란군에 동조하게 된 사회적 배경과 진압군으로 들어온 광주 4연대의 반란군 합세에 따른 혼란, 그 이후 진압작전으로 인한 인명피해에 대한 기억과 회상이다.

<사례 2> 박여순(남 70세)[12]

당시 경비대(14연대)에는 입대 전에 좌익 사상이 약간 있던 사람들이 갈 곳이 없으니까 자의반 타의반으로 입대했다. 입대 전에 한 번쯤은 공산당 선전물을 뿌리거나 붙였다고 해서 경찰에게 붙잡혀 맞았거나 고초를 당했던 경험이 있는 사람들로서, 경찰에 반감이 심했다고 볼 수 있다. 그리고 순천에서는 일제 때 "순사들이 옷만 바꿔 입고" 해방 후에도 경찰관을 했기 때문에 길거리에서 떡장사 하는 사람들에게조차 경찰관들이 행패를 부리고 억압하는 등 일제 당시와 크게 달라지지 않은 채로 있었다. 자연히 경찰관에 대한 일반인, 특히 노점상들의 반감이 심했다. 반란군이 순천으로 들어오자, "이 무식한 사람들이 '아! 자기들 세상이구나' 하고, '저거 순사여' 하면 '팡' 하고 쏘아 죽였다." 경찰들이 정복을 벗어버리고 한복으로 위장하고 숨어 다녀도 길거리 노점상들 눈에 발각될 수밖에 없어 경찰관들이 많이 죽었다.

---

[11] 국방부 전사편찬위원회(1988)에 따르면, 여순사건 당시 반란군은 14연대 영내의 무기고와 탄약고를 습격하여 무장했다고 한다. 그리고 1948년 10월 21일부터 31일까지 실시한 토벌작전에서 토벌사령부가 노획한 무기류도 대부분이 소총과 대검류이고, 중화기로는 포 8문과 박격포 14문에 그치고 있다(36). 이와 같이 반란군이 제주 출동을 위해 중화기와 장비를 실은 군함을 탈취하지 않고 소총 같은 개인용 무기로만 무장했다는 점에서 여순사건이 사전에 조직적으로 치밀하게 계획된 반란이었다고 보기는 어려울 것 같다.

광주 4연대가 진압하러 왔다가 "진압하러 온 놈들이 반군에 흡수"되어 버리자 군산 12연대가 순천에 들어왔다. 반란군들 주력부대는 차량을 이용하여 광양이나 지리산으로 도주하거나 시가전을 하다가 사살당했다. 일부는 자수하거나 민간인 옷을 훔쳐 입고 도망을 했다. 반란군들이 물러가자 '부역자' 색출이 이루어졌다. 이제 그걸 잡아내기 위해서 "순천시내 사람은 전부 다, 개만 놔두고 순천 농업학교로 모여라" 하는 지시가 내려왔다. 시민들을 학교에다 모아놓고 진압군들은 시내를 수색하여 집에 숨어있던 사람들은 무조건 사살했다. 학교에서는 '여수 14연대 반란군에게 부역행위한 사람', '뭐 가르쳐주고 했던 사람', '물 한 그릇이라도 떠준 동네 여자들'을, 대한청년단 혹은 경찰 밑에서 보조했던 사람들이 '손가락만 까딱하면 딱 끄집어내고, 또 끄집어내어' 농업학교 뒤쪽에다 묶어놓고 총살하고, 일부는 죽도봉 골짜기로 싣고 가서 죽였다.

"그중에는 하룻밤, 3일간에 공산주의자가 어디가 있을 것입니까? 쪼까 물 한 그릇 떠주라면 떠주고 심바람(심부름) 한 번 해주라고 해서 한 번 해주고…… 참 애매한 사람 많이 죽었지요." 순천시내에서 부역자 색출 작업이 끝나자 면 단위로 반란에 호응한 사람들을 잡아다가 지서에 잡아다놓으면 진압군인 12연대가 들어와서 구덩이를 파고는 총살시켰다. "월등에서도 15명인가 잡아다가 지서에 갔다 놨는디, 군산 12연대가 내려와서는 지서장 보고 잡은 놈 여기 있냐고 그러니까, 여기 있다고 하니까 데려다가 굴을 파라 해서 싹 쏴서 죽였어."

좌익 사상을 가진 사람은 물론이고 협조를 했거나 경찰관과 다툼이 있었던 사람들은 "통째로 그런 사람들을 잡아서 무고한 사람들, 조금 도

---

12) 정보제공자는 여순사건 당시 열여섯 살이었으며, 간판 글씨를 배우기 위해 순천시내에 있던 반청사에 다니다가 여순사건을 목격했다. 사건 이후 진주사범학교에 진학했지만 재학 중에 6·25가 발발했다. 키가 크다는 이유로 1950년 10월 방위군에 입대했다가 현역병으로 차출되어, 1953년 전투 중에 총상을 입고 제대한 상이군인이다.

와준 사람들, 합바지쟁이들을 뭐 계엄령이니까" 재판도 없이 이 잡듯이 잡아서는 '소탕'을 해버렸다. 여순사건으로 진압군들의 살상과 폭력을 경험한 이 지역주민들은 한국전쟁이 발발했어도 전혀 가담한 자가 없어 한 사람도 죽지 않았다. 반란군이나 좌익 세력은 산악지역으로 들어가고, 죄 없을 것이라 안심하고 있던 사람들 또는 피난을 갈 수 없었던 사람들이 경찰과 군대 그리고 우익 단체들의 폭력과 살상의 대상이 되었던 것이다.

사건의 성격과 상관없이 여순사건은 국군경비대 소속 군인들이 주도했다는 점에서 신생 이승만 정권의 존립에 미치는 영향이 대단했으며, 계엄령 발령, 「국가보안법」 제정 등은 한국전쟁 이후 이승만 정부가 반공주의로 정적을 몰아내고 정권을 유지하는 기제로 등장했다. 국가가 법에 의해 폭력을 독점하게 되면서 경찰력과 군사력은 전적으로 국가에 속하게 되었다. 하지만 여순사건 당시 국민이 주권자로서 선거권을 행사하는 전국적인 선거(5·10선거)가 실시되었지만, 국민을 강제적으로 전쟁에 동원할 수 있는 징병제도는 강제가 아니라 모병에 의해 이루어지고 있었다. 이승만 정부는 외부적으로 여순사건을 정치적으로 이용하면서 정적을 제거하고, 내부적으로는 법 제정을 통해 폭력을 합법화하는 장치를 강화하여 군대를 장악하게 된다(김득중, 2000b; 박명림, 1996: 413). 비상계엄이 선포되고 반란군을 진압하기 위해 대규모로 투입된 군인과 경찰은 이 지역에서 대대적으로 토벌작전을 수행하면서 수많은 '빨갱이'들을 색출한다. 짧은 기간 동안의 '반란'이 끝나고 아주 긴 기간 동안의 '진압'이 시작된다.

3. 전쟁폭력의 희생자

여순사건을 경험한 사람들은 자신들이 겪은 폭력의 시간과 장소에 대해 처음에는 상대적으로 많은 양의 정보를 보유하고 있었다. 그러나 점차 시간이 흐르면서 그 사건들에 대한 강력한 시각적 이미지와 믿음들이 다른 개인적 기억들과 혼재됨으로써 불완전하게 되고, 새로운 비언어적 기억들에 매달리게 된다. 이런 맥락에서 여순사건에 대한 개인의 기억은 '재구성'된 것이라 할 수 있다. 개인적 기억은 자신들이 겪은 특별한 일화 또는 과거의 일화들을 회상하는 것을 포함한다(Hirsch, 1995: 13). 개인의 기억 속에 있는 과거는 항상 현재에서 인지된 자료들로 구성된다. 따라서 개인의 '과거에 대한 이미지들은 대개 현재의 사회질서를 정당화한다'(Connerton, 1989: 3). 이런 의미에서 여순사건에 대한 개인의 기억은 정치와 관련되며 현재의 입장을 정당화하기 위해 동원되기도 한다.

역사가 특정한 시공간에 살았던 사람들의 삶, 행동, 신념체계에 대한 기억들로 서술되기 위해서는 기억이 담론이 아니라 신체적인 것이며 실천적 행위라는 것(이치로, 2002: 139)을 인지해야 한다. 이 말은 개인의 기억이 정치적(또는 국가적) 정체성 형성과 밀접하게 연관되어있다는 것이다. 여순사건은 전쟁으로서 먼저 지역민의 일상성을 파괴했다[13)는 관점에서 바라보아야 한다. 사건 당시 그리고 그 이후 진압 과정에서 '반동분자' 또는 '빨갱이' 색출이라는 명목으로 자행된 인간성 부정, 폭력의 일상화, 도덕성 부재의 상황을 경험한 전쟁폭력 피해자들의 기억이 그들의 정체성 형성에 주요한 요인으로 작용했다고 할 수 있다.

여순사건은 발발 후 곧 계엄령 선포로 이어지고, 진압군으로 참여한 군인과 경찰 외에도 우익 관련 단체와 청년단 학생조직들이 반란군 동조자 또는 부역자를 색출하는 과정에서 자행한 폭력으로 말미암아, 개

---

13) 전쟁의 가장 큰 폐해는 일상성을 파괴한다는 점이다. 인간세계에서 일상성이 파괴되고 박탈되었을 때 인간성이 상실되고 그 세계는 붕괴된다(다카 고지, 2001: 85).

인은 물론 그 가족들의 일상세계도 완전히 해체당한다. 반란군의 일시적 폭력에 비해 진압군 및 국가기관 또는 국가기관임을 빙자한 세력들의 폭력은 지속적이고 장기간에 걸쳐 이루어짐으로써 반란 가담자 또는 부역자로 몰린 개인들뿐만 아니라 그 가족과 일가친척들에게도 사회적 고통을 겪게 한다. 여순사건 당시의 전쟁폭력은 「국가보안법」과 연좌제라는 법을 통해 국가적·사회적 폭력으로 이어진다. <사례 3>은 여순사건으로 인해 한 개인의 일상적 삶이 어떻게 무너졌으며, 그럼에도 불구하고 국가체제 내에서 개인이 전장 동원에 순응할 수밖에 없었던 사실을 구체적으로 보여준다.

<사례 3> 장순천(남 74세)[14]

사건이 발생하고 진압군이 들어오자 이 지역은 일상의 생활공간이 전장(戰場)이 되고 말았다. 낮에는 진압군이 머물다가도 밤이 되면 반란군의 영역이 되어버리고, 그 와중에 갈등관계에 있었던 사람들이 서로 고자질하여 죽음으로 몰고 가는 경우도 발생했다. 여순사건이 발발했을 당시 정보제공자는 순천 주암에서 국민학교(초등학교) 교사로 있었다. 1948년 10월 20일 5, 6학년생들이 인근 구례 화엄사에 1박 2일로 소풍을 가기로 하고 길을 나섰다가, 곡성 목사동을 거쳐 압록에 이르러 반란군으로 보이는 사람들이 한복에 총을 들고는 '경찰이다' 하면서 나타나 큰 난리가 났으니 돌아가라고 해서 중도에 돌아왔다. 3~4일 후 국방경비대를 실은 트럭이 순천 쪽으로 내려가고 경찰을 실은 트럭이 광주 방향에서 내려왔다. 경찰과 국방경비대 간에 싸움이 붙어 서로 편들러 가는 줄로만 알았다.
한 번은 좌익 세력의 소굴이라 알려져있던 주암면 오산에서 어수룩하게 생긴 사람이 망태기를 매고 와서 쪽지를 내미는데, '줄판을 빌리러 왔습니다'라고 적혀있었다. 당시 등사를 하는 데 쓰는 줄판은 학교나 관공서에만 있었다. 담당자가 없어 자물쇠를 열 수 없다는 구실을 붙여 돌려보냈

으나 경찰에 그 소식이 들어가서 교사들이 모두 경찰서로 끌려가 매를 맞았다. 당시 교사들 중에 좌익 활동을 했던 사람이 여럿 있어서 의심을 하고, 줄판을 주지 않았음에도 순순히 물러간 것은 반란군과 내통자가 있었을 것이라고 믿었기 때문이다. 전 직원이 수업을 중단한 채 이삼일 동안 매를 맞았다. 당시는 '반란군 진압'이 지상 최고의 과제였던 시절이다.

진압군이 들어오자 교사들은 낮에는 수업을 하고 밤이 되면 인근 마을에 잠복 경계근무를 서기 위해 나갔다. 경계근무를 하러 갔던 인근 마을에서 반란군에게 잡혀 속옷 바람으로 총살당하기 직전에 탈출에 성공하여 살아남을 수 있었다. 하지만 그곳에서 반란군과 진압군 사이에 교전이 발생하고, 그 와중에 흘리고 간 수류탄을 이튿날 학생들이 가지고 놀다가 폭발하여 사망하는 사고가 발생했다. 제자 2명의 죽음을 접하고 정보제공자는 그 길로 사표를 제출하고 교단을 떠났다가 1년 뒤에 복직했다.

사건이 어느 정도 잠잠해질 무렵 한국전쟁이 발발했다. 이미 '전쟁'을 경험한 사람들에게 다시 전장으로 불려간다는 것은 죽음을 의미했다. 교사로 근무하던 중 징병 제1기로 영장을 받은 정보제공자는 여행증 두 장을 만들어 배를 타고 통영을 거쳐 부산으로 도피했다. 하지만 오래 버티지 못할 지경에 이르러서는 해군에 자원입대하여 해병대에서 훈련을 받고 근무하다가 헌병에 지원했다. 여순사건의 경험이 군인에 대한 두려움과 죽음의 공포로 남아있었음에도 불구하고, 개인으로서 국민은 국가의 징병에서 벗어날 수 없었던 것이다.

사건 진압을 명목으로 일부 경찰들은 국가기관으로서가 아니라 사적인 목적으로 폭력을 개인적 위세와 감정을 다스리기 위해 사용하기도 했다. "임○기라고 하는 지서장이 있었어. 이북 출신이야. 내가 쌍암에서 선생질할 때 그 사람이 쌍암지서장으로 왔어. 그전에는 황전지서장으로 있었다가 쌍암에 와서 자기 말을 듣지 않거나 조금 잘났다고 생각되는 청년들은 전부 공산당으로 몰아서 무자비하게 죽였어. 많이 죽였어요. 그중에 혐의가 있었던 사람은 거의 없고 사감(私感)에 의해 죽은 사람들이 많았어요. 얼마나 죽였느냐는 확실히 모르지만 나중에 (그 사람이) 계산해놓고 보니까 자기가 쌍암지서장으로 있을 때 하루 한 사람 반 꼴로 죽였다고 그럽디다."

폭력은 더 큰 폭력에 굴복하게 마련이다. 이 지서장은 그 후 도사지서장으로 전근가게 된다. 쌍암에서의 악명을 익히 알고 있던 그 지역 유지들은 신임 지서장을 대접하여 그의 비위를 맞추려고 했다. 신임 지서장이 이북 출신이라 개를 좋아한다고 해서 개를 잡아 술과 함께 푸짐하게 접대했다. 회식이 끝나고 거나하게 취한 지서장이 도로를 따라가다, 앞에서 지게를 지고 가던 노인이 자신을 알아보지 못하고 대꾸를 하지 않는다고 노인을 쓰러뜨려놓고 구둣발로 짓밟는 것을 마침 지나가던 헌병대 차량이 발견하고는 만류했다. 하지만 지서장이 술에 취해 횡설수설하면서 무시하자 헌병대로 압송해서는 두들겨 팬 다음 지서로 넘겨버렸다. 그 지서장은 3일 후에 죽어버렸다. 전쟁기간 중 또는 비상계엄하에서 국가 하부 기관들 간의 폭력행위는 또 다른 '비일상'으로써, 폭력행위에 대한 처벌이나 원인 규명 없이 마치 '없었던 일'로 처리되고 만다.

정보제공자는 반란군이 사람을 죽인 것보다 진압군과 경찰들이 훨씬 더 많이 죽였다고 말했다. "즉결처분이라는 것을 악용하여 말 안 들으면 사감으로 죽이고 …… 덮어놓고 죽이고. 그때는 아무 혐의 없이 죽은 사람이 여럿 있어." 그리고 어떤 지역에서는 지역주민들 간에 서로를 모략해서 죽인 경우도 더러 있었다. 모함을 받아 죽고 나면 그 가족이나 친척들이 또 모함을 해서 희생자가 많아졌다. 그렇지 않고 서로를 감싸준 마을에서는 피해가 적었다고 한다.

<사례 3>처럼 여순사건으로 인한 폭력 경험은 그 당시로 그치는 경우도 있었지만 어떤 식으로든 경찰이나 우익 세력에게 '낙인'이 찍힌 인

---

14) 정보제공자는 순천농업학교를 졸업하고, 1948년 준교사자격증을 받아 주암면 창촌국민학교에서 근무하고 있었다. 여순사건으로 1년여 동안 교사직을 그만두었다가 복직하여 교사 생활을 하던 중 6·25가 발발하자 징병 1기로 입대했다.

사들에게는 끊임없이 유형·무형의 폭력이 계속되었다. 특히 <사례 4>에서 나타나는 것처럼 '빨갱이'를 친구로 둔 사람이나 한때 그들과 동조했던 사람에게는 그 낙인이 지워지지 않았다. 이런 낙인에서 벗어나기 위해 그리고 '빨갱이'가 아니라는 정체성을 확인시키기 위해 극우적 입장에서 경찰에 협조하면서 예전의 동료들을 '빨갱이'로 몰아넣은 경우도 있었다. 폭력의 대상이 되었던 사람이나 그 폭력을 이용하여 자신의 정체성을 확인하려 했던 사람들 모두가 전쟁폭력의 희생자로서 사회적 고통 속에서 살아왔다고 할 수 있을 것이다.

> <사례 4> 김순천(남 78세)[15]
>
> 여순사건 이후 '낮에는 대한민국이고 밤에는 인민공화국'이었던 별량면에서는 반란군의 은신처를 없애기 위해 산 아랫마을 주민들을 소개하고 면민들을 동원하여 산의 나무를 벌목하기도 했다. 주도 집단들은 경찰과 '한청'이라 부르던 청년단과 면 직원들이었다. 그들은 면민들을 동원하여 작업 지시를 하고는 소개된 마을에 남아있던 닭과 돼지를 잡아먹고 술을 마시는 등 지역민의 안위와 상관없이 공비 소탕을 위한 그들만의 '애국'을 하고 있었다.
> 그러나 진압군으로서 마치 상관처럼 굴던 경찰들과 청년단들은 한국 전쟁이 발발하자 가장 먼저 부산으로 후퇴해버렸다. 별량면 지역에는 인민군이 벌교를 경유하여 탱크를 앞세우고 7월 23일에 들어왔다. 정보제공자는 당에 입당하지 않았음에도 별량면 인민위원장을 맡았던 친구의 숙부(김○수) 때문에 인민위원회의 문화부장을 맡게 되었다. 인민군이 들어오자 인민위원회가 면 행정을 도맡아서 반동분자를 색출하게 된다. 별량면의 경우 반동분자 1호는 부산으로 피난을 간 청년단장 서○삼이었다. 별량면은 인민군 치하에서는 인민위원장이었던 김○수 씨의 재량으로 한 사람도 처형당하지 않았지만, 9월 28일 순천지역이 수복되자 경찰

과 군인들이 진주하면서 '부역자'들은 많은 피해를 입게 된다.

인민위원회에서 직위를 받았던 사람들은 인민위원회에서의 실제 활동 여부에 상관없이 모두 피난을 떠나야만 했다. 순천이 수복되기 전 인민군들이 썰물처럼 몰래 빠져나가고 지역주민들만 남게 되어 우왕좌왕하는 분위기였다. 별량면 지역사회에서 지식인층에 속하는 청장년들 중에는, 해방 이후 좌우익을 넘나들며 교분을 쌓았던 인물들이 진압군을 피해 무작정 산으로 오지로 피난을 간 사람들을 자수시키는 데 큰 역할을 한다. 하지만 단순 가담자로 처리되어 자수를 한 이후에 발생한 문제는, 경찰과 한청단이 이들을 앞세워 계몽강연을 다니거나 자수자들의 동료였던 '공비'를 색출하는 데 협조하라는 것이었다. 거부할 경우에는 또다시 '공비' 내통자로 몰려 경찰들의 감시를 받아야만 했다.

단순 가담자로 자수한 정보제공자는 친구들을 자수시키기 위해 여러 방면으로 도움을 요청하거나 비밀리에 만나 자수를 설득하기도 한다. 이런 과정에서 도움을 요청받았던 사람의 밀고, 경찰들의 계몽강연과 '공비' 색출 요구에 대한 거부로 초래된 경찰들과 우익 단체들의 반감이 겹쳐 체포되었다가, 이 지역에 진압군으로 들어온 해병대에 인계되어 '악질'이라 하여 본보기로 지서 앞마당에서 공개적으로 구타를 당하고 밤마다 전기고문을 당했다. 그렇게 한 달 동안 '공비'의 소재를 알아내기 위한 수단으로 고문과 구타는 물론 죽음의 공포 속에 있다가 풀려났다. "즉결처분도 없어요. 그냥 죽여불면 그걸로 끝이여. 즉결이고 뭐고 소용없어. 뭐 누가 알아볼 사람이 있간디. 빨갱이를 죽여버렸다고 그러면." 총살할 사람들은 지서에서 1km 정도 떨어진 공동묘지로 데리고 가서 사살해 버렸다고 한다.

당시는 경찰서에 잡혀갔다는 것은 곧 '빨갱이'로 간주되는 사회 분위기였다. 체포와 고문이 반복되다 6·25 후에는 경찰들의 감시가 더욱 심해져서 정보제공자는 일본으로 밀항하고자 한다. 하지만 여수에서 '야미배(밀항선)'를 타기 직전에 발각되어 여수 앞의 한 섬(전도)으로 피신했다. 다음날(1951년 음력 10월 15일경) 지역 신문에 "공비 거물 김순천,

체포는 시간문제"라는 기사에 났듯이 '공비'로 몰리는 신세가 된다. 밀항선을 타기 직전에 놓친 경찰들이 그를 '거물 공비'로 몰아간 것이다. 국가의 힘을 내세운 폭력은 물리적 힘을 동원하는 동시에 대중매체를 이용하여 사회적으로 고립시킴으로써 이중 삼중의 고통을 가하고 있었다.

그런 와중에서도 '거물 공비'로 몰아가는 국가기관의 부당한 폭력에 반대하여 체포 아닌 자수를 시키기 위해 노력을 한 경찰도 있었다고 했다. 자수를 하러 친분이 있었던 □□경찰서장 댁(광주 사동)으로 직접 찾아갔다가 미리 잠복하고 있던 사복경찰에 체포당한다. 그를 체포한 경찰(권○조)은 남로당에 입당했다가 백운산에서 자수한 후 경찰에 협력하여 동료였던 사람들을 체포하는 데 공을 세우고 '충성심'을 인정받아 경사로 특채된 인물이었다. 전쟁 후의 폭력은 좌우를 넘나들며 희생자를 만들어나갔다. 결국 자수가 아니라 체포당한 그는 「국가보안법」 위반자로 유치장에 갇혔다. "그때는 잡히면 무기한이니까. 뭐 영장 신청도 없고."

1·4후퇴 때 교도소마다 요시찰 인물 또는 사상범들은 전부 죽여버렸다는 소문이 나돌아 차라리 거짓 자백을 하고 징역을 갈까 하는 생각도 했다고 한다. "매 맞은 것이 몸서리가 나가지고…… 진저리가 쳐질" 정도의 고문과 구타는 없는 죄를 인정해서 징역을 가더라도 피하고 싶을 정도로 인간성을 파괴해버렸던 것이다. 경찰이 백아산에서 노획한 문건에서 나온 이름(가명)을 정보제공자라고 지명했던 사람은 순천지역 공산당의 '목엽이(우두머리)'로 활동했다가 자수한 사람이었다. 자수자(서○섭)와의 대질신문을 마치자 광주경찰서에서 순천경찰서로 이송시켰다. 기차를 이용하여 이동하는 가운데 "이제는 죽는구나" 하는 죽음의 공포가 몰려와 꼼짝도 못하고 앉아있다가 변비에 걸렸다. 당시 수갑을 찬 채 끌려가던 모습으로 고향 인근 역에서 창문을 사이에 두고 어머니를 만났던 심리적 고통과 고문, 죽음의 공포로 인한 고통이 지금까지 이어지고 있다.

순천경찰서로 이감되었다가 자신을 잘 알던 한 경찰관의 도움으로 자수증을 내고 나서부터는 대체로 무난하게 생활했다. 그러나 정보제공자는 1980년대까지 '요시찰 인물'로서 경찰의 감시 속에서 살았다. 자수하고 나서 교사 생활을 하는 중에도 항상 '빨갱이'라는 딱지가 붙어 다녔다. 특히 갈등관계에 있던 사람들은 사소한 일만 생겨도 빨갱이로 몰아 경찰에 신고하는 등 그를 괴롭히는 수단으로 삼기도 했다. 정보제공자의 부인 (당시 24세) 역시 1952년 순천경찰서에 구금당한 후 남편의 소재를 자백하라고 고문을 당했다. 약 2개월 동안 계속해서 고춧가루를 코에 들이붓거나 속옷 차림으로 묶어놓고는 코에 물을 들이부었다. 그 후유증으로 부인은 4번이나 낙태를 하고 2000년 별세할 때까지 평생 고문 후유증으로 인한 병을 안고 살았다.

지역사회에서 해방 전부터 공산주의 운동을 했던 사람들을 지역주민은 물론 경찰에서도 모두 파악하고 있었음에도, 여순사건 이후 경찰과 불편한 관계에 있었거나 어쩔 수 없는 상황에서 반란군에 도움을 주었던 사람들은, 한국전쟁 이후는 물론 1980년대까지 경찰의 감시와 연좌제의 고통 속에서 살아야 했다. 폭력은 일시적인 기간에 이루어졌지만 그 폭력으로 인해 피해당한 사람들의 육체적 고통과 사회적 고통은 그 자신은 물론 가족들의 삶마저 파괴했다.

4. 산 자들의 사회적 고통: 유가족의 의무

사건 후 국가기관에 의해 처형당하거나 '학살'된 사람들의 죽음이 공

---

15) 정보제공자 김 씨는 해방 전 양주군청에서 서기를 지내다 1945년 8월 17일자로 일본군 입대 영장을 받고는 고향에 내려왔다가 해방을 맞이했다. 1946년에 촉탁 교사를 하다 정치에 말려들지 않기 위해 조선대학교에 진학하지만, 여순사건으로 중단되었다. 사건 후 진압군 행세를 하던 청년단과의 갈등관계, 한국전쟁 당시 인민위원회 활동으로 인해 '빨갱이'로 몰려 고초를 당하고 1980년대까지 요주의 인물로 감시를 당했다. 이런 와중에서도 그는 1960년 교사자격시험을 통과하여 교사로 재직하다가 정년퇴직했다.

공담론에서 거론되지 않는 것은 물론 일종의 금기대상16)이 되어왔다. 희생자 중 많은 사람들의 경우, 이데올로기의 다름(김득중, 2000b: 302)에 의해서가 아니라 누구에게 죽임을 당했는가가 죽은 자의 정체성을 결정하고 이후 그 가족들의 정체성 형성에도 결정적인 영향을 끼친다. 이들의 죽음에는 전쟁담론에서 흔히 언급되는 영웅주의는 찾아볼 수 없을 뿐 아니라 '망각'되어있었다. 그러나 모든 죽음은 산 자들에게도 의무의 문제를 불러일으킨다. 죽은 자에 대한 산 자의 의무는 의례적 차원에서 이루어지며, 산 자는 추모의례를 통해 죽은 자와의 관계를 정립한다. 특히 폭력으로 인한 죽음의 경우 죽은 자에 대한 산 자의 의무 수행은 새로운 의미를 지닌다(Das, 1992: 360).

죽은 자에 대한 의례의 목적은 죽은 자가 소속되었던 사회에서 죽은 자를 제외한 사회적 관계와 체계를 재확립하는 데 있다. 그러나 죽음이 확인되지 않은 경우, 즉 행불자 또는 시신을 찾지 못한 경우 그 사람을 제외한 채 새로운 사회관계나 체계를 설정하기가 곤란해진다. 죽음이란 단순한 생물학적 현상으로서의 종말이 아니라 사회적 승인에 의해 기존의 관계를 종결하고 새로운 관계로 재정립되는 사회적 현상이기 때문이다. 이 경우 죽은 자는 산 자에 대해 '타자'로 존재한다. 죽은 자와의 관계를 정립하려는 것은 죽은 자가 변해서가 아니라 살아있는 사람들의 요구에 의해서이다. 죽은 자를 애도하고 기념비나 탑을 세우는 것은 죽은 자가 원해서가 아니라 산 자들이 그렇게 함으로써 "마음이 홀가분해지고" 죽은 자와 산 자의 관계가 변하기 때문이다. 죽은 자에 대한 산 자들의 의무는 크게 '빨갱이'라는 낙인을 지우고, 그들의 명예를 회복하

---

16) 특정 집단 또는 개인에게 부정적 속성을 부여하는 것은 그 속성을 부여받는 개인 또는 집단 정체성의 형태를 결정지을 뿐 아니라 지배집단들이 이들을 바라보는 시각과 방식에도 지대한 영향을 끼친다(Hirsch, 1995: 139). 여순사건 이후 '빨갱이' 또는 '빨갱이의 자손'이라는 말은 곧 사회적으로 부정적 속성을 의미하는 낙인이 되었다.

여 죽은 자를 위한 위령비를 세우는 것으로 나타난다.

<사례 5>는 여순사건 후 진압 과정에서 어머니를 비롯한 마을 사람들이 '처형'당한 사례이다. 정보제공자는 사건의 정당성 여부와 책임자를 가려내는 일에 앞서, 죽은 사람들을 위한 위령비 건립과 정부의 공식적인 '명예회복'을 통해 죽은 자에 대해 산 자로서 의무를 다하고자 한다.

<사례 5> 장사회(남 56세)[17]

여순사건은 사건의 중심부인 여수나 순천에서는 일찍 '진압'된 반면, 주변부 산악지대에서는 6·25 후까지 계속 진행되었다. 여타 산간지역과 마찬가지로 조계산 자락과 맞닿아있는 낙안면 지역에서도 산으로 들어가 무장투쟁을 전개하는 반란군과 이들을 진압하려는 경찰 사이에서 주민들은 이중으로 고통을 당하고 있었다. "낮이면 경찰들이 와가지고 반란군을 막는다는 구실로 주민들을 갖가지로 괴롭혔고, 괴롭혔던 정도가 아니라 아조 생명의 위협까지도 느껴지고 공포 분위기를 경찰들이 계속했었고 …… 경찰들이 그렇게 하다가도 해가 질라 하면 반란군들이 무서워 전부 다 퇴보해. 해가 넘어가면 그 후에는 완전히 무법천지로 반란군의 세상이 되부렀다."

반란군들은 세력을 확장하기 위해 산악 인근 마을의 청년들을 끌고 가서 그들의 일원으로 삼기도 했다. 그러다 보니 자연히 마을의 젊은이들은 순천이나 벌교 같은 비교적 규모가 큰 지역으로 피신했고, 마을에는 늙은이와 어린이 그리고 여인네들이 남게 되었다. 경찰이 떠나고 난 밤중에 반란군들이 내려와 마을 사람들에게 밥을 지어달라거나 물건을 운반하라고 하면 어쩔 수 없이 응할 수밖에 없는 상황이었다.

정보제공자의 마을 사람들은 반란군의 연락병 역할을 하던 인근 마을 소년을 치료해주었다가 그 소년의 고자질로 인해 반란군에게 협조했다는 죄목으로 군인들에게 총살당하고, 마을의 집들은 대부분 전소되었다. 세

> 살배기 어린애부터 70여 세에 이르는 노인들까지 도합 21명이 마을 공터에서 총살당했고 마을은 폐허로 변했다. 총살당한 시체에 기름을 붓고 불을 질러버려 시신을 분간하기 어려워 가족 단위로 임시 매장을 해야 했다. 사건 당시(1949년 음력 8월) 두 살이었던 정보제공자는 어머니를 잃고 형수의 손에서 자랐다. 그러나 과거의 이야기로만 남아있던 어머니의 죽음과 살해에 대한 기억이 어머니의 무덤을 이장하면서 두개골 뒤쪽에 난 총구멍으로 확인됨으로써 산 자의 고통이 '현재화'되었다.
> '빨갱이'라는 딪 때문에 말할 수도 없었던 그의 기억은 여수지역 사회단체에서 주관한 행사를 전하는 지방 방송국의 텔레비전 뉴스를 통해 '죽은 자'들의 영역에서 산 자들의 영역으로 전이되었다. 자신들의 '과거'가 방송매체를 통해 '현재화'함으로써 살아있는 사람들은 자신들의 의무를 새삼 느끼게 되었다. 그리하여 사건의 전말을 기록하고 당시의 사망자 명단을 확인하여 정부에 명예회복을 위한 호소문을 제출하기도 했다. 유가족들은 살아있는 자의 의무를 사건 '진상규명'과 죽은 자들에 대한 '명예회복', 그리고 '위령비 건립'에 두고 있다.

부계 친족제도 중심의 우리 사회에서 아버지의 존재란 개인의 정체성을 나타내는 가장 중요한 요인이다. 아버지의 부재는 곧 정체성 단절로 이어진다. 특히 '빨갱이'라는 낙인을 가진 채 사망한 경우 친족관계는 물론 부부 사이의 연결고리가 끊어지기도 한다. <사례 6>은 여순사건으로 감옥에서 아버지가 처형되었지만 시신을 수습하지 못하여 아버지의 무덤을 모시지 못했다는 자책감과 어머니의 개가로 인해 고아로 살았던 한 개인의 사회적 고통을 드러내주고 있다.

---

17) 정보제공자 장 씨의 마을(낙안면 금산리 신전)은 여순사건 이후 진압군에 의해 마을이 불타고 주민 22명이 총살당했다(1949년 음 8월 17일). 사망자 중에는 아직 이름조차 없던 3세 유아에서 67세 노인에 이르기까지 주로 어린이와 노인 그리고 여인들이었다.

<사례 6> 최사회(남 56세)

　사건 이후 경찰에 잡혀간 청장년들이 돌아오지 못하고 어디서 어떻게 죽었는지도 모르는 경우가 많았다. 정보제공자의 아버지는 경찰에 끌려가 고문과 취조 끝에 광주형무소(교도소)로 이송되었다가 한국전쟁이 발발하여 인민군이 광주로 내려올 무렵인 1950년 7월 1일(양력)경에 총살을 당했다. 이 사실은 경찰서에서 확인한 것이 아니라 교도소에서 집단 총살을 가했을 때 시체 더미 밑에 있다가 살아나온 인근 마을 사람이 전해준 것이었다. 그러나 당시 집안에는 시체를 찾으러 갈 사람도 없었고, 또 무서워서 감히 누구도 나서지 않았다.
　아들로서 아버지에 대한 죄책감은 아버지 시신을 모신 무덤이 없다는 것, 즉 숭배의 대상으로서 아버지의 상징 부재에 대한 것이다. "내가 아버지를 생각하면 시체 없는 거이 …… (눈물) 그것이 한스러워요. 무덤 있는 것이 제일 보람인디, 그거 못 찾은 것이 제일 한스러워요." 아버지의 시신을 수습하지 못했지만 사망일자는 집을 나간 날짜로 해서 사망신고를 하고 아버지의 죽음을 공식적으로 확인했다.
　남편을 잃고 혼자가 된 정보제공자(당시 3세)의 어머니는 그가 일곱 살 무렵에 개가를 했다. 개가한 어머니와 시신도 못 찾아온 아버지에 대한 기억, 그리고 머슴살이하면서 혼자서 살아온 그의 삶은 전쟁폭력으로 인한 일상성 파괴의 한 단면이다. 남편의 죽음을 확인한 것은 아내가 남편과 아내로서의 사회적 관계를 단절할 수 있는 구실이 된다. 하지만 어린 아들과 생이별한 어머니는 개가를 하고서도 여러 번 아들을 찾아왔다.
　사건 이후 집안 어른들은 물론 마을 사람들도 진압군에 의해 당한 폭력과 죽음에 대해 입 밖에 내기를 꺼렸다. "어른들도 그런 것은 싹 덮어불고, 애기들 충격받을까 싶은가 그런 얘기는 통 안 하고 그래 …… 우리 어머니 하신 말씀이 니는 요 부락에 살지 마라. 절대 살면 안 된다고 그래." 폭력의 와중에 살아남기 위하여 마을 사람들이 서로가 서로를 고발하면서 폭력의 대상인 동시에 희생자가 되어갔다. 폭력이 가져온 고통은

> 육체적인 것에 그치는 것이 아니라 사회적 관계를 단절하고 기존의 일상
> 성을 완전히 파괴해버린 것이다. 정보제공자는 마을을 떠나 이 집 저 집
> 떠돌며 머슴살이를 하다가 자수성가하여, 지금은 화훼 농사를 하며 개가
> 했던 어머니를 모시고 살고 있다.

<사례 6>에서 보듯이 숭배 대상으로서 무덤이 없다는 것은 후손의 의무를 다하지 못한 것으로 간주된다. <사례 7>에서는 가묘를 세워 조상으로서 아버지에게 제를 올림으로써 죽은 자에 대한 산 자의 의무를 다하고 있다. 하지만 아버지가 '빨갱이'였다는 낙인은 어머니를 비롯한 가족의 일상적 삶을 파괴한다. 일가친척들로부터도 항상 잠재적 '위험'으로 간주되었다.

> **<사례 7> 허사회(남 59세)**
>
> 아버지 시신의 부재, 즉 무덤이 없다는 것은 후손으로서 의무를 다하지 못하는 것이다. 시신 부재는 무덤의 부재로 이어지고, 무덤의 부재는 산 자의 의무를 다할 수가 없게 만든다. 산 자(아들)로서 죽은 자(아버지)에 대한 의무는 제사를 받드는 것임에도 불구하고 죽은 자의 존재를 나타내는 상징인 무덤이 없다는 것은 불효로 여겨진다. 사망 장소와 시간을 모르는 경우 사망신고를 할 수 없었다. 사망의 불확실성은 산 자와 죽은 자 사이의 관계의 불확실성은 물론 죽음의 사회적 승인이라 할 수 있는 사망신고와 그 상징인 무덤 그리고 제사의 부재로 이어진다.
> 이런 불확실성을 종료하기 위한 수단으로 산 자는 죽은 자의 죽음을 사회적으로 확인하는 장치를 마련한다. 밤나무를 깎아 죽은 자의 이름을 쓰고 매장하여 가묘(假墓)를 만들고 집을 나간 마지막 날을 기준으로 사망신고를 하고 제사를 올리게 된다. 가묘는 죽었다는 사실을 산 자들로

하여금 확인하게 함과 동시에 죽은 자를 숭배의 대상으로 만드는 상징으로 기능한다. 가묘를 만들어 무덤이라는 상징적 장치를 만듦과 동시에 죽음을 확인하는 기제로 제사를 지내게 된다. "시체랑 뭐랑은 모른디 돌아가셨을 것으로 하고 아버지 제사를 인자 음력으로 10월 16일 날로 하고 …… 그날이 점쟁이 말이 날짜가 제일 좋대요. 그래서 그 날짜로 제사를 모시고 있습니다."

아버지의 부재 못지않게 일상성을 파괴한 것은 남편의 부재였다. 남편의 부재가 죽음으로 확인된 경우 대개 재가를 한다. '빨갱이'라는 낙인에서 벗어나기 위해 서둘러 죽은 자와의 관계를 해소하는 것이다. 그러나 죽음이 확인되지 않은 채 행방불명 상태로 있을 때는 관계를 정리할 수 없을 뿐 아니라 죽음이 확인될 때까지는 그 관계가 지속된다. 이런 경우에는 행방불명된 남편의 소재를 확인하기 위해 경찰은 아내를 고문하거나 취조한다. "그전(개가하기 전)에 우리 어머니가 아버지 때문에 파출소에서 고문을 많이 당했단 말이지. 주전자에다 물을 해서 고춧가루를 타가지고 우리 할머니, 할아버지, 우리 엄마 그렇게 서에서 고문을 당했단 얘기를 많이 들었어. 이제 우리 집에 살 때도 (어머니는) 약으로 살았고."

'빨갱이'로 죽은 자는 죽음으로써 산 자들과의 관계가 끊어지는 것이 아니라 연좌제라는 이름으로 계속 이어진다. 하지만 실제보다 과장되어 나타나는 경우도 있다. "6촌 동생이 순천교도소에 시험을 쳤는데 한 번 미꾸라지를 먹었어(떨어졌어). 그래가지고 개가 술을 먹고 와서 행패를 부렸어요. '당숙부(정보제공자의 아버지)인 당신 아버지가 빨갱이기 때문에 내가 떨어졌다'고. 그때는 어쩔 수 없이 6촌 동생한테, 30살도 안 먹은 놈한테 당했어요." 하지만 두 번째 시험에서 6촌 동생은 합격이 되어 교도소에 근무하게 된다. 이처럼 '빨갱이'라는 낙인은 산 자들에게서 사라지지 않고 잠재된 '위험'으로 존재하고 있었다.

산 자들의 사회적 고통, 즉 '빨갱이'의 유족으로서 부모형제의 죽음 이후 일상성이 무너진 채 삶을 영위해왔던 유족들은, 1990년대 후반에는 지역 사회단체를 중심으로 한 여순사건 피해 실태조사를 계기로 단체를 형성하기에 이른다.18) 유족회가 여순사건 이후 진압군이나 경찰에 의해 처형당한 사람들의 후손 모임으로 단체를 결성하고 난 후 급선무로 내세우고 있는 사업이 진상규명과 위령탑 건립이다. 위령탑으로 표현되는 기념비는 과거에 대한 기억으로써의 여순사건을 공간에 대한 표상으로 내세우는 작업인 동시에 비공식적 기억을 공식적 기억의 영역으로 끌어내는(정호기, 2002: 27) 상징물이 되는 셈이다.

진상규명을 위한 활동으로 국회와 정당에 청원하고 지방의 언론, 시민단체들과 힘을 합하여 사건의 진상과 성격 규정을 위한 국가적 차원의 대응을 호소하고 있다. 산 자들, 특히 자식들로서는 '빨갱이'로 몰려 죽었거나 아니면 진압군이나 경찰에 끌려가 죽은 다음 '빨갱이'라는(또는 '빨갱이'였을 것이라는) 낙인이 찍힌 채 죽은 아버지가 자신의 정체성과 항상 결부되어 존재한다. 아버지 부재로 인한 심리적·사회적 고립은 같은 처지에 있는 사람들을 함께 끌어 모으는 구심력 역할을 하고 있다. 부모가 다르지만 '같이 피를 흘린 자손들이기 때문에' 서로가 형제임을 확인하고 친목을 도모하는 계기로 유족회 활동을 하고 있다. 즉, 유족회는 자발적 결사체에서 점차 성원들 간에 '형제애'를 강조하는 '유사 친족' 형태로 그 성격이 강화되고 있다.

---

18) 여순사건에 대한 피해 조사는 주로 국가기관, 즉 경찰과 군인 및 우익 관련 단체에 의해 사망하거나 신체적·물리적 피해를 당한 사례들을 위주로 이루어졌다(여순사건실태조사보고서 참조). 여순사건에 관련되어 부모형제가 죽임을 당한 유가족 모임인 유족회는 현재 여수, 순천, 구례에서 지역별로 결성되어있다. 순천지역유족회는 순천, 보성, 광양지역 유족들을 회원으로 하고 있다. 순천유족회는 '여순사건유족협의회'라는 명칭으로 2001년 6월에 결성되었다.

성원들 간에 공통된 기억은 부모나 가족이 희생되었다는 사실에 멈추어있다. 이들이 전쟁폭력의 기억을 상기하는 작업은 함께 노래하는 실천적 행위를 통해서도 표현된다.[19] 유족들이 자주 듣고 부르는 노래는 「산동애가」이다.[20] 「산동애가」는 구례군 산동면 좌사리 상관마을의 여성동맹원으로 활동했던 백부전(여, 당시 19세)이 여순사건 진압군에 의해 총살 현장으로 끌려가면서 불렀다고 전해지는 노래로, 여순사건으로 인해 가족이나 부모가 처형당한 공통의 경험을 가진 유족들은 이 노랫말을 자신들의 정체성을 드러내는 것으로 받아들이고 있다.

5. 여순사건 연구의 과제

'여순사건'을 둘러싼 명칭과 사건의 원인에 대한 다각적인 논의는 이 사건의 전말과 전개 과정에 대한 학문적 합의 또는 역사적 해석이 제대로 이루어지지 않고 있다는 것을 말해준다. 이것은 여순사건에 대한 기

---

[19] 반란군에 처형될 때는 물론 진압군에 처형될 때도 희생자들은 자신들의 심리적 상태를 노래로 표현했다고 한다. 좌우를 막론하고 널리 불렸던 노래는 「봉선화」였으며(김석학·임종명, 1975: 65~66, 123), 6·25 후에는 「여수 블루스」가 여수시민들의 정서를 자극하는 노래로 등장했다(김계유, 1991: 294)고 한다.

[20] 「산동애가(山洞哀歌)」의 가사는 총 2절로서 다음과 같다. 1절: 잘 있거라 산동아 / 너를 두고 나는 간다 / 열아홉 꽃봉오리 / 피어보지도 못하고 / 까마귀 우는 골을 / 멍든 다리 절어 절어 / 다리머리 들어오는 / 원한의 넋이 되어 / 노고단 골짝에서 / 이름없이 쓰러졌네. (후렴) 살기 좋은 산동마을 인심도 좋아 / 열아홉 꽃봉오리 피어보지도 못하고 / 까마귀 우는 곳에 나는 간다 / 노고단 화엄사 종소리야 / 너만은 너만은 영원토록 울어다오. 2절: 잘 있거라 산동아 / 산을 안고 나는 간다 / 산수유 꽃잎마다 설운 정을 맺어놓고 / 회오리 찬바람에 / 부모효성 다 못하고 / 갈길마다 눈물지며 / 꽃처럼 떨어져서 / 노고단 골짝에서 / 이름없이 쓰러졌네(자료 출처: 여사연 www.yosuicc.or.kr).

록물과 증언 자료가 미비할 뿐만 아니라, 일부 신문기사나 1차자료들 대부분이 정확성이 떨어지는 것은 물론 정치적으로 편향된 시각으로 쓰인 것들이라는 데서도 잘 드러난다. 이 같은 상황에서 여순사건 체험자들의 구술자료는 중요한 자료원이 될 수 있을 것이다. 특히 여순사건으로 인한 전쟁폭력과 그 이후의 사회적 고통에 대한 이해는 개인들의 기억과 회상에 의존할 수밖에 없다.

사례를 통해서 본 여순사건은 발발 당시의 혼란상으로 미루어 보아 남로당과 연계된 조직적인 '반란'이라기보다 14연대 내부의 일부 좌익세력들이 돌발적으로 일으킨 사건이라고 할 수 있을 것이다. 이것은 반란군들의 지휘체계 미비와 제주 출동을 위해 선적해두었던 무기와 군수품을 탈취하지 않았다는 사실에서도 드러난다. 하지만 반란군에게 좌익계열이 아닌 노점상을 비롯한 일부 시민들이 동조했다는 사실은 일제시기부터 누적된 경찰에 대한 적대감이 여순사건 당시까지도 팽배해있었다는 사회적 분위기를 반영하고 있다. 여순사건 이후 진압군에 의한 '공비' 색출이 진행되어갈수록 일부 지역에서는 반란군보다 반란군 동조자를 찾아내는 데 치우치게 된다. 이 와중에서 개인은 자신의 이념적 성향뿐만 아니라 국가기관을 앞세운 집단과 개인의 자의적 기준과 사사로운 감정에 따라 전쟁폭력의 희생자가 되기도 한다. 전쟁폭력 중에서도 국가기관에 의한 폭력은 개인은 물론 가족들의 일상성을 파괴하였으며, '빨갱이'라는 낙인을 찍어 사회적으로도 고통을 당하게 했다. 즉, '빨갱이'로 낙인찍힌 채 처형되거나 학살된 사람들의 가족들에게도 그 낙인이 전이되었다.

이런 맥락을 무시하고 여순사건을 이데올로기의 차이 또는 정권의 정당성을 둘러싼 무력충돌로만 단정하는 것은 여순사건을 폭력의 주체에만 한정하고 폭력의 대상이 되었던 지역주민들은 간과하는 결과를 가져온다. 이런 시각은 전쟁이란 오로지 군대 또는 특수한 폭력의 대행자들

간에 발생하는 대립과 살상, 즉 선두로만 간주하게 하여 전쟁의 발발 원인과 전개 과정 그리고 전쟁 '영웅'들의 이야기에만 의존하게 만든다. 따라서 기억을 배제한 채 오로지 이데올로기와 공식 역사만이 전쟁의 발발과 결과를 서술하는 기준이 되고, 중심 아닌 '주변' 사람들의 전쟁폭력 체험과 이로 말미암은 사회적 고통은 감추어지거나 관심사에서 멀어지게 하는 결과를 가져온다.

그러나 개인들의 기억과 회상 속에서 여순사건은 과거의 역사적 '사건'으로 현재와 멀리 떨어진 '거기'에 머물고 있는 것이 아니라, 지금의 장소에서 이야기되고 또 끊임없이 반복되어 나타나는 경험으로 존재한다. 이 같은 개인의 기억과 회상을 분석함으로써 여순사건에 대한 공식적 해석을 다양한 측면에서 재해석하거나 왜곡된 부분을 바로잡을 수 있을 것이다. 전쟁폭력의 희생자들이 자신들이 겪었던 고통을 회상하는 것은 과거의 고통스런 문제들에 대해 공개적으로 생각해보고자 하는 노력이자 시간을 넘어 해체하고자 하는 공식 '역사'가 있기 때문이다.

'과거의 사건'이어서 여순사건을 도덕적으로 정당화하기 곤란하므로 사실들을 모호한 언어로 얼버무리기보다는 현재의 자료와 기억을 바탕으로 구체적으로 접근하여 정직한 자각이 이루어지는 것이 바람직할 것이다. 그런 의미에서 사건의 와중에 반란군 또는 진압군으로 참여한 군인들의 증언과 회상, 그리고 민간인으로서 폭력을 경험했던 사람들의 기억을 수집하고 확증하는 작업이 지속적으로 이루어져야 한다. 여순사건은 그 발발과 전개 과정에 대한 이해 못지않게 정권 유지를 위해 이데올로기를 동원하고 사건을 왜곡했던 지배집단들, 그리고 전쟁폭력으로 인해 고통받고 있는 지역주민들에 대한 분석이 함께 이루어져야 한다. 그렇게 함으로써 역사를 통해 무엇을 배우지는 못하더라도, 최소한 무엇을 피해야 할지는 알 수 있을 것이다.

■■■ 참고문헌

교육부. 1996. 『고등학교 국사(하)』. 대한교과서주식회사.
국방부 전사편찬위원회. 1988. 『대비정규전사』.
김계유. 1991. 「1948년 여순봉기」. ≪역사비평≫(겨울호). 역사비평사.
김동춘. 2000. 『전쟁과 사회』. 돌베개.
김득중. 1999. 「이승만정부의 여순사건 인식과 민중의 피해」. 『여순사건자료집』 제2집. 여수지역사회연구소.
_____. 2000a. 「이승만정부의 여순사건 왜곡과 국회논의의 한계」. ≪역사연구≫, 제7호.
_____. 2000b. 「여순사건 당시의 민간인 학살」. 『한국현대사와 사회주의』. 역사비평사.
김석학·임종명. 1975. 『광복 30년(2) - 여순반란편』. 전남일보사.
김인덕. 1991. 「식민지시대 여수지역의 민족해방운동에 대한 일 고찰」. ≪성대사림≫, 제7호.
다키 고지. 지명관 옮김. 2001. 『전쟁론』. 소화.
도미야마 이치로 저. 2002. 『전장의 기억』. 임성모 옮김. 이산.
박명림. 1996. 『한국전쟁의 발발과 기원 Ⅱ』. 나남.
순천시사편찬위원회(편). 1997. 『순천시사』. 순천시사편집위원회.
안종철. 1997. 「여순사건의 발발과 전개」. 『순천시사(정치·사회편)』. 순천시.
_____. 1998. 「여순사건의 배경과 전개 과정」. 『여순사건실태조사보고서』 제1집.
여수지역사회연구소. 1998. 『여순사건실태조사보고서』 제1집.
_____. 1999. 『여순사건자료집』 제2집.
이효춘. 1996. 「여순군란연구 - 그 배경과 전개 과정을 중심으로」. 고려대 교육대학원 석사학위논문.
전남일보 광주전남 현대사 기획위원회. 1991. 『광주전남 현대사 2』. 실천문학사.
정근식·김민영·김철홍·정호기. 1995. 『근현대의 형성과 지역엘리트』. 새길.
정석균. 1999. 「여·순 10·19사건의 진상」. ≪전사≫, 제1호. 국방군사연구소
정청주. 1998. 「여순사건 연구의 현황과 과제」. ≪여수대학교 논문집≫, 제13집 1호
정호기. 2002. 「기억의 정치와 공간적 재현」. 전남대학원 박사학위논문.
홍영기. 1999. 「여순사건에 관한 자료의 성격과 연구현황」. ≪지역과 전망≫, 제11집.
홍영기(편). 2001. 『여순사건자료집 Ⅰ』. 선인.
황남준. 1987. 「전남지방 정치와 여순사건」. 『해방전후사의 인식 3』. 한길사.

Carneiro, Robert L. 1994. "War and Peace: Alternating Realities in Human History." in Reyna, S. P. and R. E. Downs(eds.). *Studying War: Anthropological Perspectives.* Amsterdam: Gordon and Breach Science Publishers.

Connerton, Paul. 1989. *How Society Remember.* Cambridge: Cambridge University Press.

Das, Veena. 1992. "Our Work to Cry: Your Work to Listen." in Veena Das(ed.). *Mirrors of Violence: Communities. Riots and Survivors in South Asia.* Delhi: Oxford Univ. Press.

Hirsch, Herbert. 1995. *Genocide and the Politics of Memory: Studying Death to Preserve Life.* Chapel Hill & London: The University of North Carolina Press.

Kleinman, Arthur. 1998. "Introduction." in Arthur Kleinman, Veena Das and Margaret Lock(eds.). *Social Suffering.* Delhi: Oxford University Press.

Kleinman, Arthur & Joan Kleinman. 1998. "The Appeal of Experience: The Dismay of Images: Cultural Appropriations of Suffering in Our Times." in Arthur Kleinman, Veena Das and Margaret Lock(eds.). *Social Suffering.* Delhi: Oxford University Press.

Langer, Lawrence L. 1998. "The Alarmed Vision: Social Suffering and Holocaust Atrocity." in Arthur Kleinman, Veena Das and Margaret Lock(eds.). *Social Suffering.* Delhi: Oxford University Press.

Otterbein, Keith F. 1973. "The Anthropology of War." in John J. Honigmann(ed.). *Handbook of Social and Cultural Anthropology.* Chicago: Rand McNally College Publishing Company.

Reyna, S. P. 1994. "A Mode of Domination Approach to Organized Violence." in S. P. Reyna and R. E. Downs(eds.). *Studying War: Anthropological Perspectives.* Amsterdam: Gordon and Breach Science Publishers.

제3부 산 자의 전쟁, 죽은 자의 전쟁

한국전쟁과 기독교 순교비의 사회·종교적 역할

윤정란

중립국 인도로 간 반공포로

김경학

한국전쟁 희생자들의 죽음 처리방식과 의미화과정

표인주

한국전쟁과 기독교 순교비의 사회·종교적 역할

1. 연구 배경과 조사 과정

 "국가는 전쟁을 만들고 전쟁은 국가를 만든다"라고 틸리가 주장한 것처럼(Tilly, 1990; 김동춘, 2003: 208), 한국전쟁은 현재의 남한 사회를 만들어내고 공고화시키는 데 큰 역할을 담당하였다. 전쟁 과정에서 국민과 비국민이 구별되었으며, 국민이 된 부류는 남한 사회에서 당당하게 살아갈 수 있는 자격을 제공받았으나, 반대의 경우는 54년 동안 죄의식을 품고 삶을 살아왔다.
 비국민으로 구별된 사람들은 좌익이었건 아니었건 모두 남한 정권에 의해 학살을 당했던 사람들이었다. 2004년 5월 14일에서 16일까지 광주의 5·18 기념문화관에서 '5·18 민중항쟁 제24주년 기념행사위원회' 주최로 개최된 '민간인 희생자 대토론회'에서는, 남한 사회에서 비국민으로 분류되어 제거 대상이 되었던 사람들을 어떤 시각에서 바라보아야 하는가라는 문제를 두고 논의가 이루어졌다(5·18 민중항쟁 24주년 기념행사위원회, 2004).

1999년부터 2004년 그 자리에 오기까지 각 지역에서 활동하던 한국 전쟁 전후 학살당한 민간인 유족회(이하 유족회)의 노력으로 당시 한반도에서 살고 있던 사람들에게 무슨 일이 일어났는지에 대한 실체가 조금씩 드러나기 시작하고 있다. 그러나 드러난 부분은 빙산의 일각에 불과하며 한국전쟁은 우리들에게 여전히 들여다보면 볼수록 더 깊은 암흑과 같은 '블랙홀'이다.

「헌법」 제1장 1조에 '대한민국은 민주공화국이다'라고 표방하는 대한민국이라는 체제가 한국전쟁을 통해 만들어지고 공고화되면서 국가가 국민으로 인정해주고 책임을 지려고 한 부류들은 군인과 경찰들 및 이들 유가족들이었다. 전쟁에 대한 고통을 국가가 책임져준다는 이유로 그들의 경험은 기념탑, 체험담, 교육용 자료, 영상 등으로 만들어져 국가의 통치 기반을 훨씬 더 강고히 하고 지속시키기 위해 사용되어왔으며, 현재도 사용되고 있다(박정석, 2003: 180).

국가는 단지 이들에게만 국가의 의무를 방기하지 않으려고 했을 뿐, 이외에는 모든 것을 방치해왔다. 현재 한국전쟁 전후 민간인 학살을 전국적으로 쟁점화하려고 노력하는 한국전쟁 전후 민간인 학살 진상규명 범국민위원회가 다루고 있는 문제는 국가가 방치해놓은 것 가운데 일부에만 국한되어있다. 즉, 이 단체에서는 남한 군경과 미군의 폭격에 의해 전투와 전혀 상관없이 학살당했던 비무장 민간인들에 관한 것만을 다루고 있다.

국가가 현재 책임을 방기하고 있는 것은 이 문제만이 아니다. '시민의 의무 중 하나가 위급할 때 나라를 지키는 것이고, 반대로 국가는 이 과정에서 희생된 자들의 시신을 거두어들이고 그들의 영혼을 위로할 의무가 있다고 말해왔다. 유해 발굴은 근대적인 의미에서 국가의 정통성과 직결되는 문제이다'라고 주장하는 권헌익의 글에 의하면, 한국전쟁 당시 대한민국의 체제 수호를 위해 전선에서 죽음을 당한 후 지금까지 수습되지 못하고 있는 10만 무명용사의 유해도 국가가 책임을 방기하고 있는 경우이다(권헌익, 2003).

또 하나는 전쟁 중에 남한 정부의 지지 세력으로 몰려서 북한 인민군 및 유격대들에게 학살당한 경우이다. 그중 많은 수를 차지하고 있는 것이 기독교인이었다. 이들 또한 국가가 전혀 책임을 지지 않고 있는 부류이다. 이들에 대한 사후 수습은커녕 통치 기반인 반공 이데올로기의 본보기로 이용만 했다.

1968년 '울진·삼척 무장공비 침투사건' 때 '공산당이 싫어요'라고 외쳤다가 입이 찢겨 죽었다는 이승복 어린이 사건은, 1990년대 초반까지 누구도 범접할 수 없는, 남한 사회를 굳건하게 지켜주는 반공 이데올로기의 성역이었다. 그러나 1992년 《저널리즘》에 이 사건이 조작되었다는 글이 발표된 후, 1998년 《중앙일보》, 《말》지 8월호에서 이 사건의 진상을 밝힘으로써 이승복 신화의 굳건한 아성은 무너지기 시작했다.

이승복의 신화와 마찬가지로 한국전쟁 동안 '빨갱이'들에게 죽임을 당한 기독교인들도 지금까지 반공투사로 자리 매김 되어있다. 기독교를 믿는다는 이유만으로 선량한 한 교회의 기독교인 전체가 감금당한 채 '빨갱이'들에게 소각되어 죽었다거나 삽, 몽동이, 죽창, 일본도 등을 사용한 학살 방법의 잔인성을 강조하는 등 과장된 사실을 지속적으로 유포시켜왔다.

회고록, 증언 등을 제외하면 한국전쟁 관련 연구 저서 및 논문 등은 2004년까지 총 300여 편 이상에 이른다. 그럼에도 불구하고 한국전쟁 당시 얼마나 많은 수의 사람들이 죽었으며 원인은 무엇인지 등에 대해서는 여전히 베일 속에 가려져있을 뿐이다. 남한 사회를 지지한다는 이유로 죽임을 당했던 사람들이나 남한 군경에 의해 '빨갱이'로 몰려 죽은 사람들, 무명용사로 전선에서 죽음을 당한 경우 등 모두 강고한 국가 만들기에 이용만 당했을 뿐 실제적인 규명은 전혀 이루어지지 않고 있다.

다행히 최근에 들어서 한국전쟁 전후 학살당한 민간인들 및 무명용사들에 대한 진상규명이 유족회들에 의해 점차 이루어지고 있는 실정이다.

이러한 움직임 속에서 여전히 사각지대로 존재하는 부류가 있다. 그것은 한국전쟁 당시 죽음을 당한 기독교인들이다. 이 글에서는 누구의 관심도 끌지 못하고 있는 이들의 죽음을 국가가 어떻게 방기하고 이용했으며 또한 기독교계에서는 이들을 어떻게 다루어왔는지, 또한 현재 어떠한 형태로 자리 매김 되어있는지 추적해보려 한다. 이 장에서는 현재 순교비 건립과 순교기념관을 설립하여 성역화사업 계획을 벌이고 있는 전남 영광군 염산지역의 사례를 통해 이를 살펴보고자 한다.

염산면은 제3장에서 살펴본 것처럼 한국전쟁 동안 남한 사회에서 가장 많은 기독교인들이 학살당한 곳이다. 이 장의 작성을 위해 2003년 10월부터 11월까지 염산면 현지답사를 통해 채록한 증언, 수집한 1차자료 등을 적극적으로 활용하였다.

2. 한국전쟁기 염산면 기독교인들의 학살을 둘러싼 해석

2004년 현재 전남 영광군 염산면에는 2개의 순교비가 건립되어있다. 하나는 야월교회에 있고, 또 하나는 염산교회에 있다. 야월교회는 1908년에(한국 기독교역사연구소, 2000: 263), 염산교회는 1947년에 설립되었다(대한예수교장로회 염산제일교회, 2002: 23). 현재 염산면에는 10개의 교회가 존재하지만 한국전쟁이 발발할 때까지는 야월교회와 염산교회만 존재하였다.

두 교회에 순교비가 건립된 것은 한국전쟁과 관련이 있었다. 한국전쟁이 발발한 후 야월교회에서는 교인 65명 전원이, 염산교회에서는 교인 77명이 좌익 세력들에게 학살당했다. 공보처 통계국의 기록에 의하면, 한국전쟁 당시 염산면에서 피살당한 민간인은 3,350여 명에 달한다 (월간조선사, 2003a: 635~707; 월간조선사, 2003b: 12~396). 다른 자료에는 염산면에서 약 5,000명의 사람들이 학살당했다는 기록이 있다(김석학·임종명, 1975). 이 숫자는 대략 영광군 전체 피살자 수의 5분의 1에 해당된다. 염산면에서도 특히 야월교회와 염산교회가 위치해있는 야월리와 봉남리의 피해가 컸다. 공보처 통계국의 기록에 의하면, 학살자 수가 야월리 290여 명, 봉남리가 800여 명에 이른다(월간조선사, 2003a; 월간조선사, 2003b).

제3장에서 전술한 바와 같이, 염산면 기독교인들이 학살당한 것은 그들이 지주였거나 지배계층이었기 때문인 것으로 알려져있다. 그러나 실제 그들은 빈농에 속했다. 일제 강점기 야월교회의 교인들은 지역적 특성상 개펄에서 조개를 채취하여 목포 혹은 광주로 가서 이를 팔아 생계를 유지하였다. 또한 논농사보다는 밭농사를 위주로 하였다. 따라서 겨우 하루하루를 연명하는 것이 이들의 경제적 실정이었다.

"한국전쟁이 내전이 되기 위해서 해방 직후 사회혁명을 경험해야 했던 것처럼, 해방공간이 사회혁명적 상황으로 설정되기 위해서 일제시대의 농업구조는 혁명의 모태로, 그리고 농민은 예비혁명가의 모습으로 자리 매김 되어야 했던 것이다. 그러나 일제시대 농촌사회가 실제로 보여준 모습이 이와 같은 연쇄적 인과관계를 반드시 지지하는 것은 아니다. 일제시대의 토지 및 농업문제에 대한 급진주의적 해석은 주관적 목적론에 가까울 개연성이 적지 않다"라고 표현한 것처럼(전상인, 2001: 53), 염산면에서도 한국전쟁 당시 학살의 원인이 반드시 지주-소작관계 혹은 지배-피지배계급 간의 갈등에서 기인한 것은 아니었다. 전쟁이라는 상황이 그렇게 만든 것이었다. 실제로 염산면에서 일제 강점기 한국인 간의 지주-소작관계의 갈등보다는 한국인과 일본인 간의 갈등이 더 심하였다. 예를 들면, 1924년 염산면에서는 '호리(堀) 농장 사건'이 있다. 당시 영광군에는 읍내에 우메디(梅田), 가토(加藤), 법성포에 가와사키(川崎), 백수면에 아베(阿部), 염산면에 도구치(桶口), 호리요시(堀吉), 군남면에 川源(가네모토) 등 일본인 소유의 농장이 많았다(전남일보 광주전남 현대사 기획위원회, 1991: 136). '호리 농장 사건'은 호리요시(堀吉) 농장에서 발생한 것이다. 사건의 발단은 다음과 같았다.

호리 농장은 염산면 논잠지구에 있었다. 원래 바다였던 것을 일본인 호리가 봉남에서 설도를 거쳐 옥슬리까지 막아서 작답을 시작하였다. 당시 현장사무소는 논잠에 있었으며, 감독은 요시무라 오카에(吉村岡英)였다. 염산면에서 간척사업을 시작하자 수백만의 노동자들이 이곳으로 몰려들었다. 처음 계약 시 12시간 노동에, 임금 50전을 지급하기로 하였다. 그런데 실제로는 더 많은 노동시간을 요구했으며 임금도 40전에 불과했다. 10전은 저금이라는 명목으로 주지 않았다. 그리고 작업 중의 구타, 열악한 침식 제공 등 악조건의 노동환경이었다. 이러한 노동조건이 영광읍내에 있는 노동우애회에 알려졌다. 이 단체에서는 일단 현장조사를 한 다음 지부를 설치하기 위해 35세의 조화춘을 적임자로 생각하였다. 그런데 이러한 사실이 요시무라에게 알려져 조화춘은 해고를 당하고 말았다. 그 후 고향에 내려가 있던 조화춘을 호리 농장에서 불렀다. 그는 복직을 생각하고 염산면으로 왔으나 기다리고 있었던 것은 집단구타였다. 이러한 사실이 영광군 전체로 알려지자 사오백 명의 사람들이 이를 항의했다. 1924년 호리 농장에서는 갑자기 공사를 중단하고 일본으로 돌아가버렸다. 그 후 이곳에서 일하던 노동자들이 모두 떠난 후에 호리는 다시 돌아와 새 노동자를 모집하여 공사를 끝냈다. 즉, 이러한 사실에서 알 수 있는 것처럼 염산면에는 간척사업 때문에 외지에서 온 사람들이 많았으며, 한국인보다는 일본인과의 갈등이 더 심했다. 그리고 야월리와 봉남리 지역민들은 대부분 빈농에 가까웠다. 따라서 위와 같은 해석으로 학살 원인을 바라보는 것은 문제가 있다고 할 수 있다.

당시 기독교인들이 학살당한 것은 제3장에서 살펴본 바와 같이 다음 3가지 원인에 의한 것이었다.[1] 첫째, 좌익 세력들은 기독교인들을 신뢰할 수 없었던 것이다. 둘째, 염산면의 지리적 특징으로 인해 좌익 세력들이 이 지역으로 많이 몰려왔기 때문이었다. 셋째, 염산면이 다른 지역에 비해 수복이 늦었기 때문이었다.

3. 순교비 건립 추진과정

야월교회는 1990년에, 염산교회는 2003년에 순교비를 건립하였다. 염산교회에는 순교비 외에도 기독교인 순교탑, 순교교육관 등이 건립, 조성되어있다. 이 두 교회는 현재 한국교회 순교자기념사업회(이하 사업회)가 기독교인들을 대상으로 기획한 한국교회 순교현장 순례 코스에 포함되어있다.[2] 사업회는 『한국교회 순교유적지 순례』라는 책자를 통해 두 교회에 순교비가 건립된 배경을 다음과 같이 설명하고 있다. 먼저 야월교회의 경우는, "1950년 9월 29일 국군과 유엔군이 목포에서 함평과 영광으로 진입하여 들어오자 주민들은 대대적으로 환영하였다. 미처 후퇴하지 못한 인민군들은 국군 환영대회가 끝난 후 밤이면 산에서 내려와 국군 환영대회에 나가 만세를 부른 교인들과 동네 주민들을 잡아다가 몽둥이로 매질을 했다. 혼자서 때릴 수 없을 때는 두 사람씩 조를 짜 인정사정없이 몽둥이질을 했다고 한다. 1950년 9월과 10월 사이에 야월리

---

1) 자세한 것은 윤정란(2004)을 참조하기 바란다.
2) 한국교회 순교자기념사업회의 『한국교회 순교현장 순례』에 포함되어있는 곳은 양화진 선교사묘지, 기독교선교기념관, 절두산 성지, 발안 제암리교회, 해미 생매장순교지, 김제 금산교회, 영광 염산교회, 영광 야월교회, 여수 애양원, 여수 오동도, 병천 매봉교회, 용인 소례교회, 용인 순교자기념관 등이다.

에 난입한 인민군들은 교인들을 교회당에 모아놓고 석유를 뿌리고 불을 질렀다. 김성종 영수, 조양현 영수, 최판원 등을 끌어다 두들겨 패고 물에 빠뜨려 죽였다. 그들의 가족들도 손발을 뒤로 묶어 심지어 갓난 어린 아이들까지 바다에 빠뜨려 수장시켰다"라고 설명하고 있다(한국교회 순교자기념사업회·총회순교자기념선교회, 연도 미상: 28).

염산교회에 대해서는 "1950년 9월 15일 인천 상륙작전으로 유엔군이 서울을 수복하고 29일에는 국군과 유엔군이 남하하여 영광읍에 입성하였다. 그동안 북한 인민군에게 어려움을 겪어온 주민들과 염산교회 교인들은 태극기를 흔들며 대대적으로 환영하였다. 전세가 인민군에게 불리하게 돌아가자 당황한 그들은 인민위원회 사무실로 사용하던 교회당을 불질렀다. 그리고 미처 도망가지 못한 인민군들은 평소 교인들을 불순 세력으로 보고 잔인무도하게 보복하였다"라고 되어있다(한국교회 순교자기념사업회·총회순교자기념선교회, 연도 미상: 23).

이것이 현재 순교비 건립 배경으로 정설화되어있는 내용이다. 그런데 이 내용은 앞에서 살펴본 것처럼 사실과 많은 차이가 있다. 당시 학살 배경은 북한 인민군의 비인간적인 잔인한 특성 때문이 아니라 전쟁이라는 상황에서 학살 가해자들이 자신들의 목숨에 위협 요소가 되는 기독교인들을 신뢰할 수 없었다는 것, 염산면의 지리적 특징, 다른 지역에 비해 늦었던 수복 등의 이유에서 발생한 것이었다. 그렇다면 어떤 과정을 거쳐 이러한 이야기들이 만들어지고 순교비가 건립된 것일까?

가장 먼저 염산지역의 기독교인 학살 상황을 다룬 자료는 1953년 공보처 통계국에서 발간한 문서였다(월간조선사, 2003a, 2003b). 이 기록은 순교비의 인물들과 많은 차이가 난다. 야월교회에서 학살당한 기독교인은 65명인데, 통계국 문서에는 18명이다. 야월교회의 학살당한 기독교인과 통계국 문서의 내용을 비교하면 다음과 같다.

야월교회 순교비에 기록되어있는 인물(65명)[3]

김성종, 최 씨 부인, 김두원, 오연이, 김안순, 김두석, 박귀례, 조양현, 신 씨, 인동 장 씨, 조영원, 조영연, 조마리아, 김준수, 조영민, 갓난이, 홍순택, 조영애, 홍사차, 홍오차, 조숙현, 김 씨(조숙현 부인), 조영신, 조영태, 조영배, 조춘현, 김 씨(조춘현 부인), 조연례, 조귀례, 조연순, 조안순, 박성철, 조순례, 조영갑, 최판섭, 유영심, 김 씨(최판섭 어머니), 최영국, 최영애, 최판원, 김 씨(최판원 부인), 최영님, 최영복, 최반달, 최영숙, 김병환, 채선례, 김형기, 김요기, 이희범, 한 씨, 김정숙, 정일성, 이 씨, 정종임, 정정단, 정문성, 배금순, 정해동굴, 정대성, 정덕성, 남석우, 본아리댁(원례), 남혜자, 남부댁(야월교회, 2003: 15).

공보처 통계국에 기록되어있는 인물(18명)

김성종, 최 씨 부인, 김두석, 박귀례, 홍사차(홍사남), 홍오차, 조영신, 조영태, 최판섭, 최영국, 최영애, 최영님, 최영복, 최반달(최반월), 김형기, 김정숙, 정종임, 남석우.

이처럼 많은 차이를 보이는 것은 공보처 통계국의 문서가 전쟁 직후 혼란스러운 상황에서 작성되었기 때문이었다. 이 문서에 나와있는 인물들은 야월리 교인들로 특정화되어있는 것이 아니라 야월리에서 학살당한 비기독교인들과 함께 기록되어있다. 즉, 이름은 거론되지만 야월리 교인들이라고 특정화되어있지는 않다. 그렇다면 언제부터 '순교자 65명'이라는 내용이 공식화된 것일까?

이들에 대한 내용이 공식적으로 거론된 자료는 1964년 11월 7일자 ≪기독공보≫의 '우리마저 떠나가면 누가 여길 지킬까요'라는 기사였다. 이 기사는 권서 윤응지가 전남지방에서 가장 많은 기독교인들이 학살당한 영광과 영암지방을 답사한 후 작성한 것이다. 야월교회에 대해

---

[3] 1990년 11월 29일 야월교회에서는 순교비 준공 예배를 드리고 제막식을 하였다.

서는 "崔判燮씨를 비롯하여 六五名이 殉敎하였는데 가족中 어린이들까지 죽임을 당했다"고 기록되어있다. 이후부터 야월교회의 학살당한 기독교인들은 '65명'이라는 것이 지금까지 정설화되어있다. 이 기사에서는 교인들의 학살 상황에 대해서는 자세하게 다루지 않고 있다.

두 번째 단계는 65명의 교인들이 어떻게 죽음을 당했는지가 공식화되는 과정이었다. 신영걸(1965)에 의해 이 내용들이 정설로 자리 잡기 시작했다. 신영걸은 1948년 야월교회의 전도사로 시무한 적이 있었는데, 그는 후기에서 "온 교인이 1950년 10월경 순교했다는 소문을 듣고" 이 글을 쓰게 되었음을 밝히고 있다. 이 책은 신영걸의 상상에 의해 그려진 것이었다. 이후 그가 야월교회를 답사한 때는 1984년이었다. 그는 1966년에 발행한 책을 수정하여 1982년에 『야월도의 순교자들』이라는 제목으로 다시 출판했는데, 이 책을 일본어로 번역하였다. 그러자 일본의 출판사에서 순교의 사실을 확인하라는 권유를 받고 야월교회를 답사하게 되었다는 것이다. 이때 그는 '상세한 순교의 상황을' 확인하게 되었음을 밝혔다.[4]

야월교회의 교인들이 어떻게 죽음을 당했는지가 신영걸에 의해 처음

---

4) 그가 밝혀낸 내용은 다음과 같았다. "1950년 9월 28일 맥아더 장군의 인천상륙작전으로 서울을 탈환하고 공산군을 추격, 북진하고 있을 때, 남쪽에 잔류한 공산군에게 비행기에서 많은 전단을 살포하였습니다. …… 통신망이 전혀 없던 상태였던 지방의 공산당들이 그 전단으로 패전을 알게 되자 최후 발악을 획책, 무수한 양민을 죽였습니다. 특히 기독교 신자와 교역자들을 학살하여 만 명 이상의 순교자를 냈습니다. 그들은 야월리에도 손을 뻗쳐 교회 마당으로 들어와서 종을 쳤고 그 종소리를 들은 교인들이 수복이 된 줄 알고 성경 찬송을 겨드랑이에 끼고 교회로 모여들었습니다. 신자들이 마당에 들어서자마자 공산당원들이 붙잡아 강제로 교회당에 감금하고 그 주위에 석유를 뿌리고 불을 질렀습니다. 그 불 속에서도 교인들은 합심하여 끝까지 찬송을 불렀습니다. …… 온 교인 65명이 순교한 후 이 섬에는 한 사람의 교인도 남지 않았습니다."(신영걸, 1999: 353~354)

으로 공식화되었으나, 이 단계까지도 65명의 교인들 중 몇 명만의 구체적 신상이 밝혀졌을 뿐이었다. 그럼에도 신영걸의 주장은 순교자들의 정설로 자리 잡았다. 이 내용을 토대로 이후 김수진과 한인수는 "야월교회는 최재섭 성도를 비롯해서 유년 주일학교 학생까지 포함해서 65명의 순교자를 냈다. 야월교회는 교인을 잃고 또 교회당은 전소당하고 말았다"고 소개하였다(김수진·한인수, 1980: 343). 이 내용은 김수진의 다른 책에서도 그대로 인용되었다(김수진, 1981: 144).

『기독교대백과사전』에는 위 내용에 학살의 원인이 더 첨가되어 "1950년 9월 29일, 후퇴했던 국군과 UN군이 영광읍에 진주하였다. 이에 기독교인들과 우익 인사들이 환영 행진을 하고 만세를 불렀다. 그러나 미처 후퇴하지 못한 공산군과 지방 공산당들은 인근 산속 등에 은거하고 있었고 국군을 환영한 기독교 인사들에 대한 보복계획이 추진되었다"라고 설명되어있다(기독교대백과사전편찬위원회, 1984: 1489). 이 단계에서 학살의 원인과 학살 상황 등의 내용이 모두 공식화되었다. 그러나 이 단계에서는 아직 65명의 인물들이 누구인지가 밝혀지지 않은 상태였다. 그렇지만 이 단계부터 야월교회에서는 매년 6월 25일에 65명의 순교자 추도회를 거행하기 시작했다(김수진, 1981: 144).

세 번째 단계는 야월교회에 목사 배길양이 부임하면서 학살당한 인물 등이 밝혀지고 순교비를 건립하려는 움직임이 일어난 시기이다. 배길양은 1988년 이 교회에 부임하여 현지인들의 증언을 토대로 '65명의 순교자들'을 찾아냈다. 따라서 현재 순교비에 기록되어있는 인물은 배길양에 의해 밝혀진 것이다. 명단이 파악된 후 야월교회에서는 순교비를 건립하려는 움직임이 일어났고, 모금운동을 전개하였다. 1989년 교회 자체에서 모금한 경비로 오성 성물공장에 순교비를 주문하였으며, 광주 제일교회의 목사로 시무 중이던 한상덕 목사에게 비문을 부탁하였다. 모든 사업이 거의 완료되기 직전 광주노회에서 이 사실을 알고

사업을 노회 차원으로 확대할 것을 제안하였다.5)

1989년 3월 29일 광주노회 제3회 정기총회에서 야월교회 순교기념탑을 노회 차원에서 건립하기로 결정하였다. 광주노회가 야월교회의 제안을 받아들이자 급속하게 사업이 진척되었다. 1989년 4월 8일 오후 5시에 노회 임원회가 대인동 노회 사무실에서 소집되었고, 노회장 유한귀 목사의 사회로 야월교회 순교기념탑 건립위원회와 각 분과위원회의 구성을 결정하였다. 당시 임원 구성은 다음과 같았다(배길양, 2003: 14~15).

위원장: 유한귀 목사   서기: 이정조 목사   회계: 유재옥 장로
분과위원
1. 사증분과위원: 노정열, 유한귀, 차종순, 박금호, 배길양.
2. 탑 건립분과위원: 남정규, 나종권, 김정문, 김록현, 최종한.
3. 행사위원: 오용웅, 이정조, 박겸락, 유재옥, 김초현.
4. 고문: 홍관순, 장동진, 박관석, 이화림, 김홍배.

1989년 6월 4일 노정열, 차종순, 김수진, 안종렬, 배길양 등과 현지 증언자 정종달, 정준성, 이시성, 강대위, 홍판옥 등이 모임을 갖고, 배길양의 추적 명단을 중심으로 이 사실을 확인하였다. 그해 6월 16일 노회 임원회에서 사증분과위원회의 보고가 증명되어 순교비를 건립하기로 결정했던 것이다. 1990년 4월 14일 남정규, 박관석, 나종권, 배길양 및 야월교회 교인들이 모두 모여 탑 건립 기공예배를 드린 후 공사를 시작하였다. 1990년 11월 29일 준공예배를 드리고 탑 제막식을 함으로써 야월교회의 순교비가 탄생되었던 것이다. 차종순이 작성한 순교비문에는 "해방 이후 야월도가 연륙되면서부터 교인들이 지역사회의 주축을 이루면서 교회는 성장하였다. 이러한 가운데 1950년 6월 22일 이 지역에 상륙한

---
5) 배길양 면담(2004년 3월 23일, 남 62세, 야월교회 담임 목사).

숫자 미상의 인민군의 기습이 한 기독교인의 제보로 목적을 이루지 못하게 되었고, 기독교에 대한 사상적 갈등으로 교회 탄압을 가하던 중 1950년 9월부터 10월 사이에 기독교인들을 살해하였다. 교회는 불타고 교인 전체가 죽임을 당하여 ……"라고 되어있다.

염산교회의 순교비 건립 과정을 살펴보면 다음과 같다. 야월교회와 마찬가지로 처음으로 공식화된 것은 공보처 통계국에서 작성한 문서였다. 염산교회에 세워진 순교비에는 77명이 기록되어있으나, 공보처에서 발행한 문서에는 20명만 기록되어있다.

염산교회 순교탑(77명)
김방호, 김화순, 김현, 김정, 김전, 김완, 김선웅, 김연경, 허상, 이순심, 김삼동, 노병재, 장영일, 김식산, 노순기, 노옥기, 노준오, 노무곡, 노오차, 노육차, 정도례, 기삼도, 김동춘, 노병인, 이선님, 노원례, 노용길, 노용남, 노정자, 노신자, 노병규, 박귀님, 노상기, 노옥순, 노일석, 노경남, 양정자, 김순님, 김조남, 이희연, 김동열, 정도애, 김용환, 김춘희, 김옥자, 김금자, 김신자, 김미자, 전유녀, 김군자, 양사차, 김부옥, 양처녀, 김희자, 김부자, 배길례, 장대일, 김순애, 장공삼, 김임순, 장안택, 장귀남, 전준채, 김길순, 전삼차, 전사차, 전오차, 최용진, 최처녀, 최삼녀, 최이녀, 최사녀, 최오녀, 최육녀, 조생길, 서소단(염산교회, 2003: 330).

공보처 통계국에 기록되어 있는 인물(20명)
김선웅, 김식산, 노순기, 노옥기, 노오차, 김동춘, 노병인, 노용길, 노용남, 노정자, 노신자, 노상기, 노옥순, 노일석, 김동열, 김금자, 김군자, 김순애, 최용진, 조생길.

야월교회와 마찬가지로 ≪기독공보≫의 1964년 11월 7일자 '우리마저 떠나가면 누가 여길 지킬까요'라는 기사에서 염산교회의 기독교인 학살 상황을 처음으로 다루었다. 그 내용은 "特히 鹽山敎會에서는 金邦

昊 牧師도 敎人까지 七十七名이 殉敎하고 ……"라고 소개되어있다. 이 단계에서는 77명이 학살당했다는 내용만 실려있다.

두 번째 단계는 한국전쟁기 염산교회의 더 자세한 실상이 밝혀지는 시기였다. 김수진·한인수는 기독교인들의 학살 상황, 김방호 목사의 약력, 그리고 학살당한 77명의 이름 등을 자세하게 소개하고 있다(김수진·한인수, 1980: 357~361). 이후 이 내용은 정설이 되어 1981년 김수진(1982)과 1982년과 1984년에 출판된 『기독교대백과사전』에 여과 없이 실렸다.

세 번째 단계는 1996년 염산교회에 목사 김태균이 부임하면서 순교비 건립사업으로까지 확대된 시기였다. 그는 이 교회에 부임하자 한국전쟁 동안에 77명이 학살당했다는 사실을 알고 순교비 건립을 계획하였다. 1997년 1월 교회 자체 내에서 순교기념사업회를 조직하고 순교비 건립운동을 전개하였다.6) 교회 내의 모금운동을 통해 어느 정도 경비가 모아지자 1998년 2월에 영광군 기독교 순교자 기념사업 추진위원회를 결성하였다. 위원장은 현재 영광읍교회에서 시무하고 있는 목사 김정중이었다. 이 위원회에서는 『한국전쟁(6·25동란)과 영광지방 순교자현황』이라는 책자를 발간하고, 이를 근거로 영광군청과 의회에 청원하여 기념관 건립을 추진하였다.7)

네 번째 단계는 영광군이 기독교 순교사업에 관심을 가지면서 사업이 급속도로 추진된 시기이다. 영광군이 순교사업에 많은 관심을 갖게 된 것은 지방자치제 실시와 관련이 있었다. 1995년 지방자치제가 도입되자 지방자치단체는 중앙정부에 의존하는 방식에서 벗어나 지역의 특성에 맞는 지역개발전략을 모색하였고, 그중 지역개발수단으로 관광을 생각하고, 관광을 통한 지역활성화 정책에 심혈을 기울였다. 영광군도 이러

---

6) 김태균 면담(2003년 10월, 남, 염산교회 담임 목사).
7) 위의 면담.

한 흐름 속에 있었다.

영광군은 1986년 이전에는 영광굴비, 칠산어장 등 바다 자원과 관련된 해양 관광자원 여건이 좋은, 광주권에서 가장 가까운 곳이었다. 그래서 매년 30만여 명의 관광객이 방문했던 하기 해양관광권이었다. 그러나 1986년부터 홍농 원자력 발전소가 가동됨에 따라 가마미 해수욕장의 피서객이 급격하게 감소되었다. 즉, 발전 시 나오는 온배수의 배출 및 폐수의 유입을 막기 위한 제방시설이 잘못된 방향으로 설치되어 해수의 환류가 자유롭지 않아 해안이 오염되었던 것이다. 영광군은 많은 관광자원이 있음에도 불구하고 이를 살리지 못했다.

따라서 영광군은 이러한 단점을 해소하고, 지역 특성을 살리기 위해 종교를 특성화한 관광사업에 박차를 가하였다. 그 발단은 1989년 동국대 사찰조경학과에서 법성포 진내리 좌우두가 백제 불교 최초 도래지임을 학술적으로 고증한 것이었다. 이를 계기로 영광군은 1998년부터 이를 관광사업화하기 시작했다. 그래서 고안해낸 것이 백제 불교 최초 도래지, 소태산 원불교 창시, 마지막으로 기독교 순교탑 건립 등이었다. 이러한 단계를 거쳐 염산교회의 순교비를 2002년 착공하여 2003년에 준공했다. 순교탑은 3억 5,000만 원을 들여 건립했다.[8]

현재에도 염산면의 순교사업은 영광군 문화관광과가 중심이 되어 진행 중이다. 순교비기념관 건립사업이 그것인데, 군에서는 15억 원의 사업비를 예상하고 있다. 야월교회와 염산교회 간의 순교비기념관 건립을 둘러싼 갈등이 발생하여 아직 장소는 확정되지 않은 상태이다.[9]

---

8) 영광군청(2004), 「기독교인 순교지 기념사업」이라는 내부 자료를 참조하기 바란다.
9) 영광군청 문화관광과 담당자 면담(2004년 1월).

4. 순교비의 사회·종교적 역할

아스만(A. Assmann)은 "기념비들은 망각의 심연을 넘는 가교로, 동시에 망각의 심연이 있음을 나타내준다. 신뢰할 만한 기억은 정체성을 보장하고 집단을 유지하는 역할을 한다. 그런데 이를 보장해줄 수 있는 과거가 소실되어 의문의 의지가 많은 경우에 사료를 통한 고증이 반드시 필요하다. 이러한 고증의 기능을 하는 유물들은 기념비라는 위상을 얻게 된다"고 하였다(아스만, 2003: 69).

이를 증명해주듯이 한국전쟁 당시 염산면의 기독교인 학살 상황과 순교비 건립 과정 및 내용은 많은 차이를 보여준다. 이러한 차이의 발생은 한국전쟁 당시 염산면 기독교인들의 희생을 '순교'라는 차원으로 만들고 싶어 하는 욕망에서 기인한 것으로 볼 수 있다. 곧 순교비를 통해 자신들의 정체성을 보장하고 집단을 유지하기 위한 것이었다.

스미스(R. B. Smith)는 기독교인들을 순교로 이끄는 매력적인 요인으로 '순교를 통해서 절대적으로 확실하게 영원한 삶을 보장받는 것, 천사들과 함께 한 자리를 차지하는 것, 동료 기독교인들에게 영원히 잊혀지지 않고 기억된다는 것, 신에게 선택받은 엘리트로서 영원히 추앙을 받는다는 것' 등이 있다고 주장한다(스미스, 1998: 39). 이 주장에 따르면 순교는 자발적인 선택이어야 한다. 그런데 염산면 교인들의 죽음은 자발적이라기보다는 전쟁 상황에서 불가피한 희생에 더 가까웠다고 할 수 있다. 이들을 순교자로 만든 것은 이들의 죽음을 기억하는 사람들이었다.

기독교인들의 학살 내용을 처음으로 과장되게 표현했던 신영걸은 전도사로서 일반 기독교 신도들을 교육시켜야 하는 입장이었다. 그래서 보다 더 극적인 표현 및 내용 등을 사용하여 한국전쟁기 기독교인 희생자의 이야기를 실제와는 다른 내용으로 정설처럼 만들어버린 것이다. 이러한 과정을 거쳐 제작된 순교비 및 순교탑은 지역사회에서 사회적·

종교적으로 다음과 같은 역할을 하고 있으며, 했다고도 할 수 있다.

종교적으로는 다음 세 가지의 역할을 들 수 있다. 첫째, 기독교인들에게 남한 사회의 통치체제를 유지해주는 반공 이데올로기를 지속적으로 유포하고 공고화하는 역할을 하고 있다고 할 수 있다. 그것은 순교비를 찾는 기독교인들에게 정설처럼 되어버린, 순교 상황에 대한 이야기와 순교비 및 순교탑에 조각되어있는 부조를 통해 이루어지고 있다. 순교 상황에 대해서는 홍보책자, CD, 비디오테이프, 순교교육관의 전시 내용 등으로, 순교비 및 순교탑을 통해서는 탑의 상징 등을 사용하여 기독교인들에게 지속적으로 반공교육을 시키고 있다.

야월교회의 순교탑은 세 가지 상징으로 표현되어있다. 제일 위에는 십자가, 그 다음은 가시관, 마지막에는 검 등으로 상징화하였다. 마지막 검의 형상은 성령의 검이라는 의미이다. 성령의 검은 「에베소서」 6장 17절의 '구원의 투구와 성령의 검, 곧 하나님의 말씀을 가지라'는 성경 말씀을 가리키는 것이었다. 이러한 형상 아래에 비문이 새겨져 있다.

염산교회의 순교탑은 예수님이 팔을 벌리고 있는 형상으로 천사의 날개와 같은 의미를 조형화하여, 상층부 세 개의 타원구는 성부, 성자, 성령의 삼위일체를, 머리의 원은 고난을 상징하는 가시관을 표현하고 있다. 부조 벽화는 목에 돌을 매달아 물에 수장시키고 몽둥이와 죽창으로 신자들을 살해하는 장면을 상징적으로 표현함으로써 '학살자'들의 잔인성을 강조하고 있다. 염산교회의 순교교육관 내부에도 목사 김방호가 잔인하게 '학살자'들에게 죽임을 당하는 모습을 그려서 전시해놓았다. 즉, 이러한 순교탑 및 순교비 그리고 순교 내용을 알려주는 홍보책자, 영상자료 등은 기독교인들에게 한국전쟁의 산물인 반공 이데올로기를 지속적으로 유포시켜주고 있으며, 남한 사회와 북한 사회를 '천사'와 '악마'라는 이분법적 사고를 통해 바라보도록 만든다. 이러한 사고는 한국전쟁의 원인, 전장에서 인간의 모습, 전쟁폭력 등에 대한 실제적인 사고를 가로막고 한국선생을 던지 선과 악의 전쟁으로만 바라보게 만든다. 결국 기독교인들이 대적해야 하는 상대는 공산주의자들, 더 구체적으로 말하면 북한 정권임을 계속 일깨워주었다. 이것은 기독교가 지금까지 남한 정권과 함께할 수 있는 공통분모를 제공해주었다고 할 수 있다.

둘째, 침체 상태에 있던 교회를 부흥시키는 역할을 하였다. 순교라는 극적인 상황은 지역민들에게 기독교에 대한 관심을 불러일으키게 하였다. 야월교회는 1908년 일진회에 반대하여 교회를 다니기 시작했던 문영국과 정정옥 등에 의해 설립의 기초가 마련되었고, 이러한 특성으로 인해 한국전쟁 직전까지 지역민에게 큰 영향을 끼쳤다. 야월리 지역민들의 외부와의 정보 교환을 위한 거점 및 연락망 역할을 하고, 지역민들의 근대 교육을 제공하기 위해 간이학교 및 주일학교를 운영하고, 부흥회 및 사경회를 개최하여 민족문제 등에 대한 고민을 함으로써 지역민들의 본보기 역할을 하였다.

그러나 한국전쟁 후 야월교회는 지역민들에게 잊혀진 존재가 되어갔다. 야월리민들은 한국전쟁 동안에 많은 기독교인들이 학살당하는 것을 보고 교회에 다니기를 꺼려했던 것이다. 야월리는 이리, 야장, 운곡, 월평 등의 자연부락으로 이루어져있는데, 이 중 이리 거주민들이 주로 야월교회를 다녔다. 그러나 한국전쟁 동안에 많은 피해를 입자 이들은 기독교를 꺼리기 시작했다. 반면에 그동안 기독교에 대해서 별 관심이 없던 야장 거주민들이 교회를 많이 다니기 시작하였다.

그러나 1990년 4월 14일 순교비 제막식을 통해 이러한 인식이 바뀌게 되었다. 그것은 제막식에 대한 많은 유명인사들의 관심과 참석 등에 기인하였다. 당시 순교비 제막식이 있던 날 영광 경찰서장, 영광 부군수, 마을 유지 등이 참석하고 이 광경을 KBS 방송국에서 녹화하였다.

야월교회는 담임목사가 시무하지 않고, 전도사들이 운영하였다. 야월리 주민들은 개펄에서 채취한 조개 등속을 팔아 생계를 유지하였으며,

논이 없고 밭만 있었다. 그래서 교회 건물의 지붕을 이을 짚이 없어서 염산면 옥슬리에 있는 기독교 청년들이 직접 가져다가 작업하였다. 한국전쟁 직후 야월교회는 다른 교회의 도움을 받아 운영되었기 때문에 지역민들의 호응을 많이 받지 못하였다. 그런데 1990년 순교비 제막식을 개최한 이후로 지역민들이 야월교회를 바라보는 눈이 달라졌다. 그동안의 피해 경험 때문에 야월교회에 대해 관심이 없었던 마을 주민들이 이를 계기로 관심을 가지게 되었다. 방송국, 영광군의 저명인사, 마을 유지들이 제막식에 참여하자 마을 주민들은 그동안 경계해왔던 교회를 다시 보게 된 것이었다.

1990년 당시 KBS 방송국은 반공 이데올로기를 강화하기 위해 순교비 건립 장면을 방영하였는데, 이로 인해 야월교회의 한국전쟁에 대한 이야기는 전국적으로 알려지게 되었다. 1993년부터 야월교회에 방문객이 증가하여 2004년 현재까지 만여 명이 넘는 사람들이 야월교회를 방문하였다고 한다. 1998년 순교자기념협의회에서 선교 100주년 기념행사로 전국적으로 특색 있는 교회를 대상으로 성지순례 형식의 2박3일 코스를 만들었다. 야월교회도 이 코스에 포함되었다.

셋째, 한국전쟁 동안 집단학살을 당한 기독교인과 교회 실태에 대해 전 교계의 관심을 집중시켰다는 것이다. 한국교회가 기독교를 믿는다는 이유로 죽음을 당한 인물들에 관심을 갖기 시작한 것은 1980년대에 들어서면서였다. 1982년 한국 기독교 순교자유족회가 조직되면서 순교자 사업을 시작하게 되었다.

가장 최초로 한국전쟁 당시 죽음을 당한 기독교인에 대해 언급하기 시작한 것은 1956년에 발행된 김양선의 책이었다. 이 책에는 북으로 납치된 목사들의 이름과 한국전쟁 당시 죽음을 당한 교역자 및 소실된 교회당 수만 기록되어있다(김양선, 1956: 88~90). 일반 기독교인들에 대한 언급은 없었다. 1957년에 발간된 『기독교연감』에서는 순교·피랍된 교역자 수를 177명으로 집계하고 있다(대한예수교장로회총회, 1984: 544). 한국 전쟁기에 죽음을 당한 기독교인들의 실태를 보다 자세하게 기록하고 있는 것은 김춘배(1967)의 책이다. 이 책은 수난을 당한 목사 및 처음으로 기독교인들이 집단적으로 학살당한 교회에 대해 기록하고 있다. 영암교회 24명, 원당리교회 20명, 임자도교회 43명, 봉남리교회(염산교회) 73명 등으로 나와있다. 1960년대에 한국전쟁기 기독교인들의 죽음을 다룬 책은 신영걸의 『붉은 조수』였다. 이 책은 1980년대에는 『야월도의 순교자들』로 책명을 바꾸어 재간행되었다. 앞서 살펴보았듯이 신영걸의 책은 야월교회에서 죽음을 당한 기독교인들을 주인공으로 해서 소설화한 글이다.

이처럼 한국전쟁 당시 죽음을 당한 기독교인들에 대해 개인적인 관심을 가지고 쓴 글만 있었는데, 단체를 조직화하여 순교자사업을 전개하기 시작한 것은 1980년대에 들어서였다. 앞서 언급한 한국 기독교 순교자유족회의 조직이 그 시발이었다. 그 후 기독교인의 죽음은 김수진(1981)과 김수진·한인수(1980)에서 상세하게 다루어졌다.

한국 기독교계에서 한국전쟁기 기독교인들의 죽음에 대해 많은 관심을 가지고 사업을 시작한 것은 1984년부터였다. 알렌(A. N. Allen)이 최초로 한국 땅을 밟고 선교사업을 시작한 시기였던 1884년으로부터 100년이 지난 1984년, 한국 기독교가 100주년을 맞이했기 때문이다. 이때 100주년 기념사업으로 한국 기독교계에서는 한국 기독교 100주년 기념사업협의회를 조직하고 4대 사업을 결정하였는데, 양화진 선교기념관 설립 사업, 인천 100주년 기념탑 설립, 실로암 개안 수술센터 건립, 한국 기독교 순교자기념관 설립 등이었다.

이에 영락교회의 권사로 시무하고 있던 정이숙이 경기도 용인에 있는 임야 1만 평을 기증하고, 현대그룹 회장이었던 정주영이 2억 원을 기부함으로써 순교자기념관 설립이 착수되었다. 4년이 지난 1989년 순교자기념관이 완공되었다.

이곳에는 순교를 한 191명의 교역자들이 전시되어있는데, 그중 1950년 6월 25일에서 1953년 휴전협정이 체결되기 전까지 사망한 교역자는 135명이었다. 순교 원인은 대부분 '반공'이다. 기념관 설립 이후에 순교자 23명과 집단학살을 당한 교회의 교인들이 추가되어있다. 영암교회, 진리교회, 상월교회, 염산교회 등의 교인들이다. 그 후 1992년 9월 22일 인천 제2교회에서 개최한 총회에서 매년 6월 둘째 주일을 '순교자 기념주일'로 제정하였다. 제정 목적은 "총회 산하에서 순교신앙 전승운동을 통한 모범적 순교운동을 전개하며 순교자 유가족을 위한 교육 및 복지 증진을 목적으로 하여 총회 지도를 받는다"는 것이었다. 한국 기독교 순교자유족회는 한국교회 순교자기념사업회로 명칭을 변경해서 활동하고 있으며, 이를 총회 순교자기념사업회에서 관할하고 있다.

이와 같이 대한예수교장로회 총회가 1992년부터 순교자 기념사업에 더 적극적으로 뛰어들게 된 것은 야월교회의 순교기념비 건립과 많은 관련이 있었다. 1990년 순교비가 건립되었을 때 국영방송에서 이를 녹화하여 전국적으로 방송을 내보냈던 것이 한국 기독교에서 한국전쟁 당시 죽음을 당한 기독교인과 교회에 대해 관심을 가지는 계기가 된 것으로 보인다.

사회적으로 순교비는 영광군의 관광사업 활성화에 이용되고 있다. 영광군에서는 2003년부터 순교 공간을 관광사업화함으로써 기독교인만 공유하던 것을 일반인에게도 확대하는 작업을 시작하였다. 전술한 바와 같이 초기에는 한국교회 순교자기념사업회에서 기독교인들을 대상으로 염산면교회의 순교 공간을 순례하는 사업을 시작하였다. 1998년 시작된 이 사업은 전국적으로 순교자가 발생한 교회를 대상으로 1박 2일 코스와 당일 코스로 순례하는 것이었다. 한국교회 순교현장순례라는 답사 코스인데, 양화진의 선교사 묘지와 기독교 선교기념관, 절두산성지, 발안 제암리교회, 해미 생매장 순교지, 부여 주소산성, 유성온천(1차 숙소), 김제 금산교회, 영광 염산교회, 영광 야월교회, 여수 애양원, 여수 오동도, 남원 광한루, 병천 매봉교회, 용인 소래교회, 용인 순교자기념관 등의 코스이다. 당시 기독교 관련 매스컴에서 대대적으로 이를 홍보하여 전국에서 야월교회와 염산교회를 찾는 기독교인들이 많았다. 야월교회의 목사 배길양은 2004년 3월 현재 만여 명이 넘게 다녀갔을 것으로 추산하고 있다.

이와 같이 기독교인들의 성지순례 코스로 알려져있던 염산교회와 야월교회의 순교비와 순교기념공간은 2001년부터 영광군에서 관심을 보임으로써 일반인들도 함께 공유하게 되었다. 영광군에서는 법성포 백제불교 최초 도래지, 원불교 영산성지, 기독교인 순교지 등을 연계하여 종교를 테마로 한 관광상품 개발 차원에서 관여하였다. 처음에는 기독교인 순교지사업은 제외되었으나 기독교계에서 이를 좌시할 수 없다고 항의하여 포함되었다.

기독교 측에서는 1998년 9월 영광군 순교 기념사업추진위원회를 결성하여 2000년 11월 영광군 순교기념사업 신청서를 영광군청에 접수시켰다. 이 위원회에서는 "영광군의 관광산업 육성과 국민 반공 정신문화 교육장으로써 반공교육 체험 현장으로 조성되어 투철한 반공정신을 심어주고 신앙인의 순교정신을 깊이 새겨주는 데 그 목적이 있습니다"라고 사업 목적을 밝혔다. 사업 개요에서도 "공산주의자들의 험악한 만행과 학살이 이곳에서 자행되어 무고한 선민을 학살하고, 70여 명을 수문 깊은 물에 한꺼번에 돌을 달아 밀어 넣어 죽게 하고 창칼로 선민을 학살하였습니다. 그러기에 이 악한 만행을 세계만방에 알리어 공산주의자가 다시는 거룩한 이 땅에 발붙이지 못하게 하고, 예수 그리스도를 믿음에 대한 공산주의자들의 만행과 참상을 옛 그대로 보여주는, 생명보다 귀중한 예수 그리스도를 믿는 마음으로 순교정신을 높이 받들어 강

건하고 확고한 믿음을 심어주는 데 그 뜻이 새겨져 있습니다"라고 주장하였다.10)

2001년 3월 영광군에서는 전라남도를 거쳐 문화관광부에 위 사업에 대한 국고보조금 예산 계상 신청서를 제출하고 군수를 비롯한 관계기관이 이를 반영해주도록 노력하였으나 실패하였다. 2002년 3월 다시 관광취약지 기금사업으로 사업 명칭을 변경하여 국고보조금 교부를 신청하여 군 예산에서 순교기념사업비 3억 5,000만 원을 확보하였다. 2003년에는 국고보조금 지원 사업에 반영될 수 있도록 중앙부처를 방문하여 2004년 약 8,000만 원의 용역비 지원을 요청하였다(영광군청, 「염산 기독교 순교지 명소화사업 추진계획」, 2003).

2003년에 국고보조금 8,000만 원으로 순교자 기념사업 용역설계를 하여 사업계획을 확정하고 예산확보액 3억 5,000만 원과 정주권 사업비 약 2억 원을 투입하여 순교기념탑 건립과 바닷가 순교지 주변의 매립 및 주차장 조성공사를 실시하여 2003년 8월에 완공하였다. 이 사업에 대해, 첫째 순교자의 얼을 기리고 유족들의 상처를 치유하여 군민 화합에 기여한다는 것, 둘째, 한국 기독교의 순교성지로서 외국 기독교인들의 관심이 고조되고 순례 코스로 부각되어 지역경제 활성화에도 큰 파급 효과가 예상된다고 밝히고 있다(영광군청, 「염산 기독교 순교지 명소화사업 추진계획」, 2003).

영광군에서는 기독교인 순교지 기념사업을 2004년까지 완료시키기 위해 계획하고 있다. 사업비 18억 5,000만 원을 투입할 예정이며, 순교기념탑에 이어 전시관 건립을 추진하고 있다. 순교기념탑은 3억 5,000만 원이 들었으며, 순교전시관 건립에는 15억 원을 사용할 예정이다. 영광

---

10) 영광군 순교기념사업추진위원회(1988), 「영광군 순교 기념사업 신청서」를 참조하기 바란다.

군에서 기대하는 효과는 첫째, 기독교인 순교지와 백제 불교 최초 도래지, 원불교 영산성지를 연계한 종교 테마 관광상품 개발, 둘째, 시레안 고속도로 및 서남해안 일주도로를 연계한 관광벨트 형성을 통한 외래 관광객 유치 등이다(영광군청, 「기독교인 순교지 기념사업」, 2004).

5. 지역민들의 전쟁기억 연구의 현재적 의의와 과제

최근 학계에서는 기존의 국제정치학적인 한국전쟁 연구 유형에서 벗어나 점차 실제로 전쟁을 경험했던 지역민들이 전쟁을 어떻게 기억하고 현재 지역공동체와 어떠한 연관을 가지고 있는가에 대한 연구로 영역을 확대시켜가고 있다. 그리고 한국전쟁 동안 남한 군경 및 미군에 의해 죽음을 당한 민간인들의 명예 회복을 위한 진상규명 운동이 전개됨으로써 전쟁폭력 및 국가폭력에 대한 관심을 증폭시키고 있다. 이러한 움직임 속에서 현재 누구의 관심도 끌지 못하고 다만 지역의 관광사업 차원에서 논의되고 있는 것이 한국전쟁 동안 학살당한 기독교인들이다.

이 장에서 사례로 채택한 염산면의 한국전쟁기 학살 상황에 대해서는 1960년대부터 공식적으로 기록되기 시작했다. 그러나 현지답사 및 조사없이 '반공'에 대한 선입관만을 가지고, 이러한 내용들이 기록되었을 뿐이다. 이렇게 만들어진 이야기는 이 지역에서 순교비 및 순교탑을 건립할 수 있는 배경이 되었다. 순교라는 차원에서 전개된 이야기는 실제 한국전쟁 때의 상황과는 많은 차이가 난다. 1980년대 후반부터 이 지역의 교회를 이끌고 교세를 확대시켜야 했던 목회자들은 자신의 교회를 특색있게 만들기 위해 이러한 내용들을 보다 정교화했다.

이를 통해 만들어진 야월교회와 염산교회의 순교비 및 순교탑은 지역민들에게 쉽게 교회에 다가설 수 있게 하는 역할, 종교 성역화사업으로 지방자치단체의 수익사업에 일조하는 역할, 전 교계 차원에서 한국전쟁기에 희생을 당한 기독교인들에 대한 관심을 불러일으키는 역할 등을 했지만, 결국 한국전쟁을 제대로 평가하고 비판할 수 있는 사고를 거세시키는 데 일조를 하고 있다. 곧, 순교 상황에 대한 이야기, 순교비 및 순교탑의 부조 벽화 및 형상 등은 남한 사회와 북한 사회, 기독교인과 공산주의를 '선'과 '악'의 세력으로만 구분시켜 한국전쟁의 내부적 원인, 전쟁폭력, 전장이라는 상황이 인간에게 미치는 영향 등 전쟁에 대한 비판적 시각을 가로막는 역할을 하고 있다.

■■■ 참고문헌

광백염전대표. 1988. 「소금(鹽)」. 《향맥》, 제2호.
권헌익. 2003. 「전쟁과 민간신앙: 탈냉전시대의 월남 조상신과 잡신」. 《민족과 문화》, (제12호). 한양대학교 민족학연구소.
기독교대사전편찬위원회. 1980. 『기독교대백과사전』(제10권). 기독교문사.
김동춘. 2003. 「한국전쟁 연구의 새로운 방법론 모색」. 『전쟁과 사람들』. 한울.
김석학·임종명. 1975. 『광복 30년』(제3권). 전남일보사.
김성동. 2002. 「영광대학살 2만1225명」. 《월간조선》, 4월호.
김수진. 1981. 『6·25 전란의 순교자들』. 대한기독교출판사.
김수진·한인수. 1980. 『한국 기독교사: 호남편』. 범륜사.
김양선. 1956. 『한국 기독교해방10년사』. 대한예수교장로회총회 종교교육부.
김춘배. 1967. 『한국 기독교수난사화』.
대한민국국방부정훈국전사편찬회. 1951. 「아군진출선급적퇴로개황도」. 『한국전란일년지』.
대한예수교장로회 염산제일교회. 2002. 『2002년도 교회 일람』.
대한예수교장로회총회. 1984. 『대한예수교장로회백년사』.
레이시 볼드윈 스미스. 김문호 역. 1998. 『바보들 순교자들 반역자들』. 지호.
박정석. 2003. 「상이군인과 유가족의 전쟁경험」. 『전쟁과 사람들』. 한울.

배길양. 2003. 『야월교회 순교자이야기』. 대한예수교 장로회 야월교회.
신영걸. 1966. 『붉은 조수』. 보육사.
_____. 1999. 『야월도의 순교자들』. 보이스사.
아라이다 아스만. 2003. 『기억의 공간』. 변학수·백설자·채연숙 역. 경북대학교 출판부.
염산교회. 1980. 『77인의 순교자』.
영광군수. 2002. 「염산면관내도」. 한국지도원.
영광군지시사편찬위원회. 1998. 『영광군지(하)』. 영광군.
월간조선사. 2003a. 『6·25피살자 59994명』(제1권).
_____. 2003b. 『6·25피살자 59994명』(제2권).
윤정란. 2004. 「한국전쟁기 염산면 기독교인 학살의 원인과 성격」. ≪한국 기독교와 역사≫, 제20호.
전남일보 광주전남 현대사 기획위원회. 1991. 『광주전남 현대사』. 실천문학사.
전상인. 2001. 「미군정기의 농업문제와 토지정책」. 『농지개혁연구』. 연세대학교출판부.
조승현. 1993. 「영광군의 지리적 환경」. 『영광군 문화유적 학술조사』, 전남대학교박물관·영광군.
한국교회 순교자기념사업회·총회순교자기념선교회. 『한국교회 순교유적지 순례』.
한국 기독교역사연구소(영인본). 2000. 『조선예수교장로회사기(상)』.
5·18 민중항쟁 24주년 기념 행사위원회. 2004. 민간인 희생자 대토론회 발표 논문 모음집.

Tilly, Charles. 1990. *Coercion, Capital and European States. A.D. 990~1990*. Oxford: Blackwell.

중립국 인도로 간 반공포로

1. 왜 전쟁포로 연구인가

　한국전쟁은 한국 현대사에서 한국인의 의식을 비롯한 가치체계와 사회구조적 변화를 가져온 결정적 계기가 된 사건 가운데 하나이다. 물질적 피해는 물론이려니와 전쟁으로 인한 인명피해는 사망, 부상, 포로 및 행방불명을 포함하여 약 130만 명 이상으로 추산된다.
　그간 한국전쟁에 대한 연구는 정치학을 중심으로 하여 전쟁의 기원, 미국을 비롯한 유엔군과 중공군의 개입, 휴전협정 과정, 포로 처리 문제 등 전쟁의 원인과 과정에 대해서만 중점적으로 이루어져왔다. 따라서 이들 연구들은 한국전쟁의 실제적인 진행 과정에 관한 큰 줄거리에만 편중되어 한국전쟁이란 역사적 사건의 중요한 주체인 개인들이 경험한 목소리에는 적절한 관심을 주지 못했으며, 이로 인해 전쟁으로 발생한 이산가족 문제, 혼혈아 문제, 의식과 태도의 문제 등에 대한 연구는 상대적으로 소홀히 취급되었다.
　포로는 전쟁의 필연적 산물일 수밖에 없으며 한국전쟁에서도 유엔군과 북한군이 발표한 현황에 따르면 약 14만 4,000명(유엔군 포로 13만 2,474명, 북한군 포로 1만 1,551명)의 포로가 발생하였다(백용대, 1987: 473). 발생한 포로 처리는 교전국 또는 중립국에 의한 정책적, 전략적 문제이지만 포로수용소 내의 이념전쟁, 송환과 교환, 중립국 선택 등의 주체이자 대상은 포로 당사자이다. 이들은 최일선에서 전쟁을 경험함으로써 이를 통해 전쟁, 이념, 조국에 대한 개념을 담고 있는 사람들이다.

유엔군의 포로는 자유송환에 따라 6만여 명의 포로가 북으로 인도되었으며, 북으로의 송환을 거부한 포로들은 후일 중립국위원회에 의한 의사결정에 따라 88명의 중립국 선택 포로를 제외하고는 대부분이 남한과 대만을 선택하였다(조성훈, 1999).

이 장에서 다루어지는 중립국 선택 포로는 전쟁을 경험한 후 낯선 땅에서 '전쟁포로', '반공포로', '회색분자' 등의 이념적 짐을 지고 새로운 사회와 문화에 적응해야 했던 한국전쟁의 주변적 인물들이다.

소수에 불과한 중립국 선택 포로들은 한국전쟁 종료 직후 이승만 극우 반공정권에 의해서는 흔히 '빨갱이' 또는 '조국을 버린 배반자'로 취급당했다. 그러나 제3국에서 정착한 이들은 전쟁을 경험한 세대들에게 조차 관심의 대상이 되지 못하다가, 이승만 정권의 퇴진으로 잠시 극우 반공주의가 시들하던 1961년에 최인훈의 소설 『광장』을 통해 일부 사람들에게 이념적으로 애매모호한 '회색분자'인 가상적 인물 '이명준'의 이름으로 회자되었을 뿐이다.[1]

한국전쟁은 전쟁을 직접 경험한 세대는 물론 그렇지 못한 세대에게조차 너무나 커다란 상처를 남기고 있다. 따라서 현재까지도 한반도 내의 많은 사람들이 한국전쟁의 통절한 유산에서 자유롭지 못하며, 이는 멀

---

[1] 이후 30년 이상이 지난 1993년 MBC의 <76인의 반공포로>라는 3부작 다큐멘터리는 이들의 존재를 기억하게 하는 데 나름대로 기여한 것이라 여겨진다.

리 인도와 남미에 거주하는 소수의 사람들에게도 그렇다.

중립국을 선택하여 이국 땅에서 동포의 기억과는 무관하게 낯선 사회, 문화, 환경과 싸우면서 살아가야만 했던 그들도 분명 한국전쟁의 아픈 기억으로부터 결코 자유로울 수 없는 사람들이며, 이들이 살아온 전쟁과 전쟁 후의 삶에 대한 이야기에 적합한 관심이 부여되어야 한다.

이 장에서는 다음과 같은 문제를 규명하기 위해 주로 2차자료[2]를 동원하였으며, 이는 보다 심층적인 연구를 하기 위한 기초작업이다. 첫째, 중립국을 선택한 포로들 가운데 인도에 정착한 김철진은 전쟁 참여, 포로수용소에서의 삶, 중립국 선택, 인도에서의 새로운 삶 등의 일련의 과정 속에서 '전쟁'과 '이념' 및 '조국' 등의 개념을 어떤 식으로 해석하고 이해하고 있는가. 둘째, 김철진을 비롯하여 중립국 인도에 정착한 포로들은 흔히 범주화되듯 '이념적 회색분자'였기 때문에 중립국을 선택하였는가, 아니면 다양한 상황과 동기에서 내린 결단인가. 셋째, 이들은 분명 동일한 전쟁 피해자이지만 후일 이들이 인도에서 만들어간 인생행로에는 큰 차이가 있다. 이들을 이렇듯 다르게 만든 요인은 무엇인가.

---

[2] 필자가 본 주제를 발표하고자 신청했을 때, 본 연구의 주 대상은 김철진이 아니라 선명수였다. 김철진은 1998년에 교통사고로 작고하였다. 4월 말에서 5월 초에 사업적 이유로 한국을 방문할 예정이었던 선명수를 직접 인터뷰하여 자료화시키려 하였으나, 그의 스케줄 변경으로 인터뷰가 성사되지 못해 불가피하게 김철진을 본 장의 주 논의 대상으로 삼았다. 본 글의 김철진에 대한 이야기는 1983년 소설가 한수산이 인도를 방문하여 수행한 상당히 상세한 인터뷰 자료(한수산, 1983)와 필자가 인도 유학시절 그리고 지금까지 매년 인도를 방문하는 과정에서 나눈 그와의 대화 내용을 기초로 하고 있음을 밝힌다. 또한 본 글의 중심인물로 등장하는 김철진과 선명수는 가명임을 밝힌다.

2. 한국전쟁포로 문제와 중립국 선택 포로

한국전쟁 초기에 한국군은 포로 수속을 체계적으로 할 수 없었으나 유엔군 참전 후 포로들은 장교, 하사관, 사병, 귀순자, 민간인 및 여성 등으로 분류되어 처리된다. 그러나 인천상륙작전 이후 급격히 증가한 포로들과 포로 처리 병력 부족으로 포로 수용에 점차 문제점이 드러난다. 유엔군 측의 포로수용소 관리 방침의 기본은 제네바협정에 따라 포로들을 비전투원으로 간주하여 탈출과 폭동이 발생하지 않는 한 포로들의 자치를 허용하며 그들의 단체활동을 인정한다는 것이었다(조성훈, 1999).

포로 처리에 있어서 가장 큰 문제는 유엔군 측이 한국전쟁의 이념적 성격을 무시하고 포로들의 이념적 차이를 고려하지 않았다는 점이다. 따라서 단순히 장교, 사병, 여성, 중국군과 북한군 등의 기준만으로 포로를 분류·수용시킴으로써 이는 수용소 내에서 좌우익이 대립하는 원인이 되었다. 포로들은 각각 좌우익 단체로 나누어 세력 확충을 하여 수용소 내에 좌익포로의 '해방동맹'과 우익 포로의 '반공청년단', '대한 반공청년회'를 조직하였다(조성훈, 1999).

거제도 수용소에서 친공 인민군 세력은 포로들에 대한 사상교육을 실시하고 비동조 세력을 살해하는 등 수용소 전반에 대한 장악을 기도하였으며, 휴전회담의 시작과 함께 좌우익 이념대립은 더욱 첨예화되어 상호 세력 장악을 위해 전력을 다했다. 그러나 이러한 포로들 간의 투쟁을 좌우익 이념대립이 아닌 포로들 간의 감투싸움으로 가볍게 간주하는 등, 유엔군 측의 소홀한 대책과 불간섭 정책은 좌익포로들의 조직적 저항과 한국군의 우익포로들에 대한 은밀한 지원 기회를 허용하게 되었다.

포로들에 대한 수용소 내의 대우는 급식과 같은 처우 면에서는 좋은 편이었다. 특히 수용소 당국은 포로들의 종교활동의 자유를 보장하여 당시 상당수의 포로가 기독교, 천주교 및 불교 또는 천도교 신앙활동에 참여할 수 있었다. 좌익이 득세한 수용소 동에서는 종교활동이 우익들을 보호해주는 우익들의 아지트 역할을 하였다. 종교활동 외에도 포로들은 미국을 비롯한 다른 세계에 대한 정치, 사회, 문화에 대한 강의를 들어야 했으며, 이는 자유를 열망하여 후일 극한적인 이념 대립을 벗어나 중립국을 선택한 소수의 포로들에게 미래에 대한 가냘픈 희망을 주는 계기가 되었다.

거제도 포로수용소에서는 친공포로들의 저항도 만만치 않아, 수용소 병력에 대한 투쟁이었던 1952년의 2·18 사건 및 4·10 사건, 도드 포로수용소 소장을 납치한 5·7 사건, 좌익포로 간부를 새로운 동으로 강제 이동 조치한 것에 대한 저항인 6·10 사건 등은 친공포로들에 의한 조직적 투쟁이었다. 좌익포로들의 이러한 끊임없는 투쟁은 그들이 북으로 송환된 후 자신들의 활동을 북한 정부가 참작하여 선처해주기를 바라는 의도도 깔려있었다.

포로 송환협상이 시작되어 유엔군 측의 자원 송환 원칙과 공산군 측의 전원 강제 송환 원칙이 대립하지만, 포로 심사를 통해 자원 송환 포로와 정치적 망명을 원하는 송환 거부 포로들이 분류·수용되었다. 자원 송환을 희망한 포로는 유엔군 측이 억류하고 있는 전체 인원 약 16만 4,000명(중공군 7만 4,000명과 인민군 출신 4만 8,000명, 나머지 4만 2,000명은 남한 출신) 가운데 민간인 억류자 7,200명과 남한 출신 3,800명, 인민군 출신 5만 3,900명, 중국군 포로 5,100명 등 7만 명이었으며, 약 10만에 해당하는 포로들은 송환을 거부하였다. 전자에 속한 포로들은 1953년 7월 27일 판문점에서의 휴전협정 조인 후 8월 5일부터 9일 사이에 교환되었다.

그러나 휴전협상에서 가장 큰 걸림돌은 송환을 거부하는 포로의 처리

문제였다. 송환 거부 포로들의 처리는, 중립국위원회를 설치하여 포로들이 유엔군과 공산군 측의 군사적 위협이나 지배에서 벗어나 중립국 통제하에 면접을 통해 자신의 의사에 따라 거취를 선택하는 것으로 양측에 의해 합의되었다. 당시 중립국 송환위원회는 인도를 의장국으로 하여 폴란드, 체코, 스위스, 스웨덴 등 5개국으로 구성되었다.

한편 이승만 정권은 자신의 정치적 입지 강화와 휴전 후 한국의 안보 확보 문제에 초조하여 유엔군 측에 대한 압박용 성격을 띤 일방적 반공포로 석방을 실시하였다(1953.6.18.).[3] 당시 이승만 정권은 중립국 위원국가들 가운데 체코와 폴란드는 소련의 위성국가이기 때문에 그리고 인도는 친공적이기 때문에 이들을 북한만큼 싫어했다.[4] 이승만 정권의 이러한 반인도적 태도는 송환 거부 포로들에게 커다란 영향을 주어 포로들이 중립지대에 이송된 후 반공운동을 반인도 운동 또는 반인도 중립군 운동과 동일한 선상에서 수행하는 양상을 가져오게 하였다.

중립국 송환위원회의 임무 수행을 위해 약 6,000여 명 병력의 인도군이 인천항을 통해 입국하였으며, 송환을 거부한 포로들은 8월 하순에 비무장지대에 이송되어 90일 동안 유엔 측과 공산 측의 '설득 전쟁'에 참여해야 했다. 그들 중 지휘자 급들은 포로들의 북한과 중공으로의 일

---

3) 이승만 정권에 의한 6·18 포로 석방을 통해 자유의 몸이 된 반공포로들은 이를 '잊을 수 없는 은혜'라고 회고한다(백용태, 1987). 이들은 이승만 대통령과 당시의 헌병 총사령관인 원용덕 장군을 자신들의 생명의 은인과 대부로 여겨, 현재(1987년)도 당시의 반공청년들이 모여 이승만 대통령의 제사를 모시고 있다고 한다(백용태, 1987).

4) 그러나 사실 당시 인도가 남북한 어떤 정부와도 외교관계를 공식적으로 체결한 바 없었기 때문에 친공적이라는 평가는 옳지 않다. 당시 초대 수상인 자와랄 네루가 사회주의적인 경제정책 노선을 따랐지만 친공적인 성격이라는 평가는 섣부른 판단이었다.

탈을 막기 위해 설득 참여 반대시위 주도와 철저한 반공교육 실시뿐만 아니라 중립국 대표국인 인도 군인들에 대한 반대 시위를 주도하였다.[5]

90일에 걸친 설득전 결과 북으로의 송환을 자원한 약 628명을 제외하고 남은 2만 1,000여 명이 반공 의사를 밝혔다. 이처럼 북으로의 송환을 자원한 포로들이 소수에 그친 것은 중립지대 포로수용소 내에서 반공포로 지도자들의 군사훈련과 반공교육을 통해 포로들의 북으로의 이탈이 방지되었으며, 심지어 송환을 희망하는 포로들은 이들에 의해 희생되었기 때문이다. 또한 극우 반공포로들은 중립국을 선택하려는 포로들까지 색출하여 갖은 고문과 구타를 통해 이를 저지하였으며 이 결과 일부 포로들이 사망하였다.

좌익 친공 세력이 북으로 이송된 후 비무장지대의 수용소는 일방적으로 반공 세력의 세상이 되었다. 그곳의 생활은 일부 포로들에게 반공주의자들에 대한 극단적 혐오와 극단적 반공은 인간의 자유를 억압할 수 있다는 위기감을 느끼게 하기에 충분하였다. 한국인 76명과 중공군 12명 등 총 88명으로 구성된, 이념적 갈등에서 벗어나 자유를 찾아 중립국을 선택한 사람들은 한국과 대만이나 북한과 중공이 아닌 제3국을 선택하여, 1954년 2월 8일 귀국하는 인도군을 따라 이들을 받아줄 제3국이 정해지기 전까지 체재할 중립국 송환위원장의 나라 인도로 출발하였다.

---

5) 이들의 시위 구호였던 '김일성을 때려잡자', '티마야(중립국 송환위원장 인도 대장)를 타도하자', '친공 세력 인도군을 쳐부수자' 등의 반공구호에는 포로들을 설득장에 내보내려 하는 중립국위원회 국가에 대한 반감이 극도로 표현되고 있었다. 포로들의 인도에 대한 이러한 반감은 이승만 정권이 인도를 친공 세력으로 지목한 것에 영향을 받은 결과이다.

3. 중립국 선택 포로의 정착

중립국을 선택한 88명은 1954년 2월 8일 인천항에서 인도의 군용 수송선 아우스트리아호를 타고 인도 마드라스 항구에 도착하여 인도를 선택한 25명의 소위 인도파와 멕시코 등의 남미를 선택한 남미파로 구분되어 각기 분리 수용되었다. 다소 과격한 반공주의자들인 남미파는 인도에서조차 친공적인 인도를 선택한 사람을 가까이하지 않았다.

인도를 선택한 사람들은 즉시 남부로 보내져 기술을 익히도록 하였지만, 남미행을 원하는 63명은 약 2년 동안 인도 제26 육군 병원 막사에서 자신들을 받아줄 제3국만을 기다리며 인도의 낯선 기후, 관습과 싸움하며 보냈다. 당시 이들 대부분은 인도에 남으면 비참한 불가촉천민 대우를 받는다는 생각 때문에 인도 선택을 주저했으나 멕시코는 그들에게 크게 선호되었다. 멕시코는 미국과 더불어 반공국가이며 멕시코에 정착하면 후일 미국으로 이주할 수 있을 것 같은 기대감이 있었기 때문이었다. 그러나 일부 포로를 받아주겠다는 멕시코의 제안이 무산으로 끝나는 등 숱한 과정을 겪는다. 1955년 가을에 인도 체류 기간 중 겪은 어려움을 참지 못하고 결국 10명은 인도 정부와의 교섭에 의해 북한으로 떠났다. 1956년에야 최종적으로 중립국을 선택한 사람들이 새로운 운명을 개척할 국가가 정해진다. 일찍이 인도를 선택했던 25명 가운데 인도인의 '순수함'에 매혹된 지신영을 제외한 24명이 델리에 집결하여 다시 남미파와 합류하여, 마침내 1956년 2월 55명이 브라질로 떠났고 아르헨티나로 15명이 떠났으며, 최종적으로 인도에 체류하게 된 사람은 당시 한국인 반공포로의 리더 격인 김철진 외 선명수, 최인철, 장기화, 지신영, 함표구 등 6명과 중국인 2명을 포함하여 총 8명이었다.

4. 인도 정착 포로들

1) 중립국 선택 동기

김철진을 비롯하여 중립국을 선택한 모든 포로들의 제3국 선택 동기는 개인마다 다르다. 그러나 이들의 공통점은 전쟁 와중에서 그리고 포로수용소에서 목도한, 극도의 친공과 반공 이데올로기의 차이로 인한 상호간의 살육에 혐오를 느낀 사람들이라는 것이다. 특히 포로수용소에서 밤마다 수용소 천막에서 울려대는 적기가, 인민재판과 이에 대항하는 반공포로들의 투쟁, 중립지대 포로수용소 시절 극우 반공 세력들의 정신교육 그리고 탈북 또는 중립국 선택의 우려가 있는 포로들에 대한 신체적·정신적 압박 등은 중립국을 선택한 포로들이 자신의 선택 행위를 해석하는 가장 보편적인 이유가 되었다.

그러나 자신의 행위에 대한 이러한 공통적인 해석의 배후에는 각자가 간직한 각기 다른 동기와 상황이 있기 때문에, 그들의 중립국 선택 행위를 이념적 원인으로만 이해하기에는 무리가 따른다. 예컨대 김철진의 경우 그의 생애 가운데 한반도에 거주했던 기간은 유아기 3년과 한국전쟁과 포로생활 기간 4년을 포함하여 단 7년뿐이다. 그래서 그에게는 남북한 그 어느 곳도 낯설었다. 게다가 그는 포로생활 중의 반공 활동으로 북한에 갈 수 없으며, 인민군 포병대대장까지 한 자신에게 반공국가인 남한 측이 적절한 삶을 보장해줄 가능성이 희박하다고 생각했기 때문에 중립국을 선택하였다.

여기에 더해 그가 중립국을 선택한 배경에는 신세계에 대한 동경과 모험 기질이 숨어있었다. "미국에선 5분마다 자동차가 한 대씩 생산된다는 이야기를 어렸을 때 들었는데 정말 한번 가보았으면 했었다. 중립국으로 가면 미국도 가게 될 것 같았다"는 그의 이야기에서 알 수 있듯이, 그에게는 한반도가 아닌 좀더 큰 세계에 나가 성공하고 싶은 욕구가 있었으며, 여기에는 본인의 특유의 사업적 재질에 대한 확신이 있었던 것 같다.6)

선명수의 고향은 함북 청진이며 사범학교 졸업 직후 인민군에 징집되어 1950년 10월에 강원도 화천에서 포로가 되었다. 선명수는 이념 대립에 대한 혐오뿐 아니라 전시 중 우연히 접하게 된, 고향의 부모와 가족들의 몰살 소문과, 전시 중에 다친 그의 눈을 미국에서 치료받고자 한 소망 때문에 중립국을 선택하였다. 우선 멕시코에 갔다가 미국으로 건너가게 되면 치료도 받고 공부를 더 할 수 있다는 희망이 그를 중립국으로 향하게 하였다.7)

최인철은 이념에 큰 관심이 없는 사람이었다고 말할 수 있다. 그는 친공포로 막사 시절에는 친공주의자의 명령에 따라 땅굴을 파는 등 순종하였고, 반공포로 막사 시절에는 비록 철조망을 기어오르다 실패하였지만 1953년 반공포로 석방 시 반공국가에 속하기 위해 노력한 사람이다. 즉, 그에게 필요한 것은 신체를 비롯한 자유이지 이념이 아니었다. 그러나 그는 중립지대에서 남북한 어느 곳에서도 자신이 안전할 수 없다는 불안감을 느꼈고 이 때문에 중립국을 선택하였다.

---

6) 김철진에게는 어린 시절부터 사업적 또는 모험적 기질이 보인 것 같다. 관동군에 징집되기 이전인 19세 무렵 일본인이 경영하는 책방에서 일하면서 모아둔 5,000원을 들고 자신의 사업을 하겠다고 몰래 가출하였다. 돈을 다 날리고 귀가하여 기친 원을 들고 다시 가출하여 투전과 경마로 1만 8,000원이라는 거금을 벌어 귀가하였다가 그는 오히려 땀 흘려 번 돈이 아니라는 이유로 부친으로부터 두들겨 맞았다.

7) 선명수의 부모와 가족은 소문과는 달리 1·4후퇴 때 남하하여 현재도 동생이 부산에 거주하고 있다. 그는 당시에 이러한 사실을 알게 되었더라면 중립국을 선택하지 않았을 것이라고 말한다.

장기화는 평북 신의주 출신으로 북에 있는 가족이 살아남아 있을 수 없으리라는 생각 때문에 북행을 포기하였으며, 자신이 북한 출신이기 때문에 남한에서 적절한 대접을 받을 수 없다는 생각에 중립국을 선택한 사람이다.

지신영은 북한 출신으로 다른 어떤 사람보다 이념전쟁에 철저한 회의를 품고 중립국을 선택한 사람이다. 그는 인도 체류를 자청한 사람으로서, 인도에 대기하고 있던 짧은 기간 내에 인도인의 수수함에 매혹되어 체류를 선택할 만큼 이념전쟁에 지친 사람이다.

김철진을 비롯한 인도 체재 포로들의 중립국 선택 배경은 이념전쟁으로부터의 회피뿐만 아니라 그들에게는 남북한 어느 곳으로도 돌아갈 수 없는 개인적 문제가 있었기 때문이었다. 또한 그들 대부분이 자신의 제2의 인생을 미지의 세계에서 다시 실현시켜볼 수 있겠다고 생각한 사람들이다. 따라서 중립국을 선택한 포로들이 분단된 조국과 첨예한 이념전쟁에 회의를 품은 이념적 '회색분자'라는 기존의 범주화는 그들의 선택 뒤에 숨어있는 개인적 동기나 열망이 전혀 고려되지 않는다는 문제를 야기한다.

2) 생계방식

정착 초기부터 남부 인도의 도시 벵갈로르에 정착한 지신영을 제외하면 다른 모든 포로들은 수도 뉴델리에 정착하였다. 지신영이 현재까지 남북한 출신의 한반도 사람들과 교류하지 않고 인도인처럼 생활할 수 있는 이유는 한반도 사람들이 거의 없는[8] 남부에 거주하였기 때문이다.

---

8) 현재는 벵갈로르에 한국의 대기업체 상사 직원들이 상주하고 있지만 대략 1990년 무렵까지 그곳에 거주하는 한국인은 극소수의 한국 유학생을 제외하고는 전혀 없었다.

반년 김철신을 비롯한 그 밖의 포로들은 뉴델리에서 새로운 삶을 시작하였기 때문에 1962년부터 점차로 형성된 한국인 사회와 교류할 기회를 가질 수 있었다.

김철진과 선명수의 사업적 재능을 인정하더라도 그들이 결정적으로 경제적 기반을 세울 수 있었던 것은 1970년대부터 한국을 사업의 동반자로 한 비즈니스(가발사업, 현대건설과의 인력 송출사업 계약, 대리석 수출, 관광사업 등) 때문이다.

김철진, 선명수와 함께 양계사업에 종사하였던 장기화는 그들로부터 독립하여 닭 장사를 시작했으나 실패하였고, 이후 계란 장사, 녹두나물 장사로 연명하였다. 그는 정신불안 증세를 보이며 한국인들과의 접촉을 기피하고 심지어 포로 동료들조차 회피하여 자신의 자취를 감추었으며, 현재 뉴델리 근처의 빈민촌에서 막노동으로 연명하고 있다.

최인철은 북한의 사진동맹에서 일하다 한국전쟁에 참전하게 되었다. 그는 인도에 정착한 후 인도군의 육군 공보실에서 사진 작업을 하다가 후일 인도 문화공보부 임시직으로 근무하고 인도로 귀화하여 정식 공무원으로 20여 년을 근무하였다. 1978년 당시의 인도 대사관 신축 공사 시 인도 인부를 다룰 인도어에 능통한 사람이 필요하여, 그는 대사관의 임시직으로 고용되어 현재까지 주인도 한국 대사관 임시직원으로 일하고 있다.

남부에 홀로 정착한 지신영은 정착 직후 인도 정부에서 제공하는 기술을 익혀 시계 수리점 종업원으로 오래 일하였으며, 현재는 조그만 시계 수리점을 운영하고 있다.

이상의 포로 출신들이 보여주고 있는 생계 기반 조성 과정의 차이는 개인적 능력 외에 그들이 설정한 한국 커뮤니티와의 관계의 특성 때문에 생긴 것으로 보인다.

3) 국적문제9)

김철진과 선명수는 1962년 한국 영사관 설치와 함께 한국 여권을 부여받아 현재는 자유롭게 사업과 인척 방문 등의 목적으로 한국을 방문할 수 있다.

장기화는 현재 무국적자로 있으며 더욱이 인도에 거주하기 위해 필요한 정기 등록을 하지 않아 현재 그는 인도 내에서도 불법체류자로 분류되어있다. 최인철은 문공부의 정식 직원으로 임용되어 연금 혜택 등을 받기 위해 인도 국적을 선택하였다.

홀로 멀리 떨어진 지신영은 비록 인도에 남북한 대사관이 설치되었지만 이들에 전혀 관심이 없었다. 단지 1974년 본인의 의지와 관계없이 북한 대사관에서 사람이 찾아와 북한 여권을 가져다 주어 받아놓았지만 이것은 그에게 아무런 의미가 없다고 한다.10) 지신영은 한반도에 분단 상황이 지속되는 것을 이념적 싸움이 아직 끝나지 않은 것으로 인식하고 있기 때문에 남북한 어느 곳과도 공식적, 비공식적 접촉을 회피하고 있다.

---

9) 브라질에 정착한 55명의 포로 출신 가운데 약 1/3은 현재도 무국적자로 남아있다. 많은 무국적자 가운데는 남북한이 자신들에게 의미가 없는 사람도 있지만, 소수는 통일 조국이 되면 국적을 선택하겠다는 사람도 있다. 현재 브라질 선택자 가운데 김만수는 2번에 걸쳐 3명을 살해하고 중범죄 정신병자감호소에서 약 30년간 복역하다 한국과 브라질 현지의 사면 탄원으로 현재 음성 꽃동네에 정착하였다. 황해도 출신인 임희호는 1993년 MBC 초청으로 한국을 방문하였을 때 친동생과 자녀를 만나 한국에 영주 귀국하였다.

10) 당시 북한 대사관 공관원에게 지신영이 '자신에게는 남북한이 의미가 없고 그냥 코리안이면 된다'라고 이야기하자 북한 대사관 직원도 "동무 심정 이해합네다"라며 북한 뱀술 한 병만 두고 돌아간 뒤 더 이상의 연락은 없었다고 한다.

4) 혼인과 자녀

　김철진과 선명수는 한국 출신의 여성과 혼인하였다. 김철진은 두 아들을, 선명수는 1남 1녀를 두고 있다. 이들이 한국 여성과 혼인할 수 있었던 것은 이들이 한국 국적을 취득하였기 때문이다. 김철진은 주인도 한국 대사관에 근무했던 여성과 혼인하였고, 그의 두 아들은 김철진 자신이 젊은 시절 늘 동경해왔던 미국에 유학을 다녀왔다. 그의 아들들은 중매를 통해 한국에서 온 여성과 혼인하였다. 선명수의 부인은 한국 출신으로 중매를 통해 인도로 출가해 왔다. 선명수는 김철진처럼 인력 송출사업으로 경제적 기반을 확보하였으나 그보다는 사업 면에서 운이 따르지 않았다. 그의 두 자녀 모두 인도 주재 프랑스 대사관이 운영하는 프렌치스쿨을 졸업하였는데, 장녀는 연세대 불문과에 입학하였으나 적응하지 못하고 중도 하차하여 결국 유학하였으며, 아들은 고려대를 졸업하고 아버지의 사업을 돕고 있다.
　장기화는 첫 번째 부인인 인도 여성과의 사이에 자녀 셋을 두었으나 부인과 한 자녀의 사망 후 남은 두 자녀를 고아원에 맡기고 현재는 네팔 출신 여성과 동거하고 있으며, 아들 한 명[11]을 두고 있다. 최인철은 북한에서 결혼한 지 2개월 만에 전쟁에 동원되었는데, 인도에 귀화한 후에는 현재의 티베트 출신 여성과 동거하고 있으며 아이는 없다. 지신영 역시 일찍이 인도 여성과 동거를 시작하였으나 자녀는 없다.

---

11) 1993년 MBC 다큐멘터리에 등장한 장기화는 인도 빈민가의 허름한 한 칸짜리 벽돌집에 거주하고 있었으며, 네팔 부인과 '제임스'라는 이름을 가진 그의 아들의 차림새는 인도 최하층민과 다름없었다.

5) 정신적 충격[12]

한국전쟁으로 말미암아 수십만의 사망자와 부상자가 생기는 인명피해뿐만 아니라 가족이산, 전쟁고아, 경제파탄, 사회불안 등 사회·경제적 측면에서의 여러 가지 부정적 결과가 초래되었고, 더욱이 전쟁에 직접 참여한 사람들 대부분은 정신적 충격을 경험하였다. 한국전쟁의 이념적 산물이라고 볼 수 있는 중립국 선택 포로들은 자신들의 선택에 의해 다시 한 번 인도, 남미와 같은 낯선 이국에 자신들을 적응시켜야 하는 과정에서 정신적 단절감을 경험해야 했다.

인도에 정착한 포로 출신들 가운데 가장 성공했다는 김철진 역시 정착 초기 몇 번씩이나 자살을 생각했으며, 정착 초기에는 "하루라도 술을 마시지 않으면 잠을 잘 수 없는" 세월들이었다고 술회한다. 한국전쟁이 끝나고 난 뒤 30~40년 동안 지속적으로 "포로수용소에서 빨갱이에게 끌려가 매를 맞고 죽을 뻔하다가 구사일생으로 도망친 때 겪은 일들이 꿈에 자주 나타나곤 했다"고 김철진은 말한다. 그래도 김철진은 정착 초기부터 성당에 나가 가톨릭에 전념하면서 희망의 씨앗을 지닐 수 있었으며 정신적으로도 서서히 안정을 찾을 수 있었다.

장기화는 포로수용소에서도 다섯 번이나 철조망을 넘어 도주하려다가 잡혀 들어왔던 경력이 있으며, 수용소에서 "사람들이 수군수군하며

---

[12] 인도에 정착한 한국전쟁포로 외에도 브라질에 정착했으나 정신이상 증세를 이미며 두 차례에 걸쳐서 세 사람을 살해한 뒤 중죄 정신이상자들만이 수용된 감호소에서 30여 년을 보낸 김만수(현재 음성 꽃동네에 있음)와 자칭 약사라면서 온갖 잡초를 여기 저기 심으며 효험이 있는 약을 만들고 있다고 생각하면서 브라질에 함께 온 포로 동료들마저 만나지 않고 폐쇄된 삶을 살아온 임이호의 비참한 삶은 전쟁으로 인해 겪은 정신적 충격의 결과라 생각될 수 있다. 이들 외에도 브라질에 정착한 후 목사가 된 강석근 목사에 따르면, 브라질을 선택한 55명의 포로 가운데 약 10여 명 이상이 정신질환 증세를 보인다고 한다.

날 죽이려 한다"며 몸을 떨었다고 김철진은 증언한다. 이러한 증세는 인도에 정착한 후에도 지속적으로 나타나서 한 가지 일에 오래 매달리지 못하도록 하였고, 일종의 피해망상적 증세를 보이며 사람들을 기피하는 증세를 보였다. 이러한 정신적 불안정은 동거녀였던 인도 여인과 한 아이의 사망 후에 남은 두 자녀를 고아원에 위탁하고 다시 네팔 여인과 동거를 시도하는 등 끊임없이 그를 방황하게 만들었다. 1993년 MBC 다큐멘터리에 보인 모습은 그의 정신적 방황과 현실적 삶의 어려움을 짐작하고 남게 했다.

비교적 인도적 삶의 방식을 일찍이 선택한 지신영 역시 철저하게 인도인들과 섞여 살면서 가까스로 구한 간이침대 하나를 낮에는 남의 집 벽에 기대어놓았다가 저녁이면 눕혀 자는 등 노숙으로 초기 2년 반의 인도생활을 하였다. "죽어버릴까라는 생각을 왜 안 했겠습니까, 그 당시의 얘기를 하자면 피눈물이 나지요"13)라고 그는 당시를 회상하였다.

최인철은 사진 작업을 천직으로 좋아하지만 인도에 정착하면서 암실에 자신을 더욱 묻어버렸다고 한다. 전쟁 현장과 포로수용소에서 끊임없이 싸우고 죽이고 편을 가르고 하는 사람들이 싫어서 오히려 아무도 없는 암실이 더 좋아졌다는 그는, "난 아무것도 모른다. 그러니 제발 나를 너희들의 일에 끼어들게 하지 말아, 나는 사람이 싫다"고 하면서 현재에도 한국 사람들 앞에 자주 나서려고 하지 않는다.

5. 김철진의 생애이야기

1998년에 뉴델리 시가지에서 교통사고로 75년의 생을 마감한 김철진의 인생은, 북한 인민군에 편입되기까지의 시기, 한국전쟁에 참여하여

---

13) 한수산 인터뷰(1983).

포로수용소에 억류된 시기, 인도에서의 새로운 삶의 시기로 크게 3단계로 나누어 살펴볼 수 있다.

1) 관동군과 팔로군 시절

김철진은 1923년 경북 예천군 유천면에서 6남 2녀의 넷째로 태어나 3살 되던 해에 만주 봉천으로 부모를 따라 이주하였다. 김철진의 학력은 만주의 한인학교인 동홍중학 1년이 전부다. 1944년 8월 그는 관동군 징집 제1기로 일본군에 징집되어 포병연대에 배속되었으며, 11월경에는 만주 국경의 무링가 마을에 배치되었다. 1945년 2월 소속된 포병연대의 이동 명령에 따라 배치된 곳은 일본 규슈지역이었으며, 그곳에서 8·15 해방을 맞아 9월에 가까스로 부산으로 귀국하여 만주의 부모 곁으로 귀향하였다.

그러나 같은 해에 중공군의 의용군 징집이 시작되어 6형제 가운데 1명이 군에 가야 할 처지에서 군 경험이 있는 김철진이 자원하여 중공군 제4야전군, 소위 팔로군에 징집되었다. 그는 중공군 제4야전군 한인사단에 입대하여 1946년 11월에는 그간의 전과에 힘입어 대대장에 임명되었다. 1949년 팔로군의 한인사단이 북한군에 편입되어 김철진은 신의주 제6사단의 북한군 소좌가 되었다.

2) 한국전쟁 참전과 포로생활

1949년 김철진 소좌는 약 6개월간 사상교육을 받고 북한군 6사단 포병연대 대대장이 되어 전쟁 준비를 위해 사리원에 배치되었다. 그는 1950년 6월 25일 한국전쟁의 발발과 함께 서부의 선봉부대로 남하하여 28일에 서울에 진입하고, 계속해서 전북 장수군 계내면 장계리까지 내려갔지만 이곳에서 유엔군의 반격으로 소강 상태를 맞이하였다. 이 기간에 그는 전쟁과 북한 공산주의에 대한 환멸을 느껴 귀순을 결심하게 되었다.14) 1950년 9월 16일 그의 부대에 철수명령이 떨어지자 그는 1개 대대를 끌고 투항할 계획을 세우고 있었는데, 이를 정치보위부 장교가 눈치 챈 것으로 보이자 단신으로 귀순하였다.15)

그러나 그에게 귀순은 자유의 즉각적인 보장이 아니었다. 귀순자와 포로의 구분을 무시한 채 동일한 취급을 한 유엔 측의 포로 수용 정책에 따라 김철진은 귀순자임에도 불구하고 전쟁포로와 동등하게 취급되었고, 신문 과정에서 미군들에 의해 심한 구타를 당한 후 부산 포로수용소로 보내지고 이어 1951년에는 거제도 포로수용소로 이송되었다.

거제도 포로수용소에서 김철진은 친공집단과 반공집단 간의 극심한 이데올로기 갈등과 이로 인한 숱한 인명 살상을 목격하였다. 그는 이 과정에서 조국이니 이데올로기이니 하는 모든 것을 떠나 무엇보다도 인간에 대한 혐오감을 느끼게 되었다.

자원 북송을 거부하여 1953년 9월에 판문점의 중립지대로 옮겨진 김철진은 대부분이 인민군 장교 출신들로 구성된 포로수용소 40대대의 대대장을 맡아 대대원의 설득전 참여 저지와 반공교육, 북한 선택을 제지하는 임무를 수행하였다. 그러나 이러한 과정 속에서 극도의 반공주의와 이를 따르지 않는 사람에게 가해지는 폭력행위에 대한 회의와 인민

---

14) 조성훈(1999)은 귀순자를 북한 정치체계에 불만을 품고 있는 전 지주, 친일파, 일본서 교육받은 전문가 등 대부분의 부르주아적 지주계급과 전투 중 미군의 공습이나 장비에 열등감을 느껴 인민군이 패배할 것이라고 인식한 자, 유엔군의 심리전에 영향을 받은 자, 남한 출신 인민군 등으로 분류하고 있다.
15) 북한군이 승리하고 있던 전쟁 초기에는 귀순자가 드물었으나, 1950년 8월 말 25명, 9월 말에 203명, 10월 말에 635명 등 꾸준한 증가를 보였다(조성훈, 1999: 20).

군 장교 출신들의 반공사상에 대한 의구심이 제기되는16) 불안감 때문에, 그는 11월 말경에 중립국을 선택하기 위해 포로수용소를 탈출하여 인도군 사령부로 향했다.17) 그는 자신을 포함하여 제3국을 선택한 88명과 함께 1954년 2월 8일 한국을 떠나는 인도군과 함께 인도를 향하는 아스투리아스호에 승선하였다.

3) 중립국 인도생활 시작과 정착과정

김철진이 중립국으로 인도를 선택한 것은 그의 나이 35세 때였다. 더위와 열악한 환경에 적응하는 일 외에 김철진을 힘들게 했던 것은 정신적 불안정이었다. 포로수용소에서 처음으로 갖기 시작한 종교인 가톨릭18)에 의지하면서, 그는 인도에서 베드로라는 세례명을 받고 인도인과

---

16) 그러나 당시 반공포로 가운데 대한반공청년단의 중요직을 맡았던 백웅태(1987)에 의하면, 당시 제40대대는 반공이라는 면에서 가장 믿을 수 있는 집단이었다고 한다. 그에 따르면 제40대대가 인민군 장교 출신이므로 공산당의 생리를 누구보다도 더 잘 알고 있으며 이용을 너무 많이 당해 공산주의라면 모두 진저리를 치는 사람이라고 평가한다. 북으로 가라고 해도 갈 사람이 없겠지만 중립국을 선택할 가능성이 있는 사람은 있다고 반공청년단은 제40대대를 예의 주시하였다고 한다.

17) 백웅태(1987)에 의하면 처음에는 김철진이 북한으로 넘어간 것으로 알려졌으나 며칠 후 중립국을 선택한 것으로 알려졌다. 반공포로들의 집단행동을 통제하고 북한 선택을 저지하고 있던 남한의 헌병 총사령부는 끝끝내 월북을 기도하는 자는 골수 공산분자이므로 어쩔 수 없다고 하여도 중립국으로 가는 자는 조국을 저버리는 배신자라고 엄하게 규정하고 있었다. 따라서 백 씨의 증언에 의하면 당시 김철진의 중립국 행은 많은 반공주의 포로들의 비난거리가 되었다고 한다.

18) 거제도 포로수용소에서는 포로에게 종교활동의 자유를 보장하고 지원하였기 때문에 상당수의 포로가 기독교, 천주교, 불교 등의 신앙활동에 참여하였다. 이들 종교 가운데에서도 한국 육군 군종단 소속 외국인 목사와 신부 등의 적극

친교를 갖기 시작하였다.

그는 우연히 1959년에 휴전협정 회담의 한국 측 대표였던 김영주 씨를 인도에서 만나게 되어 양계사업을 해보라는 권유를 받고 인도 외무성 아주국 과장의 도움으로 양계를 시작하였다. 그는 병아리의 수가 늘자 부족한 장소를 확장하기 위해 당시 본인이 다니던 성당에서 소유하고 있던 공터를 성당으로부터 저렴한 임대료로 빌려 황량한 땅에 축사를 건축하였다. 그는 신부와 수녀로부터 음식 찌꺼기 등의 사료를 공급받는 등 성당의 도움을 많이 받는다. 양계사업의 성공과 돼지 200마리, 물소 10마리를 사육하는 과정에서 이웃 인도인과 싸우는 일도 잦았다.[19]

1962년에 인도 뉴델리에 남북한 총영사관이 동시에 개설되었다. 그간 무국적자였던 김철진은 1962년에 한국 여권을 발행받아 무국적자 신세를 면하게 되었다. 2년 뒤 43세 되던 해에 그는 영사관에 근무하는 이미옥 씨를 만나 현지에서 결혼하였다. 김철진은 1967년 당시 세계적으로 호황을 누리던 가발사업에 성공하여 한인무역상사라는 정식 회사명을 걸고 대사관의 도움으로 한국의 몇 개 무역상사와 거래를 하였다. 주문이 쇄도하여 일손이 부족할 때는 다른 노동자가 모두 퇴근한 후에도 부부가 문을 걸고 밤샘작업을 하였다.[20]

적인 활동으로 개신교와 가톨릭의 전교활동이 가장 활발하였다(조성훈, 1999: 72~75).

19) 인도에서 가축을 키우는 일은 수드라 정도의 낮은 카스트의 일이며, 특히 돼지를 키우는 카스트는 불가촉천민 가운데에서도 크게 낮은 청소부 카스트들이 수행하기 때문에, 돼지를 사육했던 김철진은 주변의 인도인들로부터 거의 불가촉천민에 가까운 취급을 받았을 것으로 보인다.

20) 인도에서 공장주나 사업주는 노동에 종사하지 않는다. 부유한 상위 카스트 가정 내에는 여러 명의 하인을 고용하고 있기 때문에 집주인이 직접 노동하는 일은 오히려 비정상적으로 여겨진다. 따라서 김철진 씨 부부가 야간작업을 직접 할 때는 문을 걸어 잠그고 남모르게 일을 하였다고 한다.

김철진이 사업으로 크게 도약할 수 있었던 결정적 계기는 1970년대 하반기부터 본격화된 한국 건설업계의 중동 진출과 한국 건설업계에 값싼 노동력을 제공하는 인력 송출사업에 종사한 것이었다. 1970년대 중반부터 중동에 본격적으로 진출한 현대건설의 정주영 회장이 인도를 방문하였고, 당시 한인협회장이라는 공식 직함을 갖고 있던 김철진은 자연스럽게 정주영 회장을 만나게 되어 인도, 파키스탄, 아프가니스탄 등의 값싼 인력을 현대건설 측에 소개해주는 인력 수출사업에 본격적으로 뛰어들게 되었다.

인력 송출사업으로 일약 인도 부유층의 대열에 올라선 김철진은 1990년 들어 남부 안드라프라데쉬의 대리석을 한국에 수출하는 사업을 시작하여 큰 사업가로 성공하였다. 인도에서 사업가로 성공한 김철진의 두 아들은 초등학교부터 고등학교까지 모두 주인도 미국 대사관에서 운영하는 아메리칸스쿨[21]을 졸업하고 미국으로 대학 진학을 하였으나, 중도에 모두 귀국하여 김철진씨가 1998년 교통사고로 사망하기 이전까지 아버지의 대리석 사업을 돕고 있었다.

4) 김철진의 역사적 상황에 대한 적응과 이념적 정체성 형성과정

외세에 의한 지리적·이념적 분단 상태로 해방을 맞이한 후 제주도 4·3 사건, 여순사건 등 일련의 이념을 볼모로 한 민간인들의 희생을 토대로 들어선 이승만 정권은 극우 반공주의를 일관되게 유지하였으며, 이는 한국전쟁의 발발로 발생한 포로 관리 정책과 관련된 모든 과정 속에 반영

---

21) 이 학교의 진학을 원하는 비미국인은 미화로 약 900달러의 학비를 매월 지불해야 한다. 이러한 고액 때문에 인도의 최상류층 자녀와 외국 공관원과 상사 자녀들만이 이 학교를 다닌다.

뇌어 나타났나.

김철진은 전북 장수에서 공산주의 이데올로기에 대한 회의를 품고 자유를 찾아 귀순하였다. 그는 분명 귀순자였음에도 불구하고 당시의 포로 관리 정책으로 인해 일반 포로와 동일하게 취급당하였다. 그는 거제 수용소 시절 '친공 세력들의 수용소 탈출 음모'를 미군에게 제보해주는 등 '반공주의자다운' 행동을 하여 친공 세력들의 살해 대상이 될 정도로 반공주의자였다. 송환 거부 포로로서 중립지대에 이송되었던 김철진은 1953년 11월 말경 삼엄한 반공주의자들의 감시22) 속에서도 중립국 선택을 위해 수용소를 탈출하였다.

김철진을 비롯한 대부분의 중립국 선택 포로들 가운데에는 조국도 중요하지만 자유도 소중하다고 생각하면서 이념적 갈등에 혐오를 느낀 사람들도 있으며, 또한 삼엄한 반공체제도 싫고 북에서는 이미 가족들이 자신으로 인해 몰살당했으리라 생각하여 차라리 중립국을 선택한 사람들도 있었다. 이들은 조국을 버린 변절자라는 비난을 받기도 하였으며 특히 남한으로 돌아간 반공주의자들은 이들을 조국을 버린 빨갱이로 취급하기도 하였다. 중립국 선택 포로에 대한 빨갱이 이미지는, 1960년 4·19 이후 이승만 통치가 무너지고 극단적 반공주의가 잠시 잠잠했던 시기에 등장한 최인훈의 소설 『광장』에서는 이념적 회색지대에 머물렀던 이념적 '회색분자'로 묘사되었다.

그러나 김철진은 중립국을 선택한 자신의 행동을, "극단적 반공주의는, 비록 자유의 몸이 된다 하더라도 남한의 삼엄한 반공체제하에서 진정한 자유를 향유할 수 없을 것이라는 불안감과, 그간 목격한 극단적 이

---

22) 당시 중립지대에 있는 반공포로들과 은밀히 연락을 취하고 행동지침 등을 하달하였던 남한의 헌병사령부에 따르면, 중립국을 선택한 자는 조국을 등지는 비겁한 자로 규정해놓고 있었기 때문에 중립국을 선택할 기미를 보인 포로들도 반공포로 특공대나 포로 경찰 등에 의해 끌려가 갖은 고문을 당하고 격리되었다.

넘전쟁에 대해 혐오" 때문이었을 뿐, 결코 자신은 이념적으로 빨갱이나 회색분자가 아니라고 역설한다.23)

김철진은 인도로 떠나기 위해 중립지대에서 인천항까지 기차로 오는 길목에서 많은 남한 사람들로부터 '이중 변절자', 조국을 버린 '배반자', '빨갱이' 취급을 당해야 했다. 그러나 그는 자신을 비롯한 중립국 선택 포로들은 빨갱이가 아니라고 강변한다. 자신들은 엄연히 공산주의를 싫어해 북을 택하지 않았고 다만 자유를 갈망하여 제3국을 선택했을 뿐이며, 인도로 떠나기 위해 판문점에서 인천항으로 가는 기차에 태극기와 유엔기를 걸고 자신들이 결코 빨갱이가 아님을 분명히 하였다고 말한다. 따라서 자신들은 당시부터 지금까지도 이념적으로 반공적 성격을 띠고 있기 때문에 분명 '반공'포로라고 김철진은 주장하고 있다.

어린 시절 일본군의 압제를 피해 만주로 이주하는 부모를 따라갔던 곳에서 후일 관동군에 강제 징집되고 다시 팔로군에 징집되어 결국 북한군에 소속되는 김철진의 청년기의 삶은 이미 격동의 세계 근대사 속에 깊이 발을 딛고 있었으며, 그는 이러한 역사적 체험을 통해 "조국과 자유에 대한 소중함을 절실히 느낄 수 있었다"고 말한다. 그런 그가 조국을 저버린 배신자라는 비난을 한 몸에 안고 제3국인 인도에 1956년에 정착한 후 한국영사관이 설치되어 무국적자 신세를 면하게 된 1962년까지 귀화하지 않고 무국적자로 살아왔다. "넓은 세상에 가 큰돈을 벌어

---

23) 김철진은 이념적 혐오감뿐 아니라 "넓은 땅에 가서 큰돈을 벌어 조국을 찾겠다는 각오"로 제3국을 선택하였다고 말한다. 포로수용소에서 중립국 선택을 결심하여 결국 브라질에 정착했던 주용복은 자신의 회고록(1991)에서, "언론과 출판의 자유가 없는 철저한 반공체제 속에서 인민군 출신 군관에게는 감시, 천대, 찬밥만 있지 출세의 길 따위 어데 있겠나. 지게를 지거나 밀차꾼을 면하면 다행일 걸"이라고 자신에게 중립국 선택을 권유했던 포로 동료 박기천의 말을 인용하고 있으며, 이것은 당시 남한의 극단적인 반공주의 분위기를 잘 표현하고 있다.

소국을 찾겠다"는 그의 각오에서 '조국'은 분명 남북이 하나가 된 조국이었지만 그 앞에 놓여있는 조국은 여전히 이념적으로 대립하고 있는 분단된 상황이었다.

1962년에 뉴델리에 남북한의 총영사관이 동시에 설치되었지만, 정착 초기부터 한국인 김영주와 인도의 가톨릭 신부 및 수녀로부터 받은 도움, 그의 상업주의와 자본주의적 성향, 공산주의에 대한 강한 혐오 등은 그를 남한 영사관으로 행하게 하여 마침내 1962년 한국 영사관으로부터 한국 여권을 받게 되었다. 남한 여권을 소지하게 된 김철진에게 당시 한국 영사관(1973년 대사관으로 승격)은 그의 사업의 본격적인 상담자 역할도 수행하였다.

그는 1970년 이후 인도에 거주하는 공관 직원, 상사 직원 및 유학생 등 한국인의 수가 늘어가면서 형성된 한인 사회와 지속적으로 접촉함으로써, 인도에서 잠시 잊고 살아야만 했거나 표출하지 못했던 민족적 정체성과 문화를 다시 구체화할 수 있었다. 특히 한국 여성과의 결혼은 자신의 의식주를 비롯한 삶의 많은 영역이 한국적으로 되돌아갈 수 있는 계기가 되었다.

국내적으로 한국은 1980년대 이래 분단으로 인한 반공 이념의 지속과 민주주의 발전과는 무관하게 도약적인 경제성장을 경험하였으며, 이를 토대로 1980년대 이후 인도에서 거주하는 한국인의 수가 크게 증가하였다. 한인협회장직을 맡고 있었던 김철진은 새로 인도에 거주한 한국인들의 정착을 물심양면으로 도왔다. 남북 대치 상태에서 과거 정권으로부터 친공국가라 인식된 인도에 남북한 대사관이 나란히 개관된 상태에서, 한국 대사관이 북한 출신이면서 한국전쟁에서 북송 자원을 반대한 반공적 성향이 있는 포로 출신 김철진에 대해 정치적으로 중요한 상징성을 부여하였던 것 같다.[24]

극한적인 친공 대 반공이라는 이념 갈등을 피해 중립국을 선택한 김철진이 인도에 형성된 반공국가 한국의 커뮤니티에 속하게 되면서 그의 반공 이념적 정체성은 더욱 구체화되었으며, 그는 한인협회장과 인도에서 성공한 경제인으로서 한국 대사관의 공식적·비공식적 행사에도 빠질 수 없는 '귀빈'이 되었다.

한편 김철진이 반공주의 국가인 한국의 그늘에 들어와 경제적으로도 급성장할 수 있는 결정적 계기를 잡은 것은 1970년대 중반 이래 고도로 성장하게 된 한국의 경제성장에 그가 적절히 자신을 적응시켰기 때문이다. 즉, 그는 한국인 커뮤니티, 한국 기업, 한국 대사관과 지속적이며 적절한 사회적 관계를 유지함으로써 현지의 값싼 인력을 중동에 진출한 현대건설에 제공하는, 이른바 인력 송출사업에 발을 딛게 되어 마침내 성공한 사업가와 대표적인 대(對)인도 로비스트가 될 수 있었다.

김철진이 보여주듯이 남북한 분단 상황하에서 한국 국적 취득과 한인 사회에의 적극적인 개입 그리고 한국의 급격한 경제적 성장을 동원 가능한 자기 자원에 활용하는 적극적인 적응 방식은, 그렇지 않은 포로들의 삶의 과정과 그의 방향이 크게 달라지게 만들었다.

---

24) 인도에서 인민군 장교 출신인 김철진과 선명수의 반공주의적 태도의 유지는 주인도 한국대사관 측에 큰 이념적 도움이 되었을 것으로 여겨진다. 대사관 측의 요청에 따른 것인지 여부는 확인한 바 없으나 김철진과 선명수는 유학생들에게 공식적·비공식적 자리에서 북한의 이념적 허구와 체제의 모순을 이야기하곤 하였다. 필자는 1989년 인도 유학을 위해 뉴델리에 도착하였으며 약 보름이 지나던 날 델리에 있는 전체 유학생들은 대사관으로부터 식사 초대를 받았다. 우리는 식사에 앞서 대사관 강당에서 선명수 당시 한인협회 회장의 북한 체험담과 북한 체제의 모순에 대한 짧은 강연을 들은 바 있다. 선명수는 비공식적 자리에서도 학생들에게 북한 체제 또는 사회주의와 공산주의에 대해 학생들이 갖는 막연한 동경은 그러한 체제의 모순을 직접 경험하지 못한 소치의 결과라며, 직접 경험한 사람으로서 그런 체제의 모순을 학생들 앞에서 신랄하게 비판하곤 하였다.

김철진과는 달리 1954년 인도에 도착하자마자 인도 남부에 정착한 뒤 인도 여성과 살면서 현재는 가까스로 시계 수리점 주인이 된 지신영25)과 네팔 이름을 사용하면서 네팔 여인과 동거하며 네팔인 행세를 하는 떠돌이 막노동꾼 장기화26)는 한국인과 접촉을 끊고 하층 인도인처럼 생활하고 있다.

지신영과 장기화에게는 반공과 친공의 이념이 여전히 크게 중요하지 않다. 단지 그들은 '노스도 사우스도 아닌 단지 코리안'이면 그만이다. 이에 반해 김철진(선명수 역시)이 보여주는 반공주의적인 이념적 정체성은 한국 여권을 소지하고 인도의 한국인 커뮤니티에 깊숙이 관여하면서 보다 구체화된 것으로 보인다. 즉, 그는 공산체제가 아닌 반공주의 국가인 한국을 자신의 조각난 조국으로 동일시했다. 그리고 인도의 한국 커뮤니티 속에서 사람들, 제도들과의 지속적 상호작용, 한국 출신 여성과의 혼인, 한국 대사관과 기업을 통한 경제적 성공 등을 통해 확고한 반공주의자로 귀착하게 되었다. 이상에서 살펴본 것처럼 포로 출신들이 인도에서 살아온 과정의 차이는 이들이 설정한 한국과의 관계의 성격과 관련되는 것으로 생각된다.

한편 김철진이 한국과의 관계를 적극적으로 활용하고 한국인 커뮤니티에서 '중요한' 존재로 자리 매김 받을 수 있었던 것은 인도의 외국인 수민정책과 밀접히 관련된다. 외국인의 계획이민이 보장된 브라질이나 아르헨티나와는 달리 인도는 원칙적으로 외국 이민이나 거주를 목적으

---

25) 1983년 소설가 한수산이 김철진 등을 인터뷰하기 위해 인도에 갔다가 수소문 끝에 뱅갈로르에서 지신영을 만났다.
26) 장기화는 인도 도착 후 김철진, 선명수와 양계를 함께 한 경험이 있으며, 그 후 잠적하였다가 1993년 MBC의 다큐멘터리 <76인의 반공포로> 제작 과정에서 여러 통로를 통한 수소문 끝에 방송국 PD와 인터뷰하였다. 당시 그는 첫 부인인 인도 여인이 사망한 후 네팔 여인과 함께 막노동하며 살고 있었다.

로 하는 장기 체류 외국인을 받아들이지 않는다. 따라서 전체 인구가 9억을 초과한 인도에 영주 거주하고 있는 한국인은 공식적으로 2명(대사관의 공식적 기록에서 한국 여권을 소지하지 않은 장기화, 최인철, 지신영은 빠져있음)의 반공포로 가족들과 인도인과 혼인한 여성 25명, 남성 1명이 전부이며, 외교, 경제, 유학 등의 목적으로 잠정적으로 체류하고 있는 900여 명의 한국인이 있을 뿐이다.

이 가운데 인도에 터를 잡고 40년 이상을 살아온 김철진과 선명수는 3~4년이라는 짧은 기간의 인도생활을 위해 입국하는 신참 유학생이나 상사 직원 등에게 심리적 안정을 주고 생활을 안내해줄 뿐 아니라 필요시에는 자신의 개인적 연줄을 동원하여 일을 해결해주는 중요한 현지 가이드 역할을 수행하고 있다. 이를 통해 김철진과 선명수는 한인 커뮤니티에 완전 동화되어 이들이 한인협회를 이끌어가고 있다.

인도의 사례와는 달리 이민자를 허용하는 남미의 경우는 다른 시나리오를 보여준다. 1960년대 후반 이래 한국으로부터 계획이민자들의 숫자가 급증하여 남미를 선택한 반공포로들이 초창기 이주민들의 중요한 안내자가 되어주었음에도 불구하고, 그들은 교포 사회에 완전히 동화되지 못하고 주변적 존재로 남아있다. 훗날 도착한 한국 교민들이 이들을 반공포로라 부르며 자신들과는 다른 사람들로 취급하고 있기 때문에 반공포로 출신자들이 교민회 등의 활동에서 주변적 존재로 잔류되어있다(전경수, 1996).

이에 반해 인도의 김철진과 선명수는 한인 사회의 대표자로서 대사관이나 경제인협회와의 협조로 한인 커뮤니티의 대소사에 깊숙이 관여하고 있다. 따라서 인도에 유학, 사업 등의 목적으로 잠정적 체류를 위해 온 한인들은 일정 기간 한인 사회에서 활동하면서 선명수와 김철진이 북한 인민군 출신 '반공포로'였지만 현지에서 성공한 사람들이라는 사실을 알게 되고 그들과 자연스레 교류하게 된다.

그러나 공식적·비공식적 모임27)에서 김철진과 선명수에게 그들의 과 거사에 관해 질문하거나 반공포로 신분임을 전제하고 시작하는 이야기를 먼저 꺼내는 것은 흔치 않은 일이다. 이러한 사실을 통해 본인들 스스로도 자신들이 어디를 가나 인민군 장교 출신 포로 또는 단순히 '반공포로'라는 딱지가 붙어 다니는 것 자체를 부담스러워하고 있음을 알 수 있다.28)

이상에서 살펴본 것처럼 김철진의 한국전쟁과 그 이후 인도에서의 전쟁포로 출신으로서 새로운 삶의 과정은 그를 죽음에 이를 지경까지 내몰았고, 이념적 차이로 인한 동족상잔의 비극을 목도하게 만들었다. 또한 전쟁은 꿈에서조차 상상하지 않았을 인도라는 낯선 사회와 문화 속에 그를 내던졌다. 그는 전쟁의 수동적 희생자 가운데 한 사람임이 분명하다. 그러나 김철진은 자신에게 부여된 기회와 자원을 최대한 활용하면서 주어진 역사적 상황에 끊임없이 적응하는 능동적인 삶의 과정을 보여주고 있다. 그 과정에서 그의 이념적 정체성은 더욱 반공주의로 구체화됨을 그의 인생사는 보여주고 있다.

6. 전쟁포로의 생애사 연구를 위하여

맺음말에 앞서 본 장의 몇 가지 한계가 언급되어야 할 것이다. 머리말에서 밝힌 바대로 이 장은 중립국 선택 포로의 심층 인터뷰 자료를 통해

---

27) 김철진과 선명수는 특히 학생들의 후견인 역할을 해왔다. 유학생 가운데 그들의 집에서 자유롭게 식사를 하지 않은 사람이 없을 정도이다.
28) 1993년 11월에 MBC 초청으로 남미와 인도의 반공포로 27명이 한국을 방문하여 기자회견을 하였다. 여기서 인도에서 온 선명수는 지금도 그 어려웠던 시기에 조국과 함께하지 못했다는 마음의 콤플렉스를 가지고 있다는 언급을 했다.

그들의 생애사에 관련된 주제들을 추후에 수행하기 위한 시론적 성격을 띠고 있다.

이 장을 작성하기 위해 반공포로 출신 선명수와 인터뷰하기로 약속되었으나 불가피하게 성사되지 못했다. 따라서 이 장은 반공포로들의 인터뷰를 위해 1983년에 인도를 다녀와 인쇄물로 내놓은 소설가 한수산 씨의 김철진에 대한 자료를 기본으로 활용하고 있으며, 이와 더불어 필자가 인도에 체류하는 동안 반공포로들과 나눈 대화 내용을 토대로 하고 있다는 자료 이용상의 한계가 있다.

이 장에서 크게 의존하고 있는 한수산 씨의 자료는 이미 그의 선택적인 질문에 따라 김철진의 삶에 대한 이야기가 도출될 수 있으며, 이렇게 수집된 자료는 그의 개인적 관심에 따라 재구성된 것일 수도 있다. 한편 한수산 씨와의 인터뷰에 응했던 김철진 역시 자신이 직접 경험한 '진솔한 이야기'만을 제공한다고 주장하겠지만 그가 제공한 자료가 한수산 씨를 포함한 독자들에게 자신을 원하는 모습으로 드러내고자 하는 의도를 갖고서 이에 어울리는 자료만을 제공했을 가능성도 배제할 수 없다.

사용되는 자료의 한계성은 이 장의 논의를 지나치게 김철진 중심으로 만들었으며, 인도라는 이방 문화와 사회적 환경에서 포로들 각각이 적응하는 과정을 적정 수준에서 다루지 못한 결과를 가져왔다. 또한 자료의 빈약함으로 인해 머리말에서 제기한 문제점에 대해 적절한 논의가 이루어지지 못하고, 글의 중심인물인 김철진의 연대기적 서술에 그친 점이 있다.

이 장의 한계를 직시하고 머리말에서 제기한 몇 가지 문제에 대한 기초적 수준의 논의를 정리하고 추후에 보다 체계적이고 심층적으로 연구되어야 할 몇 가지 문제점을 제기하면서 이 장을 맺고자 한다.

중립국을 선택한 포로들은 한국전쟁 직후에는 '빨갱이'나 '조국을 등진 배반자'로 인식되었으며, 이승만 정권 붕괴 후 한동안 이들은 이념적

'회색분자'로 묘사되곤 하였다. 그러나 이러한 견해들은 그들이 공산주의에 염증을 느꼈거나 포로생활 동안의 반공 활동 때문에 북으로의 자유 송환을 거부했다는 기본적인 사실을 소홀히 여긴 것으로, 재고되어야 할 필요가 있다. 이들은 북행을 거부한 '대한민국=극우 반공 이승만 정권'의 등식이 아닌 '대한민국=자유와 민주'를 원했던 사람들이었으며, 당시처럼 극단적인 반공 사회에서의 삶에 대한 불안을 느낀 사람들이었고, 또는 남한에 연고가 없어 차라리 미지의 세계에서 새로운 삶을 개척하겠다는 각오로 제3국을 선택한 사람들이다.

대부분의 포로들이 정착 초기에 낯선 사회와 문화에서 겪었던 어려움은 비슷하였다. 이들 사이에 삶에 대한 개인적 의지와 사업적 재능의 차이는 있었을지라도, 안정된 가정과 지위, 경제적 성공과 사회적 입지의 확보 여부는 자신에게 주어진 역사적 환경에 김철진처럼 스스로의 자원을 최대한 끌어다 적극적으로 적응했는지 여부에 달려있었다. 또한 이러한 적극적인 적응 과정은 김철진의 반공주의적 이념 성향을 보다 구체화시키는 결과를 가져왔다. 특히 김철진과 지신영이나 장기화의 인생행로상의 차이는 '조국' '이데올로기'를 나름대로 재해석하는 방식과 이들이 설정한 한국과의 관계의 성격 차이에서 비롯된 것으로 보인다.

끝으로 이 기초작업을 통해 추후에 체계적이고 심층적으로 규명되어야 할 중립국 선택 포로에 대한 연구는 남미 선택 포로를 포함한 다양한 사람을 대상으로 해야 하며, 그들이 중립국을 선택하는 과정에 영향을 끼친 요인과 그러한 자신들의 행동을 현재적 시점에서 어떻게 재해석하고 정당화시키는가에 대한 규명도 이루어져야 할 것이다.

특히 추후 연구에서는 본 장에서 거의 자세히 다루지 못한, 인도 한인 사회에 동화되지 못하고 그들과 단절하고 사는 장기화와 지신영에 대한 구체적인 자료 수집을 통해 현재 이들이 경험하는 경제적·사회적인 삶의 현실을 가져온 여러 가지 요인들(전쟁과 남북 분단 상황의 지속 등)에 대한 분석이 이루어져야 한다. 그리고 이렇게 주변적인 삶을 살아가는 이들이 자신의 현재적 상황을 재정의하고 재구성시키는 개인적 적응전략 등에 대한 규명도 함께 이루어져야 할 것이다.

■■■ 참고문헌

강정구. 1996. 『분단과 전쟁의 한국 현대사』. 역사비평사.
김학준. 1989. 『한국전쟁: 원인, 과정, 휴전, 영향』. 박영사.
백응태. 1987. 『거제도에서 판문점까지』. 대원출판사.
전경수. 1996. 『세계의 한민족: 중남미』. 통일원.
조성훈. 1999. 「한국전쟁 중 유엔군의 포로정책에 관한 연구」. 한국정신문화연구원 학국학대학원 박사논문.
주용복. 1993. 『76인의 포로들』. 대광출판사.
_____. 1990/1991. 『내가 겪은 조선전쟁 1~2권』. 고려원.
티마야. 1993. 『판문점 일기』. 라윤도 옮김. 소나무.
한수산. 1983. 「제3국으로 간 반공포로들의 그 후」. ≪마당≫,
_____. 1984.6. "30년의 여행: 6·25의 사생아─인도로 간 반공포로들". ≪경향신문≫ (3부 연재).
현대사연구소 1998. 『한국전쟁 후 사회변동 연구』. 한국정신문화연구원 학술대회 논문집.
MBC 영상사업단(3부작 비디오). 1993. <76인의 반공포로>.

한국전쟁 희생자들의 죽음 처리방식과 의미화과정

1. 죽음의 의미화와 의례화

전쟁은 집단 간의 갈등을 폭력적으로 해결하는 방식의 하나로서, 그 폭력은 정신적 피해뿐만 아니라 물질적 파괴를 야기한다. 특히 전쟁으로 인한 인명피해는 다양한 모습으로 나타나는데, 전사, 학살, 희생 등과 같은 죽음은 개인적 현상이면서 동시에 사회적 현상이기도 하다. 즉, 전쟁에 따른 죽음에 대한 인식은 자연사한 죽음보다는 집단적 측면에서 더 관심을 받게 되고, 죽음에 대한 처리 과정도 누구나 인정할 수 있고 적절하다고 간주되는 방식으로 다루어지기도 한다(물론 국가의 정치적 이념에 따라 다르기도 하다).

일반적으로 죽음을 맞이하는 장소는 크게 울타리 내부 공간인 가내(家內)와 울타리 밖인 가외(家外)가 있는데, 가외는 다름 아닌 객지(客地)이다. 가내에서 맞이한 죽음은 가사(家死)이고 객지에서 맞이한 죽음은 객사(客死)라 할 수 있다. 가사자(家死者)는 일반적으로 충분한 삶을 영위한 다음에 자연사한 경우가 많아서 가족 중심으로 죽음을 처리하는 경향이 많지만, 객사자(客死者)는 외부 환경에 의해서 충분한 삶을 영위하지 못하고 죽는 경우로써 가족이 아닌 집단에 의해서 죽음이 처리되는 경우가 많다.

가사자와 객사자는 죽음의 성격이 다르기 때문에 그에 대한 태도도 다르다. 가사자는 정상적인 죽음을 경험했기 때문에 죽음의례의 과정은 사자(死者)가 신성성을 획득하여 조상이 되는 과정으로, 구체적인 조상이 일반화된 조상이 되는 과정으로 인식된다(한경구·박경립, 1998: 789). 그렇지만 객사자는 신분도 불확실하고 폭력, 재난 등 외부 환경으로 인한 비정상적인 죽음을 경험한 까닭에 죽음의례가 가사자와는 다를 수밖에 없다.

가사자는 생존자에 대해 우호적이어서 평화, 질서, 희망을 갖게 하는 기억되는 죽음이라면, 그와는 반대로 객사자는 전쟁, 폭력, 위험, 무질서, 냉전을 상징하는 존재로, 기억되지 않는 죽음이다. 따라서 생존자들의 안정적인 삶에 방해가 되고 공포의 대상이 되는 것은 바로 객사자이다. 객사자를 위무(慰撫)하는 것은 가사자와 같은 자질을 갖도록 하기 위한 의례적 장치인데, 무속의례인 씻김굿이나 오구굿, 여제, 수륙제, 위령제 등이 그것이다.

이 장에서는 함평지역을 중심으로 하여 한국전쟁으로 인해 희생된 객사자들의 죽음에 대한 기억과 처리 과정을 구조인류학적 방법에 입각하여 살펴보고자 한다. 이를 위해 먼저 한국 전통사회에서의 죽음 처리방식과 의미를 살펴보고, 이를 토대로 희생자[1]들의 죽음을 기억되는 죽음과 기억되지 않는 죽음으로 구분하여 각각 그 원혼이 신격화되는 과정

---

[1] 희생자는 국가질서 유지를 위해 한국전쟁에서 전사한 전사자, 국가폭력에 의해 학살된 피해자, 이념적 갈등으로 인해 희생된 자를 아우르는 개념임을 밝혀 둔다.

을 검토해보았다. 또한 원혼의 신격화를 검토하여, 원혼을 위무하기 위한 의례적 양상과 그 의미를 파악해보고자 한다.

2. 전통사회에서 죽음의 처리방식과 의미

1) 혼의 유형과 죽음관

인간은 혼과 백으로 구성되어있다. 혼은 넋이라고도 하고, 기, 얼 등과 같은 뜻으로 쓰인다. 혼은 육신의 죽음과 무관하게 그 자체로 실체를 존속시킬 수 있는 능력을 갖추고 있다는 뜻에서 초월성을 지니고 있다(표인주, 2000: 265). 혼과 백은 오직 죽음을 통해서만 완전히 분리가 된다. 혼은 다시 영혼과 원혼으로 구분되는데, 영혼이 되기 위해서는 최소한 두 가지 조건을 충족하고 있어야 한다. 그중 하나는 풍족한 삶을 누리고 죽음을 맞이하는 것이다. 즉, 한 사람이 갖출 것을 고루 갖추고서 살 만큼 살다가 집에서 편안히 천수를 다해야 하는 것을 뜻한다. 두 번째로 신원 증명, 즉 이름, 신분 등이 살아있는 자들에 의해서 확인되어야 한다. 여기서 단 하나의 조건이라도 갖추어져있지 않으면 그 혼은 원혼적 자질을 가진 것이다. 원혼은 이승도 아니고 저승도 아닌 불안전한 세계인 구천을 떠돌아다니면서 이승에 미련을 두고서 인간에게 언제 해를 끼칠지 모르기 때문에 공포의 대상이 되어왔다. 이승과 저승은 단절되어있지 않다. 그러나 또한 서로 이어져있으나 하나만은 아니다. 인간이 죽으면, 하늘, 바다, 산, 땅속은 이승이면서 저승이고, 저승이면서 이승이다. 다만 죽음을 계기로 비로소 이승과 저승은 서로 대립된 공간의 의미를 지닌다. 따라서 이승과 저승은 두 공간일 수 없다. 단지 하나의 공간이 죽음의 사건을 통해 다르게 인식되는 경험의 계기를 표출하고 있는 것이라 하겠다.

타계(他界)란 생활경험을 기초로 표현된 세계가 아니라 미지의 세계이다(표인주, 2000: 307). 미지의 세계는 인간의 삶을 삶답게 실현시켜주는 세계이면서, 종교적 우주관에서 비롯하는 세계이다. 이 세계는 죽음의 사건을 통해 다르게 인식되는 세계로서, 죽음의 문제와 결부된 사후의 세계이다. 사후세계는 이승의 세계와 다른 모습을 하고 있지 않다. 죽음의 처리방식을 규정하고 있는 상례에서도 볼 수 있듯이 습(襲)이 끝나면 염(殮)을 하기 전에 반함(飯含)을 하는데, 이것은 사후세계인 저승 세계까지의 식량으로 풀이되고 있으며, 입에 부어 넣은 세 숟가락의 쌀은 실제로 쌀 만석(萬石)을 의미한다. 이처럼 저승은 이승의 모습을 갖추고 있는 것으로 이해된다.

우리말에서는 인간이 죽으면 죽다, 타계하다, 돌아가시다 등의 말을 통해 표현된다. 여기서 문제는 인간이 죽어 어디로 돌아가는가 하는 점이다. 인간이 죽어 다시 돌아가는 세계는 이승의 세계와 대립된 저승의 세계이다. 또한 인간이 태어날 때, 인간은 어디에서 왔을까 하는 근본적인 의문점을 갖게 되는데, 이 세계 또한 저승의 세계이다. 저승의 세계는 사후의 세계요 이상의 세계며 인간 생명 원향(原鄕)의 세계이기도 하다(현용준, 1992: 477).

인간은 원향의 세계에서 왔다가 원향의 세계로 돌아간다. 인간이 비롯되는 세계에서 왔다가 지금의 세계에서 인간의 삶을 삶답게 구현한 후에 비롯되었던 세계로 되돌아가는 것이다. 단군신화에서 단군의 조상이 하늘에서 내려왔고 단군이 죽어 산신이 되었다는 것은 단군이 하늘로 되돌아갔다는 것을 의미한다. 하늘은 저승의 세계이면서 단군이 죽어 산신이 되었기에 신의 거주지이기도 한다. 따라서 하늘은 현실과 다른 이상세계이면서 인간 생명의 원향이기도 하고, 신이 거주하는 세계이며, 저승의 세계이다.

2) 영혼과 원혼의 죽음 처리방식

고래로부터 인간에게는 죽음에 대한 공포가 사랑과 존경보다도 강했으리라는 것은 여러 기록을 통해서 짐작할 수 있다. 죽음의 공포를 극복하기 위해 죽음을 처리하는 방식을 결정하는데, 그 방식은 죽음관의 변화에 따라 달라지기 마련이다. 죽음을 처리하는 방식은 망자가 영혼적 속성을 가지고 있느냐 아니면 원혼적 속성을 가지고 있느냐에 따라 다르다.

영혼적 속성을 지닌 망자의 죽음 처리는 예서에 나타난 상례의 절차에 따라 유교적으로 진행된다. 물론 유교가 유입되기 이전에는 공식화된 다른 절차에 의해서 진행되었을 것이다. 상례의 절차에서 보면 초종(初終)은 상례를 위한 준비 절차라 하겠으며, 습(襲)·소렴(小殮)·대렴(大殮)은 시신의 처리 방법, 성복(成服)·문상(聞喪)은 망자에 대한 생자의 의무와 행동, 치장(治葬)·천구(遷柩)·발인(發靷)·급묘(及墓)는 시신 처리 방법, 반곡(反哭)·우제(虞祭)·졸곡(卒哭)·부제(祔祭)·소상(小祥)·대상(大祥)·담제(禫祭)·길제(吉祭)는 망자에 대한 생자의 행동에 관한 것으로, 상례는 크게 준비 과정, 시신 처리 방법, 망자에 대한 생자의 행동으로 축약시켜 볼 수 있다(장철수, 1995: 164). 따라서 정상적인 죽음은 남녀를 불문하고 영혼적 자질을 가지고 있기 때문에 이와 같은 절차에 의해서 처리된다.

망자의 죽음을 처리하는 방식은 망자를 위한 의례, 혼을 위한 의례, 조상신을 위한 의례, 상주와 그의 공동체를 위한 의례로 진행되는데(김시덕, 2000: 79~101), 단순히 죽음만을 처리하는 것이 아니라 조상신으로 변신시키기 위한 맥락에서 진행된다. 습이 끝나면 망자는 혼백으로 변신되며, 장례 뒤에는 혼백이 신주로 바뀌는 단계로 망자의 죽음을 처리하고 있다. 즉, 죽음을 처리하는 방식이 단순히 망자의례에만 그치고 있는 것이 아니라 조상숭배의례로 발전되고 있는 모습을 볼 수 있다.

그런가 하면 원혼적 자질을 가진 죽음은 그와 다르게 처리된다. 원혼은 주로 정상적인 통과의례 절차를 거치지 못한 존재로서, 최소한 성년식이나 혼례식을 거치지 않고 유명을 달리하여 대를 이어줄 후손이 없는 혼이다. 죽음을 통하여 원혼이 되는 것은 외부적 요인과 내부적 요인에 의해서 이루어지는데, 외부적 요인은 전쟁이나 자연재해, 사고, 질병 등이고, 내부적 요인은 망자 개인의 심리적 압박에 의해서 이루어진 자살이다. 원혼의 죽음은 집 안이나 집 밖에서 이루어지기도 하지만, 집 밖에서 이루어진 죽음은 훨씬 원혼적 속성이 강하다고 인식한다. 특히 횡사(橫死), 변사(變死), 객사(客死), 익사(溺死)한 경우는 더욱 그렇다. 그것은 죽음이 집 밖에서 이루어지는 것보다는 출생의 경험을 했던 집 안에서 이루어지는 것이 바람직하다고 생각하는 데서 비롯된 것이다.

비록 영혼적 자질을 가진 망자라 하더라도 집 밖에서 죽음을 맞이한 경우 그 처리방식은 집 밖에서 죽음을 맞이함으로써 발생된 부정적 요소를 극복하기 위한 절차가 추가된다. 가령 망자를 대문을 통해 집 안으로 모시지 않고 울타리나 담을 헐고 모신다든가, 집안에 모셨다 하더라도 안방에 모시지 않고 사랑채나 행랑채에 모시는 것이 그것이다.

원혼적 자질을 가진 죽음의 처리방식은 예서에 나타난 상례의 절차에 따라 이루어지는 것이 아니라 개인이나 지역 혹은 죽음의 방식에 따라서 다양한 방식으로 이루어진다. 마마에 걸려 죽은 아이들은 짚으로 싸서 나무에 높이 매달아 두고 나중에 다시 뼈를 처리하는 일 없이 그대로 방치한다(이두현, 1973: 5~6). 또한 어린아이의 시체는 자루나 헝겊으로 싸서 독에 넣고 1m 가량의 깊이로 흙을 파고 독을 세워서 묻고 그 위에 돌을 쌓기도 한다. 그리고 혼인을 하지 않은 남자의 경우는 유교적 상례 절차에 따라 죽음을 처리하지는 않지만 매장만큼은 정상적으로 이루어진다. 그에 비해 여자는 어린아이의 죽음을 처리하는 것과 별반 다를 바 없다. 미혼의 처녀가 죽으면 산에 묻지 않고 사람이 많이 다니는 삼거리에 엎어서 묻는다. 사람이 많이 다니는 곳에 묻어야 처녀의 원혼이 나오지 못한다고 생각하기 때문이다. 이때 망인의 머리 방향은 정상적인 방향과는 반대로 묻는다. 즉, 보통 시신은 머리를 산 위쪽으로 가게 묻는데, 처녀는 산 아래쪽으로 향해서 묻는다. 또 처녀를 매장할 때는 바늘을 처녀의 옷에 꽂아 두거나 체를 뒤집어씌우기도 하고 목에 거울을 걸어 주기도 한다(지춘상 외, 1998: 306).

이처럼 원혼적 자질을 가진 죽음에 대해 유교적 장례 절차에 따라 처리하지 않는 것은 원혼이 이승 사람에게 해코지하는 것을 막고 원혼의 공포를 극복하기 위해서이다. 그래서 죽음의 처리방식도 대부분 조상숭배의례가 아닌 망자의례에 집중되고 있다.

3) 죽음 처리방식의 이중성

한국의 죽음 처리방식은 이중적인 모습을 지니고 있다. 그것은 인간이 운명한 후 죽음의 공포로부터 벗어나기 위해 일차적인 죽음 처리방식에 따라 상례 절차가 진행되고, 이차적인 죽음 처리방식은 단순한 공포의 대상에서 믿음의 대상으로 발전시키기 위해 진행된다는 점이다. 여기서 일차적인 죽음 처리방식은 일차장이라 하겠고, 이차적인 죽음 처리방식은 이차장이라 하겠다. 일차장이 시신 처리의 장법이라면, 이차장은 유골 처리의 장법으로서, 시체가 육탈되고 유골만이 남은 뒤에 가능한 것이다. 이차장은 일차장 뒤 1년 후부터 가능하지만 3년 만에 개장을 하는 것이 보통이다(이두현, 1973: 12).

영혼적 자질을 가진 죽음을 처리하기 위한 일차장은 망자의례와 조상숭배의례의 성격을 지니고 있다. 망자의례는 임종에서부터 망자를 장지에 매장하기까지의 의례를 말하고, 조상숭배의례의 준비 단계는 반곡(反哭)의 절차에서부터 길제(吉祭)에 이르는 의례 절차를 말한다. 망자는 매장된 지 만 2년이 지나면 하나의 신위로서 제례를 통해 받들어지는 숭배의 대상이 된다. 다시 말하면 죽은 사람은 산 사람과 분리되며, 매장되면서 신의 세계로 전이되는 기간 2년을 거치고, 다음에 완전히 신의 세계로 통합되어 제례의 대상이 되는 것이다(장철수, 1995: 74). 따라서 일차장은 단순히 망자의례에만 그치는 것이 아니라 궁극적으로는 조상숭배를 위한 준비의례의 성격을 지니고 있다. 이승의 인간을 저승의 조상신으로 받들어 모시기 위한 장례가 바로 일차장인 것이다.

따라서 일차장의 궁극적인 목적은 망자의 시신을 육탈하기 위함이다. 망자가 곧바로 조상신이 되는 것이 아니고 육탈된 유골만이 조상신의 자질을 갖는다. 육탈을 하기 위한 일차장은 본래 가빈(家殯)이라 하여 옥내(屋內)에서 이루어졌고, 이차장은 옥외(屋外)에서 이루어졌다(이두현, 1973: 9). 옥내에서 일차장이 거행되었던 것이 점차 후대에 울타리 밖으로 이동하게 되어 초분(草墳)의 방식으로 육탈을 시켰던 것이다. 초분은 조선 후기까지 널리 행해졌던 것으로 전국적인 분포를 보이고 있다. 그러던 것이 점차 초분의 방식이 땅 속에 매장하여 육탈을 시킨 방식으로 바뀌게 되면서 요즈음은 전남 신안군 일대와 완도군 청산면에서 그 명맥이 이어지고 있다.

이차장은 그야말로 조상숭배의례라고 할 수 있다. 일차장을 통해서 육탈된 유골을 선산으로 모시는 의례이다. 지관이 묘지를 선정하고 길일을 택일하여 초분을 헐어 상주 입회 아래 부정이 없고 깨끗한 사람이 유골을 수습하여 씻는다. 유골은 향물, 쑥물, 맑은 물로 각각 세 번씩 씻긴 다음 순서대로 뼈를 맞추어서 백지나 비단에 싸서 선산으로 운반한다.

선산은 신성한 공간으로서 조상신들의 거주공간이다. 그렇기 때문에 조상신의 자질을 가지지 못한 망자는 선산에 매장될 수 없다. 조상신으로 받들어 모시게 되면 제사의 장소가 바깥제사에서 방안제사로 바뀌게 된다. 산 사람들의 중심 공간인 안방에 조상신을 모시게 되는 것이다. 조상신은 농신성, 시조신의 미화로써 그 신체는 단지나 항아리에 쌀을 가득 채워놓고 창호지로 봉한 다음 안방이나 대청에 모셔놓은 조상동우, 주머니에 쌀을 담아 안방에 걸어두는 것, 조상의 신주를 모셔놓은 감실 등이다(지춘상 외, 1998: 401).

원혼적 자질을 가진 죽음은 망자의례 중심인 일차장으로 끝나는 경우가 많다. 굳이 이차장의 의미를 지닌 사례를 들자면 사령제 혹은 진혼의례인 씻김굿이 있는데, 이것은 경기와 황해도지방의 진오귀굿, 평양의 수왕굿, 함흥의 망묵이굿, 제주지방의 시왕맞이굿, 경북지방의 오구굿들과 맞먹는 굿이다(이두현, 1973: 17). 씻김굿은 망자의 넋을 씻겨 좋은 곳으로 천도시키고자 하는 정화의례이자 천도의례로서, 영혼이나 원혼 모두 대상이 된다. 그러나 원혼을 위한 씻김굿에서는 혼맞이굿 혹은 혼건지기굿이 중요한 절차 가운데 하나이다.

진혼의례로서의 씻김굿은 가족 중심의 의례이지만, 조선시대의 수륙제(水陸齊)와 여제는 국가가 주관한다는 점에서 다르다. 조선시대 수륙제는 본래 고려 왕실의 억울한 원혼들을 위해 시작되었는데, 정치관계에서 죽은 사람, 전쟁터의 전몰, 사고로 죽은 사람 등 비명횡사한 자들을 위한 천도의례이기도 했다. 여제는 비명횡사한 원혼이나 제사를 받지 못한 귀신을 위해 지내는 제사이다. 이러한 원혼이나 무사귀신에게 제사를 지내는 이유는 그들이 불쌍한 측면도 있지만 또 한편, 이들이 산 사람에게 나타나 질병과 같은 해를 끼칠 것이라는 두려움 때문이기도 하였다(이욱, 2001: 2).

결론적으로 영혼적 자질을 가진 죽음의 처리방식에 있어서 일차장은 망자의례, 이차장은 조상숭배의례가 중심이 되고 있다는 점에서 이중성을 지닌다. 또한 원혼적 자질을 가진 죽음을 처리하는 방식도 이중성을 지니고 있다 하겠는데, 일차장은 망자의례로서, 이차장은 생략되어있으나 일차장을 한 연후 적당한 시기에 씻김굿을 하여 망자의 원혼을 천도한다든가 국가에서 수륙제나 여제를 지내어 원혼들을 달래고 있기 때문에 진혼의례의 성격을 지니고 있다.

3. 기억되는 죽음의 처리방식과 국가적 숭배

1) 기억되는 죽음의 처리방식

기억되는 죽음이라 함은 국가를 위해 희생한 전사자들이 대부분으로, 국가와 민족이 반드시 기억해주어야 할 죽음이다. 이들의 죽음은 국가가 요구한 희생에 따라 발생한 죽음이기 때문에 국가는 그런 죽음에 대해 상징적인 죽음의 형식을 부여할 필요가 있다. 그렇지 않을 경우 전사(戰死)는 무의미한 희생의 나락으로 떨어질 위험이 있기 때문이다. 국가에서 죽음의 의미를 부여하지 아니하면 그야말로 자연인의 죽음에 불과하다.

국가가 이들 희생을 위무(慰撫)하는 것으로만 끝나는 것이 아니라 전사자들을 한 곳에 모아놓고 그들을 기념하는 전몰자 숭배를 조직해야 한다. 국가의 토대는 바로 군대이며, 희생이라는 이데올로기적 주장을 전파함으로써 계속해서 요구될 동원과 희생을 정당화할 수 있는 상징적 지배를 이룩할 수 있다. 그런 의미에서 전몰자는 죽음에도 불구하고 자연인으로 돌아가지 못하고 계속해서 국가에 동원되어있는 것이다(김종엽, 1991: 181). 전몰자는 단순히 가족의 죽음으로 인정되는 것이 아니라 국가적 이념을 달성하기 위한 수단의 하나였기 때문이다.

기억되는 죽음을 자연인의 죽음으로 취급하지 않고 국가의 이데올로기를 전파하기 위한 숭배의 대상으로 삼을 필요가 있었기 때문에 이를 위해 국립묘지2)를 조성하게 된 것이다. 1953년 9월 29일 이승만 대통령의 재가를 받아 국군묘지 부지가 확정되었고, 이렇게 확정된 부지에 1954년부터 육군 공병대에 의한 3년간의 공사를 거쳐 7만 2,000평의 묘역이 조성되었으며, 1956년 무명용사의 묘를 시작으로 안장이 이루어졌다. 그리고 그 후 외주 공사를 통해 지속적으로 묘역을 확장하여 조성되었다(김종엽, 1991: 184).

국립묘지는 단순히 전몰자를 안장하고 있는 장소에 그치는 것이 아니라 전몰자에 대한 숭배를 조직하고 그렇게 함으로써 민족국가에 대한 숭배를 조직화하는 장소이다. 그곳은 방문되어야 하고 의례가 거행되어야 하는 장소이다. 따라서 전몰자들이 비록 전쟁 속에서 비참하게 죽었다 할지라도 그들이 묻힌 묘지는 단정하고 깨끗하고 방문할 만한 곳이 되어야 한다(김종엽, 1991: 187). 이처럼 한국전쟁으로 희생된 죽음은 국민에 의해서 기억되어야 하고, 민족국가의 숭배 대상으로 삼기 위해 국립묘지에 안장하게 된 것이다.

국가의 요구에 의해 희생된 죽음의 처리방식은 자연인의 죽음 처리방식과 차이가 있다. 한국전쟁으로 인해 희생된 전사자는 전쟁 중이거나 전쟁이 끝났다 하더라도 국가 기반이 복구되지 않은 상황에서는 가매장을 통해 죽음을 처리하는 경우가 많았다. 국립묘지가 마련되기 이전에는 전사자를 각 출신지로 보내어 자연인의 죽음과 다를 바 없이 처리했다. 예를 들어 부모님이 살아 계신 경우는 3년 상이 아니라 1년 상으로 하거나 신주 대신 학생 시절의 사진을 장식하고 제사를 지냈다고 한다. 또 전사 통지를 받았으나 유골이 없는 경우는 가묘를 만들어 사진과 신주를

---

2) 국가는 전쟁이 야기한 커다란 환멸과 공포에 대한 국민들의 기억을 지우고, 그 대신 전쟁이 의미 있는 것이자 영광스러운 것으로 만들 필요가 있어 국립묘지를 만들게 된 것이다.

두었는데, 국립묘지가 건립되면서 국립묘지에 안장하게 되었다(지영임, 2004: 489).

그런가 하면 1956년 이후에 가매장되었던 전사자를 국립묘지에 안장하기 시작했고, 미처 수습되지 않은 전사자는 지금도 가매장지역을 발굴해 유골을 수습하여 국립묘지에 안장하고 있다. 1960년대와 2000년대의 의례 절차에 약간의 차이가 있을 수는 있지만 의례의 본령에서 크게 벗어나지 않을 것으로 짐작된다.

전사자 죽음 처리의 안장 절차는 크게 추모의례와 매장의례 그리고 가정의례로 구성되어있다.3) 추모의례의 절차를 보면, ① 개식, ② 영현(英顯)에 대한 경례, ③ 불교와 기독교 그리고 천주교 중심의 종교의식, ④ 헌화, ⑤ 분향, ⑥ 조총, ⑦ 묵념, ⑧ 폐식으로 진행된다. 전사자의 넋을 영현이라 함은 국가와 민족에 의해 전사자를 숭배 대상으로 신격화하는 데서 비롯되는 것으로 보인다. 전사자는 풍족한 삶과 죽음을 가지지 못했기 때문에 원혼이다. 그런데 원혼인 전사자의 넋을 영현이라 경칭하는 것은 전사자의 넋을 자연인의 넋과 차별화시킬 필요가 있고, 국가 이념을 정당화하고 국가의 권위를 확인하는 국가의례(조현범, 2000)의 대상으로 삼기 위해서이다.

매장의례는 ① 영현 봉송, ② 하관, ③ 허토, ④ 성분의 순서로 진행된다. 현충관에서 묘소로의 영현 봉송은 군악대가 연주하고 의장대가 선도하여 이루어진다. 영현의 신체는 전사자를 화장하여 가로, 세로, 높이 21cm인 유골함에 넣는 것인데, 한국전쟁이 끝난 후 국가에서 가매장한 전사자는 대부분 화장하여 봉안관에 모셔두었다가 현충관에서 안장식을 치른 다음에 국립묘지에 안장했다. 그러나 최근에 가매장한 곳을 발굴하

---

3) 국립현충원에서 거행되고 있는 전사자 안장절차의 내용은 국립 대전현충원에 근무하고 있는 류재완 씨의 구술 내용을 토대로 정리한 것임을 밝혀둔다.

여 수습된 유골은 유골함에 넣을 수 없는 경우 화장하고, 유골의 양이 많지 않는 경우는 수습된 유골을 그대로 유골함에 안치하여 안장하고 있다. 유골함에 전사자의 유골을 반드시 화장해서 안치해야만 하는 것은 아님을 알 수 있다.

추모의례와 매장의례가 국가에 의해서 거행되는 죽음 처리방식이라면, 가정의례는 국가의례와는 별도로 가족에 의해서 거행되는 의례이다. 가정의례는 전사자의 영정이나 제사 음식, 돗자리, 꽃 등을 준비하여 진행된다. 의례의 내용은 전사자 가족의 종교에 따라 다르기도 하는데, 목사나 신부, 스님을 모시고 가족 중심의 종교의례를 거행하기도 하고, 혹은 유교적인 제사 절차에 따라 거행하기도 한다.

이와 같이 국립 현충원에서 거행되는 추모의례와 매장의례가 자연인으로서의 죽음을 영현으로 바꾸는 의례라고 한다면, 가정의례는 자연인으로서의 원혼을 조상으로 바꾸는 의례라 할 수 있다.

2) 기억되는 죽음의 신격화와 기억화

전사자의 죽음은 국가의 요구에 따라 신격화되는데, 성역화된 국립묘지가 국가의 안녕과 발전을 수호하는 호국신들의 공간이라면, 전사자들의 신격화 작업은 이 공간에 조형물을 세우면서 구체화된다. 조형물은 다름 아닌 현충탑, 충혼승천상, 기념비 등이다. 현충탑은 30m 높이의 오벨리스크 형태를 취하고 있고 그 하단부 탑 내부에는 시신을 찾지 못한 전사자들을 위한 위패봉안관이 있다. 그리고 석벽의 양 끝에는 애국투사상이라는 군상과 호국영웅상이라는 군상이 세워져있다(김종엽, 1991: 194~195). 충혼승천상은 조국과 겨레의 무한한 영광과 발전의 토대를 이룬 순국선열과 호국영령들의 숭고하고 거룩한 삶이 영원한 안식에 이르기를 기원하는 탑이다. 충혼탑이 전사자들의 넋을 숭고하고 거룩한 호국신으로 승화시킨 탑이라면, 충혼승천상은 전사자들의 넋을 안식처인 사후세계로 천도하는 천도의례적인 의미를 지닌 탑이라 할 수 있다.

국가에 의해서 이루어진 전사자들의 신격화는 민족의 애국애족 정신을 선양하기 위한 기억화로 발전되기도 한다. 기억화는 전쟁기억의 재현이라 할 수 있는 현충선양사업을 통해서 이루어진다. 민족 수난의 역사와 영령들의 활동상 및 국난 극복의 정신이 담긴 영화나 사진, 유품 등을 수집하여 전시하거나 개발하여 참배자들, 특히 청소년들에게 관람시키고, 관람을 통해 느끼고 다짐한 사항들을 호국 문예백일장을 통해 우수한 작품을 선정하여 홍보함으로써 공감대를 확산시켜나간다. 그리고 그 밖에도 영화관과 사진관 및 유품전시관을 운영하고 경내 방송이나 성역 가꾸기, 봉사활동 등을 통하여 영령들의 위훈과 애국애족 정신을 선양하도록 하고 있다.

이처럼 전사자들의 기억화와 전쟁기억의 재현을 위한 추모비를 세우기도 한다. 함평 양민학살의 발화는 김추길과 송기봉 일병이 전사하면서 시작되었다고 볼 수 있다. 제5중대 병력은 12월 2일 아침 24호 국도를 따라 삼서면 쪽으로 전진할 무렵 월야면 계림리 시목마을 앞 속칭 한새들녘 앞쪽에 이르렀을 때 시목마을 뒷동산에 은거하고 있던 빨치산의 공격을 받아 일대 교전이 벌어졌다. 이 교전에서 두 명의 병사가 전사하게 된다.4) 교전은 3일에 이어 4일까지 지속되었는데 빨치산이 전사한 병사의 시체에서 군복과 무장을 모두 수거해 갔을 뿐만 아니라 시체를 끔찍하게 난도질한 데에 대한 보복 차원에서 연 3일 동안 같은 장소에서 전투가 벌어졌다(김영택, 2001: 72~73).

---

4) 12월 5일 제5중대 권준옥 중대장 이하 장병들은 3일 전사한 두 사병의 시신을 해보초등학교 교정에 마련된 장작더미 위에 올려놓고 화장하는 절차를 밟았다. (김영택, 2001: 73).

이 전투에서 희생한 김추길과 송기봉의 전사를 추모하기 위해 2000년 12월 2일 전사 현장인 시목마을 앞 한새들에 '국군 김추길·송기봉 전사비'를 함평양민학살사건 희생자 유가족회의에서 건립했다. 전사자 추모비가 국가가 아닌 국가로부터 피해를 받은 양민학살사건 희생자 유가족회의에 의해 건립되었다는 것은 전사자의 기억화를 통해서 양민과 군인 간의 화해를, 즉 국민과 국가 간의 화해를 도모코자 함이다. 그러면서도 그 당시의 전쟁과 학살 기억을 재현하는 것이다.

결국 기억되는 죽음인 전사자는 국가 주도의 죽음 처리 절차에 따라 신격화되고, 신격화된 전사자들의 영령은 국민에 의해 기억되면서 국가 발전에 이바지하는 국가적 이념으로 자리하게 된다. 이처럼 기억되는 죽음은 신격화를 통해 기억화되고 있음을 알 수 있다.

4. 기억되지 않는 죽음의 처리방식과 역사적 재현

1) 기억되지 않는 죽음의 처리방식

기억되지 않는 죽음이란 국가의 요구에 의해 희생당한 죽음이 아니라 좌우익의 이념적 대립에 의해 희생당했거나, 무고하게 국가폭력으로부터 희생당한 죽음이다. 특히 그중에서도 국가폭력에 의해 희생당한 죽음이야말로 재현되는 것이 꺼려졌을 것이다. 이 죽음은 국가로부터 의미를 부여받기커녕 자연인의 죽음에 불과하며, 도리어 부정적이고 왜곡된 죽음으로 취급되는 경우가 많았다. 전쟁이 끝난 뒤 유신정권까지만 해도 희생당한 양민 가족들은 모두 좌익 세력으로 취급되어 감시의 대상이 되기도 했다.

함평양민학살사건에 의해 희생당한 죽음은 기억되지 않고 묻혀있던 죽음이다. 함평양민학살사건의 인명피해 상황을 보면, 1950년 12월 6일 월야면 정산리 장교, 동촌마을에서 양민 70여 명, 12월 7일 월야면 월악리 지변, 내동, 성주마을과 월야리 동산, 괴정, 송계, 순촌마을 사람들이 남산뫼에서 200여 명, 12월 9일 월야면 외치리에서 18명, 12월 31일 해보면 상곡리 모평마을에서 60여 명이 학살되었다. 그리고 1951년 1월 12일 해보면 상곡리에서 70여 명, 1월 14일에 나산면 우치리에서 36명이 학살되었는데(정근욱, 2001: 87), 하나같이 이들 모든 죽음이 기억되지 않고 묻혀있었던 것이다.

이와 같은 죽음은 학살과정 속에서 잔혹하게 처리되기도 했다. 1951년 1월 12일 해보면 대창리 주민들에게도 면소재지로 피난 가도록 한 후 피난 대열에 총을 난사하여 무차별 학살을 하였으며, 이를 은폐하기 위해 죽은 자들을 쌍구룡 도로변의 들샘에 수장시키는 잔인한 방법을 사용하기도 했다(사단법인 함평사건희생자유족회, 2001: 102).

그렇지만 대체로 학살에 따른 죽음의 처리는 희생자 가족들이나 마을사람들에 의해 은밀하게 이루어지는 경우가 많았고, 정상적인 절차에 의해 진행되는 경우는 그리 많지 않았다. 이들 죽음의 처리는 가족이나 부녀자 혹은 노인들에 의해서 이루어졌다. 가령 이상문에 의하면 쌍구령 마을에서는 학살당한 30여 명의 시체가 그대로 묻혀버려 거름이 되었는지 보리가 유난히도 잘 피었으며, 잎에는 죽은 피가 흐르고 있는 것 같았다고도 한다.5) 함평군 월야면 동촌마을 곽상일의 증언에 의하면, 진다리 마을에서 100명 가운데 노인 30여 명을 가려내고 그대로 총을 쏴 60여 명이 죽어 논이 시체로 뒤덮여 있었는데, 시체들은 며칠 동안 방치되어있다가 후에 해보면 문장리에서 돌아온 노인네들과 부녀자들이 묻어주었다고 한다. 그런가 하면 월곡 마을에서 17명이 희생당했는

---

5) ≪한국일보≫, 1960년 5월 21일 기사.

데 주민들은 해보면 금덕리로 소개하라는 바람에 모두 떠나 마을은 텅 비어있었고, 시체들은 며칠 동안 방치되어있었으나 후에 노인네들이 돌아와 묻어주었다고 한다(김영택, 2001: 97).

이처럼 부녀자들과 노인들에 의해서 은밀하게 희생자들의 죽음이 처리되었는데, 희생자를 가매장해두었다가 적당한 시기에 장례 절차에 따라 죽음을 처리하는 경우도 있었다. 나산면 우치마을에서도 20여 명의 희생자가 있었는데, 증언자인 이오섭 씨에 의하면 어머니 시신을 학살된 곳의 바로 옆 밭에 가매장해두었다가 얼마 후에 다시 시신을 수습하여 정식 장례 절차를 밟아 매장했다고 한다(김영택, 2001: 136). 당시는 서슬이 퍼런 분위기여서 희생자의 죽음을 유교적인 장례 절차에 의해 처리한다는 것이 쉽지 않았다. 그래서 자기 가족이나 인척의 시체만 찾아서 매장했고, 일가족 몰살로 연고자가 없는 시체나 처녀 총각으로 희생된 시체들은 학살현장에 매장해두었다가 나중에 다른 곳으로 이장한 경우가 많았다(김영택, 2001: 176).

희생자의 유골을 수습하지 못하는 경우는 유교적인 죽음 처리 절차에 따라 거행하지 못하고 가묘(假墓)를 만들어 씻김굿으로 원혼을 위무하기도 했다. 예를 들면, 2남 1녀를 남겨둔 정덕기 씨는 불갑산에서 학살당했지만 시신을 찾지 못하자 불갑산에서 혼맞이굿을 하고 신주를 모셔와 월악산 선산에 가묘를 만들어 제사를 모셔오고 있다(표인주, 2003: 159).

이처럼 희생자들의 죽음은 미혼자인 경우 약식으로 처리되었거나 전통적인 장례 절차인 망자에 대한 의례는 생략하고 매장의례만으로 처리되었다. 그나마 희생자 가운데 제사를 지내줄 후사가 있는 경우는 망자의례와 매장의례를 혼맞이굿으로 대체하고 조상숭배의례를 거행하기도 했다.

2) 기억되지 않는 죽음의 기억화와 신격화

국가폭력에 의해 무고하게 학살된 희생자의 죽음이 기억되지 않았던 데는 희생자들에 대한 왜곡된 인식이 크게 작용했고, 당시의 정치·사회·문화적 요인도 적지 않게 작용했다. 희생자들이 좌익 세력으로 취급되었던 것은 살아남은 가족들에게는 삶의 족쇄일 수밖에 없었다. 1990년 이후 국가의 민주화가 진전되고 과거사를 규명하려는 사회적 분위기와 더불어, 전남 함평에서는 함평양민학살사건 진상규명 준비위원회를 결성하여 함평양민학살사건6)의 재현과 기억화 작업이 본격적으로 시작된다. 즉, 1993년 8월에 함평양민학살사건 진상규명 준비위원회를 결성하고 지역별 조사 책임자를 지정하여 본격적으로 조사에 착수하게 되었고, 11월 22일에는 함평 월야면 면사무소에서 유족회 총회를 개최하여 정남진을 유족 대표로 선출함은 물론 8개 마을 대표를 선출했다. 그리고 12월 27일에 월야면 월악리 지변마을 광장(팔열부정각 앞)에서 위령제를 봉행키로 결정했다.

함평양민학살사건 기억화의 본격화는 1995년 12월 15일에 함평양민학살사건 희생자 명예회복유족회가 발족되면서이다. 유족회는 2년 임기의 임원진을 선출했는데, 회장에 정남진, 부회장에 박용원·이계준·곽상태, 지도위원에 정충섭·정진재·정기정·윤득중, 집행위원에 곽상태·노병량·이계백·정영신·정윤철·정재홍··이종철·정신상, 총무에 노병량, 부총무에 정영신·정윤철·윤종형, 서무에 정재홍, 재무에 윤득중을 선출했다.

함평양민학살사건 기억의 재현은 단순히 유족회만이 아닌 행정기관과 의회기관이라고 하는 지역정치단체와 연계되면서 구체화되기 시작

---

6) 함평양민학살사건 기억의 재현을 위한 유족회, 지자체 등의 활동에 관한 내용은 정근욱이 정리한 앞의 글(2001: 88~98)을 참조하였음을 밝혀둔다.

한다. 예컨대 1996년 6월 1일에는 민선 군수 정원강의 특별 지시로 피해자 및 유족을 파악하여 명예회복을 강력하게 추진하기 위해 군 정책개발 담당관실을 업무전담부서로 지정하였다. 그래서 각종 자료를 수집하여 언론에 적극적으로 홍보하고, 국회 행정위원장과 국무총리, 내무부장관을 방문하여 면담하고 법적 명예회복을 요청했다.

또한 함평군의회에서는 1996년 12월 28일에 제46회 함평군의회 정기회에서 함평양민학살 진상조사특위를 구성하고 위원장에 윤표 의원, 간사에 이재화 의원 등 6명의 군의원을 선출하여 1년(1996.12.29.~1997.12.29.) 동안 집단학살지 답사, 희생자와 유족 실태조사, 국회와 정부에 명예회복을 위한 군의회 명의 건의서 제출 및 방문 등을 실시하고 건의, 진상에 관한 내용을 책으로 발간하는 활동을 하였다.

이와 같이 함평양민학살사건 기억의 재현을 통한 기억화 작업이 함평양민학살사건 희생자 명예회복유족회의 주도로 이루어지기 시작했으며, 1998년 9월 21일에 사단법인 함평사건희생자유족회가 설립되어 2000년 6월 22일에 유족회 소식지를 발간하고 유족들에게 발송하면서 기억화 작업이 본격화되었음을 알 수 있다. 아울러 기억화의 체계화는 2001년 12월 4일에 함평양민학살 학술대회를 개최하면서 다양한 각도에서 조망하게 된다. 학술대회의 내용을 보면, 남북 분단과 한국전쟁, 한국전쟁과 함평양민학살, 함평양민학살 취재 보도문, 남산뫼 학살현장 증언 등으로 구성되어있어, 기억화 작업은 역사적, 정치적, 전쟁사적 의미를 지니게 되었다.

함평양민학살사건은 단순히 기억화 작업으로만 머무는 것이 아니라 신격화 혹은 성역화 사업으로 전개되는데, 그것은 사단법인 함평사건희생자유족회가 2001년 3월 7일에 군의 행정 관계자들에게 위령사업 부지 매입을 촉구하면서 시작된다. 더군다나 1993년 11월 27일 희생자들을 위한 제1회 합동위령제 봉행을 시작으로 2004년 제12회 합동위령제를 봉행하기까지 희생자들을 위한 신격화 작업은 지속되어왔다. 특히 1996년에 함평군의 합동위령제를 위한 재정적 지원(1,000만 원)이 이루어지면서 합동위령제가 유가족뿐만이 아니라 어느 정도 지역 중심으로 이루어지기 시작했다.

일련의 이와 같은 기억화 작업은 유가족으로 구성된 유족회가 중심이 되어 진행되어왔고, 희생자들의 신격화 작업은 유족회는 물론 지역의 행정 및 정치단체, 교육단체에 의해서 이루어져왔다. 다시 말하면 학살사건 기억의 재현에서는 유가족이 중심이 되었다면, 신격화 작업은 지역정치 및 교육단체에 의해서 이루어진 것이다. 결국 기억되지 않는 죽음은 학살의 재현을 통해 함평사건희생자유족회에 의해 기억화되고, 기억화를 통해 신격화되고 있음을 알 수 있다.

5. 원혼을 위무하는 의례의 구조와 의미

1) 원혼을 위무하는 의례의 양상

종교적 관념과 신앙체계가 일정한 행위의 양식을 통하여 표현되는 의례는 공동 참여를 통하여 공동운명체로서의 일체감을 강화하는 기능을 수행한다. 이러한 의례에는 성격과 형태에 있어서 사회마다 각기 다른 양상을 띠고 있다(한상복 외, 1985: 279). 노래나 축언, 기도들이 동원되어 상징화되어있는 것이 의례이기 때문에, 이것들을 통해서 사회적 관심이나 사회적 가치관을 파악할 수 있다. 한국전쟁으로 희생당한 원혼을 위무하는 의례는 국가나 지역의 이념 혹은 개인적인 가치가 반영되어있다 하겠는데, 현충일의 추모식과 합동위령제 그리고 가족 중심으로 거행되는 기제사가 그것이다.

(1) 현충일 추모식과 합동위령제

기억되는 죽음을 위무하기 위한 대표적인 의례는 현충일의 추모식이다. 현충일[7]은 호국영령의 명복을 빌고 전몰장병의 숭고한 호국정신과 위훈을 추모하는 행사이다. 1956년 4월 대통령령 제1145호로 「관공서 공휴일에 관한 건」을 개정하여 매년 6월 6일을 현충기념일로 지정하여 공휴일로 하고 기념행사를 가지도록 하였는 바, 현충기념일은 통상적으로 현충일로 불리다가 1975년 12월 「관공서 공휴일에 관한 규정」이 개정되어 공식적으로 현충일로 개칭되었다.

현충일의 추모식은 국가 주도로 거행되기도 하고 지자체 혹은 교육기관에 의해서 거행되기도 한다. 현충일 아침에는 호국영령들을 추모하는 의미에서 각 가정이나 행정 및 교육 기관에서는 반기(半旗)를 게양하고, 당일 아침 10시에는 호국영령과 순국선열의 넋을 위로하는 묵념을 하고, 국립 현충원, 국립묘지, 전쟁기념관, 독립기념관 등 위령을 모신 곳을 방문하여 헌화하는 의식을 거행한다.

국가보훈처에서 주관하고 국립묘지 현충문 앞 광장에서 거행된 제49회 현충일 추모식[8]에는 독립유공자 유족, 전몰 군경 유족, 3부 및 헌법기관의 주요 인사, 6·25 참전국 외교사절, 각계 대표, 공무원, 학생 등 약 5,000여 명이 참석했다. 추모식은 ① 개식, ② 국기에 대한 경례, ③ 애국가 제창, ④ 순국선열 및 호국영령에 대한 묵념, ⑤ 헌화 및 분향, ⑥ 대통령의 추념사, ⑦ 헌시 낭송, ⑧ 현충의 노래 제창, ⑨ 폐식으로 진행된다. 그리고 학교에서 거행되는 현충일 추모식순은 ① 개식사, ② 국민의례,

---

7) 현충일은 전몰장병 중심으로 추모식이 거행되어왔으나, 1965년에 국군묘지에서 국립묘지로 승격되고 나서 전사자와 순국선열을 모시게 되면서 한국전쟁에 참전한 전몰장병에 대한 추모뿐만 아니라 순국선열의 항일민족정신을 계승하여 선열의 정신과 업적을 기념하는 날이 되었다(지영임, 2003: 597~607).
8) 국가보훈처 홈페이지에서 인용.

③ 애국가 제창, ④ 묵념, ⑤ 헌화와 분향, ⑥ 학교장 추념사, ⑦ 순국선열들에게 올리는 글, ⑧ 현충일 노래 제창, ⑨ 폐식사로 진행된다. 아울러 각 시장·군수 등 지방자치단체장 주관으로 거행되는 현충일 추모식도 국가보훈처가 주관하는 중앙행사에 준하여 지역 실정에 맞추어 거행하고 있다.

현충일 추모식은 행정기관 및 교육기관이 주도적으로 관여하고 있으며, 추모식의 핵심적인 내용은 묵념, 헌화와 분향, 추념사, 헌시 낭송이라 할 수 있다. 묵념은 호국영령들의 활약을 재현하는 것이며, 헌화와 분향은 호국영령들의 강신을 위한 절차이고, 추념사는 국가가 추구하는 가치 부여와 국가적 이념의 구현을 위한 절차이다. 그리고 헌시 낭송은 국민의 염원을 담아 전달하기 위한 기도문이라고 의례적 절차를 의미화시켜볼 수 있다.

기억되지 않은 죽음을 위한 위무행사는 함평사건희생자유족회와 함평군 행정기관이 주도하는 합동위령제이다. 함평양민학살 위령제는 1993년 11월 27일(제1회)에 희생자가 가장 많이 발생한 월야면 월악리 팔열부정려각 앞에서 유족 100여 명이 참석하여 처음으로 거행되었다. 제2회까지 팔열부정려각이 있는 못갓마을 앞에서 위령제를 지냈는데, 이 마을에 인명사고가 빈발하자 그 원인을 위령제 탓으로 돌리는 주민이 있었다. 그래서 제3회부터는 학살이 자행되었던 마을을 순회하면서 위령제를 거행하자는 의견에 따라 1995년 11월 27일 월야면 정산리 동촌마을 회관 앞 광장에서 위령제를 모셨다.

위령제9)의 의례적인 내용을 보면 크게 전통제례, 종교의례, 추모식으

---

9) 2000년 12월 6일에 월야초등학교 다목적교실에서 (사)함평사건희생자유족회가 주관하고 함평군과 함평군의회가 후원해서 봉행된 제8회 합동위령제 및 추모식의 기준임을 밝혀둔다.

로 구성되어있다. 전통제례는 유교식 제의 내용을 가지고 있는 마을 신앙과 마찬가지로 유교적 절차에 의해 제사가 거행된다. 제관은 수헌관, 아헌관, 종헌관, 축관, 집례, 집사로 구성되어있고 주로 유족회 임원들이 제관을 맡아서 하고 있으며, 수헌관과 아헌관은 군수와 군의회 의장이 제관이 되고 있다. 1997년에 만들어진 축문 내용은 다음과 같다.

> <위령제 축문>
>
> 세월은 어느덧 서기 1997년 정축 11월 27일 경인난중(庚寅亂中)에 억울하게 돌아가신 영가(靈駕)들에게 유족을 대표하여 감히 고하나이다.
> 아, 슬프도다.
> 영가들께서 세간 인연 여의온 지 어언 47년. 해와 달이 빛을 잃고 천지가 제자리를 잃었나이다. 그토록 밝으신 모습 찾을 길 없고 맑으신 음성 멀리 여의오니 저희들의 적막한 심정을 무엇으로 비유하오리까? 하늘을 우러르고 땅을 치며 스스로 마음 가눌 길 잃었나이다. 영가의 육신은 비록 멸하였다 하나 영가의 체신(體身)은 멸함이 없이 당당한 법신(法身)이 항상 머물고 맑고 밝은 한 마음은 만고에 태평하시어 영원토록 임하시리라.
> 바라옵건대 극락세계에 왕생하시고 대자재무량공덕(大自在無量功德)을 이룩하시며 이 땅의 인연 버리지 마시옵고 찬란한 빛으로 돌아오시어 여러 중생을 제도하는 큰 뜻을 거듭 밝혀주옵소서.
> 맑은 술과 포과(脯果)로써 영전에 올리오니 기쁜 마음으로 흠향하시옵기 바라옵니다.

위의 축문은 한글과 한문이 혼용된 기제사 제문의 성격을 지니고 있는데, 원혼을 달래면서 신격으로 승화시키고 신격에게 제물을 올리는 내용으로 구성되어있다.

전통제례가 끝난 뒤 종교의례가 거행되는데, 1996년 11월 27일에 봉행된 위령제에서는 불교, 기독교, 천주교 각각의 사제자들이 종교의례를 거행했다. 그리고 2000년 12월 6일에 봉행된 제8회 위령제에선 월계리 보림정사 스님이 종교의례를 거행했으나 모두 천도의례적인 성격이 강하다. 그리고 위령제의 맨 마지막으로 거행되는 추모식은 ① 개식, ② 국민의례, ③ 추모사, ④ 감사패 증정, ⑤ 유족회장 인사, ⑥ 참석자 전원의 헌화, ⑦ 폐식의 순으로 진행되고, 유족들과 지역주민들이 하나 되는 의례적 행사이다.

따라서 위령제는 학살로 희생당한 원혼들의 해원을 위한 의례적 장치로써 신앙적이며 천도의례적인 성격을 지니고 있고, 지역주민들의 일체감을 형성하는 공동체적인 의미를 지니고 있다 하겠다.

(2) 가족 중심의 의례
현충일의 추모식이나 합동위령제는 원혼의 해원을 위한 국가나 지역 단위의 의례적 장치이지만, 가족 중심으로 의례가 진행되기도 한다. 국가나 지역에서는 기억되는 죽음과 기억되지 않는 죽음으로 구분하여 의례가 거행되고 있는데, 이것은 정치적, 사회적 이념과 밀접한 관련이 있다. 기억되는 죽음은 국가 이념의 강화 수단으로 활용되고, 기억되지 않는 죽음은 왜곡되어있는 까닭에, 묻혀있는 죽음으로써 진실을 밝히기 위한 수단으로 활용되고 있다.

그렇지만 가정에서는 기억되는 죽음과 기억되지 않는 죽음으로 구분하지 않고 도리어 기혼자와 미혼자로 구분하여 제사를 지내고 있다. 물론 제사의 성격도 다르다. 기혼한 전사자나 희생자는 객사이기 때문에 그 죽음의 형태로 보아 원혼의 범주에 속하지만, 모시는 사람이 있는 경우는 원혼으로서가 아니라 조상으로 제사를 받들고 있다. 심지어는 제삿날에 공개적으로 씻김굿을 하기도 한다.[10] 이들 가운데 기억되는 죽음은

국가 수호신으로서 주로 국립묘지에 안장되어있고, 기억되지 않는 죽음
은 조상신으로서 선산에 안장되어있다.
　미혼자인 경우는 씻김굿이나 오구굿 등 무속적인 방식을 활용하여 원
혼을 조령으로 승화시켜 제사를 지내기도 한다. 미혼자의 경우도 기억
되는 죽음인 경우는 사고사를 당한 다른 여자와 무속적인 방법으로 사
후 혼인을 시키고 그 영혼들을 절에 안치하며, 현충일이 되면 제사음식
을 준비해서 국립묘지에서 제사를 지내기도 한다(지영임, 2004: 494).
　하지만 미혼이고 기억되지 않는 죽음인 경우는 부모가 약식으로 제사
를 지내거나 가족 몰래 은밀하게 이루어지는 경우가 많다. 예컨대 함평
군 월야면 못갓마을 임옥례(여, 96세) 씨의 구술에 의하면, 본인의 큰아들
이 한국전쟁 당시 대학생으로서 혼인을 한 상태에서 희생당했다. 그 아
들에게 제사지내줄 후손이 없는 관계로 어머니가 월성사 절에 신주를
봉안하여 해원을 해주었고, 그 절이 폐사되자 신주를 집으로 봉안하여
음력 10월 27일에 간단한 음식상에 술 대신 물을 올려놓고 어머니 혼자
서 제사를 지내주었다. 그리고 함평군 월야면 월야리 괴정마을 김곤례
(여, 75세) 씨의 구술에서도 보면, 당시 서당에 다녔던 시동생이 남산뫼에
서 희생당하자 시어머니께서 둘째 아들의 원혼을 달래기 위해 설날과
추석에 간단한 음식을 준비해가지고 학살당했던 현장에 가족 몰래 다녀
오곤 했다고 한다. 이처럼 미혼인 경우는 떳떳하게 의례적인 대접을 받
지 못하는 경우가 일반적이다.

2) 의례의 이중적 구조와 역사문화 재현으로써의 의미

　한국전쟁으로 인한 희생자를 위무하는 의례는 이중적으로 거행된다.

---

10) 곽상일 씨의 구술에 의하면, 한국전쟁 이후에 동촌마을에서는 당골네가 집집마
다 돌아다니며 제사 때 굿을 많이 했다고 한다.

우선, 기억되는 죽음은 국립묘지에서 현충일의 추모식으로, 기억되지 않는 죽음은 학살현장에서 합동위령제로 거행되고, 두 번째로 기억되는 죽음이든 그렇지 않든 간에 가족 중심으로 거행되는 기제사가 그것이다.

현충일 추모식은 국가가 중심이 되고, 합동위령제는 함평이라고 하는 지역이 주관하여 원혼을 위무하는 의례이다. 현충일의 추모식이나 합동위령제에서는 희생자의 연령에 따라 의례 내용이 다르지 않고, 혼인을 한 자와 하지 않은 자를 구분하여 의례를 거행하지도 않으며, 제사 지내줄 후손이 있는 자는 제외하고 후손이 없는 자만 공동으로 의례를 거행하지도 않는다. 모든 원혼들은 동등한 입장에서 의례의 대상이 된다.

그렇지만 이와는 달리 가족 중심의 의례에서는 의례가 차별화되어 거행되고 있다. 예컨대 혼인하여 자식이 있는 경우는 조상신의 반열에 모셔놓고 기제사를 지내는 반면, 미혼인 경우는 집안의 중요한 의례를 거행할 때 간단한 음식을 차려놓고 제사를 지내주거나, 지노기굿, 씻김굿, 오구굿 등의 사령제를 통해 원혼적 속성이 강한 사령에서 조령으로 승격하여 조상신으로 모신 후(지영임, 2004: 482) 기제사를 지내준다.

이와 같이 현충일의 추모식이나 합동위령제는 단순히 희생자들의 넋을 위무하는 의례적 목적으로만 거행되는 것이 아니라 역사·문화 주인공으로서 재현하기 위한 문화행사라 할 수 있다. 전사자는 한국전쟁이라고 하는 역사적 사건과 연계되어 현충일의 추모식을 통해 재현되는 것이고, 희생자는 국방군에 의해서 자행되고 그동안 은폐되었던 양민학살이 합동위령제를 통해 재현되는 것이다. 그간 한국전쟁으로 인한 전사자를 죽음의 의미를 통해 역사화하는 작업이 끊임없이 이루어져왔다. 그러나 국방군이나 경찰에 의해 자행되었던 반인륜적인 범죄적 행위에 따른 희생자는 한낱 자연인의 죽음으로 간주되어왔으며, 죽음의 이유에 대한 진실이 은폐되어왔다. 집단학살의 경우 유족이 남아있는 경우가 많지 않고 설사 유족이 남아있다 하더라도 피해 유가족이 노령인 경우가 대부분이었다. 또한 이농현상의 가속화로 인해 삶의 환경이 바뀌고 유가족 당사자에 의한 직접적인 문제 제기가 이루어지지 않아 은폐되었고, 특히 당시 반공 이데올로기라는 사회적 분위기로 인해 은폐되어 왔다.

현충일의 추모식이 한국전쟁과 관련된 역사적 재현으로써 국가 이념을 구현하고 국가적 가치를 추구하기 위한 수단으로써의 의미를 지닌다면, 합동위령제는 그야말로 학살의 재현을 통해 진실을 밝히고자 하는 역사 바로 세우기의 의미를 지닌다. 역사 바로 세우기를 통해 국가의 도덕성을 회복할 수 있고 사회의 건강성을 되찾을 수 있다.

대량학살(genocide)은 인간을 동물로 전락시키는 대표적인 사례로써, 인간이 얼마나 인간에 대해 잔인해질 수 있는지, 인간이 얼마나 야만적일 수 있는지를 보여주는 반인권적인 행위이다. 한국전쟁이 끝난 지도 벌써 반세기가 지났으나 아직까지 그 원혼들은 구천을 떠다니면서 안착을 못하고 있고, 살아남은 유가족 역시 사무치는 원한을 가슴에 안은 채 쌓이고 쌓인 한을 풀지 못하고 있기 때문에 왜곡된 것을 바로잡는 일이 중요하다. 그것은 궁극적으로 비극적인 역사를 되풀이해서는 안 된다는 생생한 교육적 가치의 구현이 될 것이다.

6. 죽음의 처리방식과 기억화, 의례화의 이중성

지금까지 논의되었던 것을 요약하여 정리함으로써 맺음말을 갈음하고자 한다. 먼저 한국 전통사회에서의 죽음 처리방식을 통해서 혼의 유형과 죽음관, 영혼과 원혼의 죽음 처리방식, 죽음 처리방식의 이중성을 이해할 수 있다. 인간은 혼과 백으로 구성되어있다. 혼은 다시 영혼과 원혼으로 구분되는데, 영혼이 되기 위해서는 최소한 풍족한 삶과 죽음,

그리고 신원증명이 확실해야 한다는 두 가지 조건을 충족시켜야 한다. 그중 한 가지라도 결핍되어 있는 혼은 원혼이다. 인간이 죽어서 가는 곳이 사후세계이다. 사후세계는 다름 아닌 미지의 세계이고, 저승의 세계, 인간 생명 원향(原鄕)의 세계이니 인간은 원향의 세계에서 왔다가 다시 원향의 세계로 돌아간다. 여기서 전통적인 죽음 처리방식은 망자가 영혼적 속성을 가지고 있느냐 아니면 원혼적 속성을 가지고 있느냐에 따라 다르다. 영혼적 속성을 가진 죽음은 망자의례와 조상숭배의례 중심으로 유교의 상장례 절차에 따라 처리되지만, 원혼적 자질을 가진 죽음은 유교적인 장례 절차에 따르지 않는다. 죽음의 처리방식도 대부분 조상숭배의례가 아닌 단순히 망자의례에 집중되고 있다. 이처럼 죽음 처리방식이 영혼이든 원혼이든 모두 이중적인 모습을 지니고 있는데, 일차장은 망자의례, 이차장은 조상숭배의례가 중심이 되고 있다는 점에서 이중성을 지닌다. 그리고 영혼뿐만 아니라 원혼적 자질을 가진 죽음 처리방식도 이중성을 지닌다. 일차장은 망자의례로 치르고, 이차장은 생략되어 있을지라도 일차장을 한 연후 적당한 시기에 씻김굿을 하여 망자의 원혼을 천도한다든가, 국가에서 수륙제나 여제를 지내어 원혼들을 달래는 진혼의례가 그것이다.

둘째, 기억되는 죽음의 처리방식, 신격화, 기억화를 통해서 기억되는 죽음의 처리방식의 실태, 기억되는 죽음의 신격화와 기억화 과정을 이해할 수 있다. 기억되는 죽음이라 함은 국가를 위해 희생한 전사자들의 죽음이 대부분으로, 국가와 민족이 기억해주어야 할 죽음이다. 기억되는 죽음의 처리 절차는 크게 추모의례와 매장의례 그리고 가정의례로 구성되어있다. 추모의례와 매장의례는 개인의 자연인으로서의 죽음을 영현으로 바꾸는 의례라고 한다면, 가정의례는 자연인으로서의 원혼을 조상으로 바꾸는 의례라 할 수 있다. 매장 후 기억되는 죽음은 국가의 요구에 따라 신격화되는데, 성역화된 국립묘지가 국가의 안녕과 발전을 수

호하는 호국신들의 공간이라면, 전사자들의 신격화 작업은 이 공간에 조형물을 세우면서 구체화된다. 국가에 의해서 이루어진 전사자들의 신격화는 민족의 애국애족 정신을 선양하기 위한 기억화로 발전되기도 한다. 기억화는 전쟁기억의 재현이라 할 수 있는 현충선양사업을 통해서 이루어진다. 이와 같이 기억되는 죽음은 국가 주도의 죽음 처리 절차에 따라 신격화되고, 신격화된 전사자들의 영령은 국민에 의해 기억되면서 국가 발전에 이바지하는 국가적 이념으로 기억화된다.

셋째, 기억되지 않는 죽음의 처리방식, 신격화, 기억화를 통해서 기억되지 않는 죽음의 처리방식의 실태, 기억되지 않는 죽음의 신격화와 기억화 과정을 이해할 수 있다. 함평양민학살사건에 의해 희생당한 죽음처럼, 기억되지 않는 죽음의 처리는 희생자 가족들이나 마을 사람들에 의해 은밀하게 이루어지는 경우가 많았고 유교적인 절차에 의해 진행되는 경우는 그리 많지 않았다. 그나마 기혼자인 경우는 유교적인 장례 절차에 따라 죽음이 처리되기도 하지만, 미혼자인 경우는 약식으로 처리되었거나 전통적인 장례 절차인 망자에 대한 의례는 생략하고 매장의례만으로 처리되었다. 그 후 기억되지 않는 죽음의 기억화 작업은 유가족으로 구성된 유족회가 중심이 되어 진행되어왔고, 희생자들의 신격화 작업은 유가족회는 물론 지역의 행정 및 정치단체, 교육단체에 의해서 이루어져왔다. 즉, 학살사건 기억의 재현에는 유가족이 중심이 되었다면, 신격화 작업은 지역정치 및 교육단체에 의해서 이루어진 것이다.

넷째, 원혼을 위무하는 의례의 구조와 의미를 통해서 원혼을 위무하는 의례의 양상, 의례의 이중적 구조와 역사·문화 재현으로써의 의미를 이해할 수 있다. 기억되는 죽음을 위무하기 위한 대표적인 의례는 현충일의 추모식으로, 행정기관 및 교육기관이 주도적으로 관여하고 있으며, 추모식의 핵심적인 내용은 묵념, 헌화와 분향, 추념사, 헌시 낭송이라 할 수 있다. 그리고 기억되지 않는 죽음을 위한 위무행사는 함평사건희생자유족회와 함평군 행정기관이 주도하는 합동위령제로, 크게 전통제례, 종교의례, 추모식으로 구성되어있다. 이와 같이 현충일의 추모식이나 합동위령제는 원혼의 해원을 위한 국가나 지역 단위의 의례적 장치이지만, 가족 중심으로 의례가 진행되기도 한다. 가정에서는 기혼자와 미혼자로 구분하여 제사를 지내는데, 기혼자인 경우는 후손이 원혼으로서가 아니라 조상으로서 선산에 안장하여 제사를 받들고, 미혼자인 경우는 부모에 의해 약식으로 제사를 지내거나 가족 몰래 은밀하게 이루어지는 경우가 많다.

결국 한국전쟁으로 인한 희생자를 위무하는 의례는 이중적으로 거행된다. 먼저, 기억되는 죽음은 국립묘지에서 현충일의 추모식으로, 기억되지 않는 죽음은 학살현장에서 합동위령제로 거행되고, 두 번째로 기억되는 죽음이든 그렇지 않든 간에 가족 중심으로 거행되는 기제사가 그것이다. 이처럼 현충일의 추모식이나 합동위령제는 단순히 희생자들의 넋을 위무하는 의례적인 목적으로만 거행되는 것이 아니라 역사문화의 주인공으로서 재현을 위한 문화행사로 거행되기도 한다. 현충일의 추모식은 한국전쟁과 관련된 역사적 재현으로써 국가 이념을 구현하고 국가의 가치를 추구하기 위한 수단적 의미를 지니고, 합동위령제는 그야말로 민간인학살의 재현을 통해 진실을 밝히고자 하는 역사 바로 세우기의 의미를 지닌다.

■■■ 참고문헌

김시덕. 2000. 「상례, 누구를 위한 의례인가?」, 《민속학 연구》, 제7호. 국립민속박물관.
김영택. 2001. 『한국전쟁과 함평양민학살』. 사회문화원.
김종엽. 1999. 「동작동 국립묘지의 형성과 그 문화, 정치적 의미」, 『한국의 근대성과 전통의 변용』. 한국정신문화연구원.

사단법인 함평사건희생자유족회. 2001. 「함평사건의 개요」. 『함평양민학살 학술대회』. 사단법인 함평사건희생자유족회.
이욱. 2001. 「조선 전기 원혼을 위한 제사의 변화와 의미」. ≪종교문화연구≫, 제3호. 한신인문학연구소
이두현. 1973. 「장제와 연관된 무속연구」. ≪문화인류학≫, 제6집. 한국문화인류학회.
장철수. 1995. 『한국의 관혼상제』. 집문당.
정근욱. 2001. 「함평양민학살사건 종합일지」. 『함평양민학살 학술대회』. 사단법인 함평사건희생자유족회.
조현범. 2000. 「현대 한국의 국가의례에 관한 시론적 연구」. ≪종교연구≫, 제19호.
지영임. 2003. 「현충일의 창출과정」. ≪비교민속학≫, 제25집. 비교민속학회.
_____. 2004. 「한국 국립묘지의 전사자 제사에 관한 일 고찰」. ≪비교민속학≫, 제27집. 비교민속학회.
지춘상 외. 1998. 『남도민속학개설』. 태학사.
표인주. 2000. 『남도설화문화연구』. 민속원.
_____. 2003. 「전쟁경험과 공동체문화」. 『전쟁과 사람들』. 한울.
한경구·박경립. 1998. 「한국인의 죽음의 공간에 대한 건축인류학적 고찰」. 송현 이광규 교수 정년기념논총간행위원회 편. 『한국 인류학의 성과와 전망』. 집문당.
한상복. 1985. 『문화인류학개론』. 서울대출판부.
현용준. 1992. 『무속신화와 문헌신화』. 집문당.

찾아보기

ㄱ

가발사업 258
가부장제 171~172
가부장제 이데올로기 155, 160
가정의례 281, 282, 297
가족 해체 172
가족이산 253
가족제도 160
가족주의 16, 160
가족주의 이데올로기 173
각성바지 17
간접경험 180
갓봉전투 21
개인 생애사 145, 148
개인적 기억 179, 191
거제도 수용소 242
경찰 182
경찰예비대 183
계급 150
계엄령 182
계층 148, 153
고립된 기억 116, 129, 141
공덕비 54, 60
공동체 44~45, 54, 57, 72, 136, 293,
공산군 42
공산당 놈 42
공산주의 78
공식적 기억 115~116, 141, 164, 205
공적 기억 54, 145
공포 33
관동군 248
『광장』 240
교민회 265
교전국 240

교환 240
구례 184, 206
구르비츠 150
구술 61
구술사 146
구술사 면접 146
구술생애사 144~146, 149, 151~153,
  156, 173
구술자 15, 148
구술자료 40, 143, 146~147, 150,
  152, 180, 207
구술증언 144
국가권력 122, 125, 166, 183
국가기구 178
「국가보안법」 182, 190, 192
국가의례 281
국가폭력 236, 284
국민보도연맹 151, 161, 167
국민의 정부 40
국방경비대 183
국적 문제 251
군경 33
군사정권 40~41
군사주의 171
권력구조 56, 58
귀순 256
귀순자 242, 256
극우 반공주의 259
근대 교육 87~88, 110
기념비 73, 141, 147, 179, 200, 205,
  228, 282
기독교 76, 82
기억 53, 71, 144, 147, 150, 156, 158,
  180, 191

기억의 회피 115
기억장치 15
기억화 283~284, 287~289, 297~298
김철진 241
김춘배 232

ㄴ

난세의 처세술 16
남로당 49~51, 101, 181, 184~185, 207
남미(南美) 241
남평 문 씨 20
납북 피살자 명부 40
납북자 40
네팔 254
농민위원회 62
뉴델리 249

ㄷ

당위원회 42
대량학살 72, 183
대중기억연구회 147
대한 반공청년회 242
대항 기억 147
델리 246
동류의식 67
동족상잔 266
동족촌 145

ㅁ

마을공동체 161, 167
막사 시절 248
만세 집회 106
망각 46, 53, 59, 71, 115, 146, 163~164, 179, 199,
망자의례 274, 276~278
매장의례 281~282, 286, 297~298
멕시코 246
명예회복 200

못난둥이 17
문중 45
문화적 장치 16, 61
미국 246
미군정 49~50
미군정기 122
미소 공동위원회 184
민간인 71, 76, 181
민간인 피살자 17
민간인 학살 17, 77, 182
민족문제 88
민족의식 88~89
민족적 정체성 262
민족해방운동 145, 153
민주화 분위기 40

ㅂ

박정희 정권 165~167
반공 이데올로기 146, 165, 167, 170~171, 173, 215, 229, 296
반공교육 245, 256
반공국가 184, 263
반공사회 151
반공주의 이념 39
반공주의자 31
반공청년단 242
반공포로 239~240
반공포로 신분 266
반란 180
반란군 181~182
반촌 145, 153, 173
배반자 240
백수 24
벵갈로르 249
변절자 260
보도연맹 40
보복 62, 64
보복심리 183
봉기 181
부상 239

북한군 240
불가항력적 행위 16
불갑산 51
불법체류자 251
브라질 246
비무장지대 245
빨갱이 42, 195, 200, 202~203, 205, 207, 215, 240
빨갱이 마을 145~146, 151
빨치산 57, 70, 108

ㅅ

사망 239
사적 기억 147
사회구조 145
사회구조적 변화 239
사회적 경험 178
사회적 고통 178~179, 195, 205, 207~208
사회적 관계 263
사회적 기억 46
사회적 정체성 46, 173
사회주의 사상 120
사후세계 297
새마을사업 166
생계 방식 249
생산유격대 27, 42
생애사 148, 151, 173
생애이야기 144
생존자 178
생존전략 165, 169
생활공동체 120
생활문화 143
생활문화사 144
생활사 143
서머필드 150
선명수 246
성별 이데올로기 160
세포위원회 42
소작제도 62

송암리 탁 씨 26
송환 240, 243
송환 원칙 243
송환협상 243
수복 33, 46, 52
수용소 242
숙청 38
순교교육관 219
순교기념공간 234
순교기념관 216
순교기념탑 235
순교비 216, 219~220, 223~230, 233~234, 236
순교비기념관 227
순교자 77
순교자기념협의회 231
순교탑 229, 236
순천 181, 185
시민권 171
시비(詩碑) 건립 38
시사월간지 40
식민지체제 154
신분내혼 157
신분적 유제 45
신사참배 반대운동 88~90, 105
신세타령 149
신영걸 222
씻김굿 278, 286

ㅇ

아르헨티나 246
아스만 228
아우스트리아호 246
알렌 232
알력 33
야학 152, 159
양민학살 40
양반 가문 145, 151, 154~155, 157, 159~160, 172
여맹위원장 34

여성 경험 145
여성 구술자 170
여성 유족 155, 157~158, 160~161, 165~167, 169, 171
여성주의 149, 173
여수 181
여순사건 50, 177, 180, 184~185, 188, 190~192, 195, 202, 205, 207~208, 259
역사 자료 147
역사적 경험 143, 153
역사적 기억 116
역사적 재현 296, 299
연대기적 서술 267
연령 148
연좌제 162, 169~170, 172, 182
염산 24
염산면 축동 17
염산면장 38
영광(군) 16, 48, 51~52, 216
영광군 기독교 순교자 기념사업 추진위원회 226
영광군 순교 기념사업추진위원회 234
영암 117
영암사건 184
외혼제 157
우익 64, 182
우익 세력 52, 69
우익 인사 31
우익 포로 242
울진·삼척 무장공비 침투사건 215
월북 38
위령비 200
위령제 291
위령탑 205
유가족 34
유격대 28, 50, 52, 57, 62~63, 76, 91
유격대장 42
유엔군 239

유족 180
유족회 205~206
윤택림 151, 168, 172
의례 199
이념적 논쟁 39
이념적 성향 31
이념적 이분화 42
이념적 정체성 259
이념적 차이 242
이념적 회색분자 241
이념전쟁 240, 249
이데올로기 71
이데올로기적 갈등 256
이산가족 문제 239
이승만 정권 244
인도 239, 241
인도 대사관 250
인도군 244
인도인 249
인도파 246
인력 송출사업 252
인명피해 239
인민군 31, 62, 184
인민군 장교 256
인민위원회 49~51, 62, 64~65, 101, 103, 220,
인민재판 31, 66
인민해방 76
인심 상실 25
인천 상륙작전 220
일상생활 44, 163
일상생활사 144
일제 49
일제시대 47, 64, 143
일진회 88

ㅈ

자료원 180
자유송환 240
장기화 246

장동 김 씨　20
재해석　54
재현　147, 179, 298
적응 방식　263
전장 동원　133
전쟁　45
전쟁경험　170, 173, 178
전쟁고아　253
전쟁기억　71, 73, 164, 167, 283, 298,
전쟁체험　117, 138
전쟁포로　40, 240
전쟁폭력　70~71, 177~180,
　206~207, 209, 236
정신적 단절감　253
정신적 충격　253
정절 이데올로기　155, 160
정주영　259
정체성　46, 54, 140, 171, 173, 191,
　195, 199, 201, 205~206, 228
정치적 망명　243
정형화　16
제2차세계대전　150
제3국　245
제네바협정　242
제주도 4·3사건　259
젠더　146, 148~150, 153
젠더 이데올로기　153
젠더 정체성　150
조국　240
조상숭배의례　274, 276~278, 286
조상신　277~278
조운　38
조직화된 폭력　178
좌우익　25
좌익　57, 64, 69, 180
좌익 세력　34, 52, 78, 90, 122, 190
좌익 활동　28, 65, 145, 146, 154, 168
좌익 활동가　34, 145, 154
좌익포로　242~243
주변인　117, 135, 140, 164

주변적 인물　240
주한미군　184
죽음의례　271
중공군　239
중립국　239~240
중립국 선택 포로　240
중립국 송환위원회　244
중립국위원회　240
중립지대　244
중용　22
증언　150, 180
지리산　182
지방사　143
지방사회　143
지배 기억　147
지신영　246
지역　153
지역 정체성　116
지역 좌익　33, 76~77
지역공동체　236
지역내혼　157
지역사회　44, 56, 76, 224
지역적 기억　116, 122, 138, 141
지역활성화　226
지주계급　183
지주-소작관계　110, 217
지주제　47
진상규명　77, 205, 216
진압군　182
진압작전　182
진혼의례　278, 279
집단경험　179
집단광기　70
집단기억　120
집단학살　15, 103, 231, 295
집성촌　17
집안 간 갈등　25

ㅊ~ㅍ
차당 피당 불입당　22

청년단 65
최인철 246
추모의례 281~282, 297
친공포로 243
친일자본 183
친일파 183
친족제도 201
친족체계 161
침묵 47, 160, 169, 179
태평양전쟁 183
통과의례 275
판문점 243
팔로군 255
포로 239
포로 동료 250
포로 처리 문제 239
포로수용소 241
폭력 44~45, 54, 59, 61~62, 64, 68~69
폭력 경험 44
폭력 주체 71
폭력행위 56, 59~60, 64

ㅎ

학살 15, 45, 54, 59, 62, 64, 66, 70
학살 경험 173
학살 기억 161, 163
한국교회 순교자기념사업회 219, 233
한국 국적 252
한국 국적 취득 263
한국 기독교 순교자유족회 231~232
한국 기독교 100주년 기념사업협의회 232
한국 기업 263
한국 대사관 250
한국인 사회 250
한국인 커뮤니티 263
한국전쟁 51, 54, 60, 70, 76~77, 79, 83~84, 90, 93, 102, 109, 144~146, 150, 161, 163, 168, 180, 213~217, 228~231, 233, 236, 271, 280~281, 289, 295~296, 299
한국전쟁 전후 민간인 학살 진상규명 범국민위원회 77, 214
한국전쟁 전후 학살당한 민간인 유족회 214
한인협회장 259
함평양민학살사건 184, 284, 287~288
함평양민학살사건 희생자 명예회복 유족회 287~288
함평양민학살사건 희생자 유가족회의 284
함평지역 271
함표구 246
해남 윤 씨 145, 161
해방 69, 180
해방공간 217
해방동맹 242
행방불명 239
향토경비대 183
현대건설 259
현지조사 144, 152
호리 농장 사건 218
호혜적 관계 41
홀로코스트 150
홍순풍 42
화순 52
회상 46, 59, 115
회색분자 22, 240
휴전협상 243
휴전협정 239
휴전회담 242
힘겨루기 33

기타

14연대 180
3·1운동 88
6·25 177

■■■■ 지은이

김경학 | 전남대학교 인류학과 교수. 전남대학교 교육학과를 졸업하고 서울대학교 인류학과 대학원에서 석사학위를 받았으며 인도 자와할 네루대학교 대학원에서 문화인류학으로 박사학위를 받았다. 저서로 『내가 알고 싶은 인도: 사람·역사·문화 바로 읽기』(공저, 1997), 『남자도 아닌 여자도 아닌 히즈라』(역서, 2000), 『인도문화와 카스트 구조』(2001) 외 다수가 있다.

박정석 | 목포대학교 역사문화학부 교수. 경북대학교 고고인류학과 및 동 대학원 석사과정을 마치고 인도 하이드라바드대학에서 문화인류학으로 박사학위를 받았다. 국립민속박물관 학예연구사로 근무한 바 있고 전남대학교 호남문화연구소 연구교수를 거쳤다. 저서로 『전쟁과 사람들』(공저, 2003)이 있고, 논문으로 「전쟁과 '빨갱이'에 대한 집단기억 읽기」, 「전쟁과 군인」, 「자발적 결사체와 정치」 외 다수가 있다.

염미경 | 제주대학교 사회교육과 교수. 전남대학교 사회학과를 졸업하고 동 대학원에서 석·박사학위를 받았다. 일본 국제동아시아연구센터의 연구원 및 미국 피츠버그대학 사회·도시연구센터의 박사후연수 연구원, 전남대학교 호남문화연구소의 연구교수를 거쳤다. 저서로 『기억에서 영상으로: 5·18 영상채록』(공저, 1999), 『일본의 철강도시: 성장정치와 도시체제의 변화』(2001), 『전쟁과 사람들』(공저, 2003) 외 다수가 있다.

윤정란 | 국가보훈처 연구관. 숭실대학교 사학과 및 동 대학원에서 석·박사학위를 받았다. 숭실대학교 인문과학연구소 연구원 및 전남대학교 호남문화연구소 연구교수를 거친 바 있고 한국 기독교역사연구소 비상임연구원으로 활동해오고 있다. 저서로 『19세기말 서양선교사와 한국 사회』(2004)가 있고, 논문으로 「일제 강점기 경남 통영지역 최덕지의 민족운동과 신사참배운동」, 「한국 기독교 여성운동의 역사」 외 다수가 있다.

표인주 | 전남대학교 국어국문학과 교수. 전남대학교 국어국문학과를 졸업하고 동 대학원에서 석·박사학위를 받았다. 전남대학교 국어국문학과 강사와 호남문화연구소 상임연구원을 거쳤다. 저서로 『공동체신앙과 당신화 연구』(1996), 『한국민속학 새로 읽기』(공저, 2001), 『전쟁과 사람들』(공저, 2003) 외 다수가 있다.

한울아카데미 765
전쟁과 기억
마을 공동체의 생애사

ⓒ 김경학 외, 2005

지은이 | 김경학·박정석·염미경·윤정란·표인주
펴낸이 | 김종수
펴낸곳 | 도서출판 한울

초판 1쇄 발행 | 2005년 10월 20일
초판 4쇄 발행 | 2010년 12월 30일

주소 | 413-756 파주시 교하읍 문발리 535-7 302(본사)
       121-801 서울시 마포구 공덕동 105-90 서울빌딩 3층(서울 사무소)
전화 | 영업 02-326-0095, 편집 02-336-6183
팩스 | 02-333-7543
홈페이지 | www.hanulbooks.co.kr
등록 | 1980년 3월 13일, 제406-2003-051호

Printed in Korea.
ISBN 978-89-460-4028-1 93910

* 가격은 겉표지에 있습니다.

> 이 책은 2002년도 한국학술진흥재단의 지원(KRF-2002-005-B20010)에 의하여 연구되었음